U0132395

學術史講義

——給碩士生的七堂課

葛兆光———著

商務印書館

本書繁體字版經由商務印書館有限公司授權出版發行

責任編輯： 徐昕宇

裝幀設計： 涂　慧

排　　版： 肖　霞

校　　對： 趙會明

印　　務： 龍寶祺

學術史講義 —— 給碩士生的七堂課

作　　者： 葛兆光

出　　版： 商務印書館（香港）有限公司

　　　　　香港筲箕灣耀興道 3 號東匯廣場 8 樓

　　　　　http://www.commercialpress.com.hk

發　　行： 香港聯合書刊物流有限公司

　　　　　香港新界荃灣德士古道 220-248 號荃灣工業中心 16 樓

印　　刷： 美雅印刷製本有限公司

　　　　　九龍觀塘榮業街 6 號海濱工業大廈 4 樓 A 室

版　　次： 2023 年 5 月第 1 版第 1 次印刷

　　　　　© 2023 商務印書館（香港）有限公司

　　　　　ISBN 978 962 07 5939 0

　　　　　Printed in Hong Kong

"葛兆光講義系列"·說明

我對大學人文學科的教學，曾經有個説法，"給大學生常識；給碩士生方法；給博士生視野"，很多朋友引用過，覺得我講得有那麼一點兒道理。不過，説歸説，做歸做，真正能夠按照這種方式上好課，卻沒那麼容易。我在不同的大學講了三四十年的課，也換着各種主題講過很多門課，也曾盡力通過講課實踐這種理想，所以，準備課程和撰寫講義，要佔去我大部分工作時間。不過，也因此從講義到著作，出版了不少論著，包括我的《中國思想史》兩卷本和《思想史研究課堂講錄》三卷本，其實原本都是講義。儘管錢鍾書先生曾經在《圍城》裏很諷刺這種拿"講義當著作"又拿"著作當講義"的車輪戰法，可能那是因為他不必總在大學講課的緣故。

我有一個基本固定的講義撰寫模式。為了準備講課，我常常用紙筆先寫詳細的大綱，然後在這些大綱上，貼滿各種抄錄了史料或心得的籤紙；在講述一兩輪之後，便把這些五顏六色亂七八糟的紙本，轉錄成電腦格式的文本，接着再把它打印出來，在天頭地腳、左邊右邊批注種種文字，並且繼續貼滿修補的籤紙。這樣經過三五輪增補和刪訂後，就成為最終的講義，而我在完成了最終講義之後，也就不再講這門課了。為甚麼？因為既然已經完成，自己也已經沒有新鮮感了，這就彷彿《世說新語》裏說的王子猷雪夜訪問戴逵，"吾本乘興而行，興盡而返，何必見戴？"其實，好的講課人自己講述也是要"乘興而行，興盡而返"的，那種憑一本講義照本宣科講幾十年的事兒，我還真做不來。

講義和著作畢竟不同。著作可能需要有思想和新見，而講義最重要的不僅要明白，還要有知識。這個"葛兆光講義系列"，收錄了我多年講課講義的最終修訂稿。除了已經丟失的《中國史學史講稿》，已經由三聯書店出版的《思想史研究課堂講錄》（三冊）之外，這個系列大概應該包括以下若干種講義，即針對大學通識課程的《中國經典十種》和《宋代文學十講》，針對大學歷史系本科生的《古代中國文化講義》和《古代中國藝術的文化史》，針對碩士生的《學術史講義 —— 給碩士生的七堂課》，以及針對博士生的《亞洲史的研究方法 —— 以近世東部亞洲海域為中心》。以上這些講義，正在陸續整理出版中，如果還有餘力，那麼這個系列中也許還應該有一本給博士生的《亞洲中古宗教、思想與文化的交流》。

特此說明如上。

2021 年 4 月

繁體版序

　　我的講義系列（《中國經典十種》《古代中國文化講義》《學術史講義》《亞洲史的研究方法》）要由香港商務印書館出版繁體字版，出版社讓我為之寫幾句話，我當然樂於從命。

　　這裏的四部講義，來自我過去開設的四門課程。早的如《中國經典十種》《古代中國文化講義》，是 1990 年代初期，我在清華大學任教時開始講的；稍後的《學術史講義》，大約是從 2000 年前後開始講的，而最晚的《亞洲史的研究方法》，則是 2010 年以後，我在復旦大學時才開始講的。這四部講義不僅涵蓋了大學通識、本科、碩士和博士課程，也記錄了我這三四十年來在各個大學任教的軌跡。需要提及的是，與此同時的幾十年間，我也曾陸陸續續在香港的幾所大學，為不同層次的學生講過課，前後加起來恐怕有十幾次，共兩年時間。我記得，這幾部講義中的部分內容，就曾在香港中文大學、香港浸會大學、香港城市大學講過。

　　一位朋友說，傳統中國士大夫總是兼懷廟堂、廣場和講堂，而近代以來，經歷分化後的現代中國讀書人，也許更多只剩下講堂了。因此，為學生認真講課，就是作為教師的現代讀書人的最大責任。我不喜歡高調大話地説，教師能"傳道、授業、解惑"，其實，如今的大學教師，不過就是傳授知識罷了，因此，新鮮的、準確的、普世的那些知識的講授，就格外重要。我當然想始終站在講台上，努力為學生講課，可是現在人已年過七旬，精力不足以再擔任完整課程，這讓我很遺憾。好在如今，講堂口授可以換成講義呈現，因此，這次講義在香港出版，就等於是延續了我在香港課堂上繼續面對學生講授的理想。

　　是為序。

2023 年 5 月 1 日於上海

目　錄

開場白

這一門課前後開了近二十年，最早是十幾年前給清華大學歷史系的碩士生開的，後來在台灣的暨南國際大學講過一學期，現在，又來給復旦大學的碩士生開。

"古代中國學術史研究"這門課，主要講有關古代中國的學術研究的歷史，應當掌握的學術方法，以及中國學術從傳統到現代的轉化。在十幾年裏面，我一直在反覆修訂這份講義，做三件事情，第一是補充材料，第二是調整脈絡，第三是添加例證。但是，我要跟你們說，在準備和修改這份講義的時候，我腦子裏面主要考慮的，是怎樣改變現在文史類碩士研究生的教學方式，怎麼樣才能讓剛剛進入碩士階段的研究生，了解甚麼是中國學術，甚麼叫做"學術研究"？

我一直講，"給大學生常識，給碩士生方法，給博士生視野。"讀碩士生期間，是一個轉型關節，為甚麼呢？因為這個時候，你開始從收入到產出，不再僅僅是學習，而且要創造了，否則怎麼叫"研究"生呢？所以，學習怎麼樣研究，研究有甚麼方法，就顯得很重要了。而學術史就是告訴你，在你之前的人，是怎樣研究的。當然，對不同領域的人來説，學術史是不一樣的。比如中國民族史研究領域的研究生，你要了解的是從梁啟超、蔣智由、劉師培到王桐齡、林惠祥、呂思勉，一直到江應梁、馬長壽這些學者的研究；而思想史研究領域的呢，就要了解從梁啟超、胡適、馮友蘭、侯外廬，一直到李澤厚這些人的著作；而藝術史研究領域的，就得了解大村西崖、陳師曾、滕固，到方聞、高居翰等人的觀點。歸根結底，就是 (一) 觀察前人做了甚麼，(二) 前人怎麼做的，(三) 誰做得好誰做得不好，(四) 誰的研究是典範，(五) 還有甚麼地方甚麼課題可以做。

　　這樣，你得多讀書，包括古往今來各種人的著作。也就是説，我希望在這門課裏，讓研究生盡可能多地閱讀最基本的歷史文獻和最經典的學術論著，也希望你們能夠切實地理解三點：(1) 目前學術界的心情和思路。這裏所謂“心情”，是來自社會關懷和現實感受，它可能是學術研究的問題意識的社會背景和知識背景，它刺激着研究某個問題的衝動。這裏所謂“思路”，包括了觀察問題的角度，思考問題的預設、趨向和途徑，分析問題的理論和方法，以及查找材料的範圍等。(2) 能夠知道中國學術界有甚麼困惑和問題，你們將面對的學術瓶頸是甚麼樣的。不了解這一點，你就不知道從哪裏用力。(3) 能夠想一想，在古代中國思想、學術和文化史研究方面，為甚麼有些能夠產生影響的問題和話題，不是來自我們，而總是來自歐美和日本。

　　下面我講幾個和學術史相關的問題，也交代一下課程的設想和內容。

一、重新給"學術"/"學術史"確定邊界

大家都知道，叫做學術史的著作很多，但是我們有一種習慣，是不分"學術"和"思想"，籠統地把思想、文化和學術，都寫進學術史裏面。1999年，我給錢鍾書先生主編，實際上是朱維錚先生編的《近代中國學術名著》十卷本寫過一個評論，這套書編得很好，但我不太同意把這套書叫做"學術"名著。原因是甚麼呢？因為"思想"與"知識"，或者說"思想"與"學術"，在現代研究領域裏有各自的分野，這是我一直很堅持的觀念，這套書名為"學術"，實是"思想"，朱先生在《編例》裏面，明明說的就是"選輯思想學說名著"，這讓我對於叢書的書名頗有些異議。

不過，把"思想"和"學術"燴成一鍋煮，這也是個老傳統，比如1904年梁啟超寫《論中國學術思想變遷之大勢》，就是把"學術"和"思想"混在一起的；1905年劉師培寫《周末學術史序》，也是用"學術"包括了"思想"。大家最熟悉的，當然是梁啟超和錢穆那兩部《中國近三百年學術史》，思想和學術不分。後來比如1932年、1935年劉汝霖編《漢晉學術編年》《東晉南北朝學術編年》，也是這樣，很多人都不怎麼區分思想和學術兩者的界線。這些年來的幾套大書，比如李學勤主編《中國學術史》十一卷（江西教育出版社，2001年），張立文主編《中國學術通史》六卷（人民出版社，2005年），最近的梅新林、俞樟華主編《中國學術編年》十二冊（華東師大出版社，2013年），大概都是思想史和學術史交織在一起，不怎麼嚴格區分的。大體上，上古軸心時代思想

學術的獨立和繁榮，秦漢統一時代主流文化的選擇與儒學正統地位的確立，中古佛教傳入以及思想世界的變化，隋唐佛教成熟與禪宗興起以及三教合流，宋明理學興盛以及程朱、陸王之學的分歧，清代考據學的發展等等，這些在所謂"學術史"的書裏有，在所謂"思想史"的書裏也有。

這是甚麼原因？我想原因有兩方面。一方面是傳統中"經學即理學"觀念的影響，好像談論思想不能"游談無根"，所以要有學術打底，所以學術與思想不能分開；另一方面是現代中國大學裏面，還沒有對"思想史"和"學術史"做出一個理性、清晰和簡單的界說，所以，往往混成一團。

先說第一點。"經學即理學"，是顧炎武特別強調的。為甚麼？古代都要"依經說義"，沒有經典支持，道理說也白說。所以，經學傳統裏面的音韻、訓詁、考證、注釋這些看上去很技術很專業的"學術"，就成了闡發新"思想"的基礎，沒有學術的思想，叫做"空疏不學"，明代後期心學就被這樣批評的。顧炎武強調這一點，是針對明代後期的思想世界沒有經學知識的基礎。的確，在古代中國，學術往往是思想的背景，學術也常常會支持，或者瓦解着思想甚至意識形態。舉兩個例子：

1. 清代的"考據學"。大家看江藩的《漢學師承記》，它寫於1818年，當時記載的，好像只是一些有關"漢學"或"考據學"的人物和歷史，但是，後人卻從裏面看到，清代的經史考據之學，一方面呈現了清朝"統治者實行文化分裂"的策略，以及對"本族漢化的憂慮"；另一方面更呈現了知識背景對於思想轉型和演化的意味。朱維錚先生提醒説:"正是這班迂闊的書生,寫出來的解經考史的種種論著,分開來看無不支離破碎,合起來看則可説此一拳,彼一腳,將五百年來高踞廟堂的'正學',摧殘得百孔千瘡"(《漢學師承記·導言》);"清代漢學家們的類似考證,大都近於瑣碎餖飣,但匯聚起來,則使所謂聖賢經傳,顯出各屬中世紀不同時期的歷史產物的本相,因而其中教義,並非得自孔門嫡傳的原教旨"(《訄書·導言》)。

2. 十九世紀後半的康有為,他的《新學偽經考》就通過文本考據的技術,"首先設定,清朝尊信的儒家經典,大部分不是孔子的本經",然後用"原始聖經的權威,以打擊中世紀經院哲學的權威"(《新學偽經考·導言》),從學術的領域一下子越界到了思想的領域,從歷史的考證一下子引出了主流意識的不合理性和原教旨主義的合理性。可是,要想重建思想在理解與解釋中的合理性,必須依靠重新建立的知識系統的支持。所以,康有為《實理公法全書》藉用歐式幾何的方式來推衍人類社會的公理,並支持他的歷史與政治思想。這時,學術與思想似乎已經糾纏在一起,當然就很難區分它們的畛域了。所以,很多人不願意單提"學術"或"思想",生怕只講"學術"好像不夠"思想",光講"思想"又沒有"學術",連王元化先生都説,要有學術的思想,有思想的學術,所以,"思想"和"學術"就很難單獨成為一個領域了。

不過,我們還要看第二點。儘管古代中國的思想和學術往往糾纏在一起,但是到了現代,學術和思想,卻常常是分化的。大家注意"分化"這個詞,"分化"是現代轉型的一個很重要概念。

古代就好像沒有鑿七竅的渾沌，好像《水滸》裏面的好漢"沒面目焦挺"。最早的時代，自然、社會、人類都互相貫通，就是莊子所說的"道術"還沒有被"天下裂"，《國語》裏面說的"人為巫史"，但是漸漸"絕地天通"，人神、天地，要靠一批巫史祝宗來溝通，這就有了知識階層和思想領域。只是自然法則和宗教神學，還在解釋和控制着社會和生活，"天理"還在管着"人道"。可是，到了文藝復興之後的"現代"，進一步分化，更是上帝的歸上帝，凱撒的歸凱撒，自然的歸自然，社會的歸社會，公領域歸公領域，私領域歸私領域，你不能混為一談。

這種分化，你可以把它稱為"現代性"。現在很多學者追時髦，對"現代性"批判得很厲害，可是你要承認，正是現代，使得各種領域、各種學科的重新劃分，在認識領域確實是一個很大的變化，它使得很多不同領域的知識，重新呈現、重新組合、重新認識，於是，好多過去在邊邊角角、犄角旮旯的東西，從邊緣走向中心，從暗昧走向敞亮，於是成了新思想、新文化的資源。特別是現代學術，在現代的學院制度中，"小學"和"大學"分家了。它一方面越來越強調客觀性、獨立性，使它也稱為"科學"；一方面則強調分化，重新劃分它們各自的歸屬。所以，當古代中國的經、史、子、集，在近代被重新劃分為文學、歷史、哲學，很多混在一起的古代知識、思想和信仰，就要被區分開來了。所謂"文史不分"，當然既是過去的傳統也是現在的理想，但是如果很多東西混成一團，恐怕既看不到新問題，也不好做新研究。就以"思想"和"學術"來說，我覺得有不一樣的地方，"思想"沒有好壞（它的好壞要看它對於當時社會、政治、生活的診斷，是否公平、正確和有效，它作為意識形態和常識世界，會帶來甚麼後果），也談不上進步（時代不同，提出的藥方也不同，這個藥方和那個藥方不好比較），但是"學術"既有好壞，也有進步。

所以，我一方面同意，古代中國（其實全世界都一樣）思想與學術有極其密切的關聯，思想史、哲學史不關心知識領域，不管實際世界的"經驗""技術""材料"，不考慮那個時代人們感覺世界中的萬物"類別"，確實是不對的。我的《中國思想史》為甚麼要叫"知識、思想與信仰世界"，就是這個原因。但是，另一方面，我也覺得，思想史和學術史可以適當分家，學術史尤其是現代學術史，確實可以處理一些屬於"知識"領域的東西。所以我覺得，學術史應該有它自己的研究領域、研究對象和研究方法。可是，很長時間裏面，"學術史"的面目是曖昧含混的。

二、甚麼才是學術史？
九十年代學術史熱中的問題

大家知道，1990 年代，中國學界有一個學術史熱，就是李澤厚講的"學問家上天，思想家落地。"我曾經在日本的《中國：社會と文化》雜誌上寫過一篇文章說，中國歷史學界，自從 1980 年代以來，經歷了 1980 年代的文化史熱、1990 年代的學術史熱和 2000 年代的思想史熱。1990 那個時代，大家知道，由於經歷了一個 1989 年的風波，思想世界很壓抑，因此在學術界、文化界，通過"學術"討論"政治"，大家推崇的象徵性人物，變成了王國維、陳寅恪等學者，這一點大家都可以感受到。我本人也算是這一波"學術史熱"的推動者，我寫過有關沈曾植、王國維、吳宓、陳寅恪的文章，大家看《餘音》那本書就知道了。在當時，好像也確實起了一定的推波助瀾作用。但是，現在回想起來，1990 年代這一波所謂的"學術史熱"，還有不少值得反思的問題。

第一個問題，是有人把學術史變成懷舊、抒情和對現實政治的批判。比如對王國維投湖自盡故事的追憶，對陳寅恪不奉馬列的堅定立場的仰慕，對胡適溫和自由主義立場的追捧，以及對馮友蘭曲學阿世的貶斥等等。這些有它時代的合理性，但它並不是嚴格意義上的學術史，毋寧說是思想史（也有人說是"生命史"或"精神史"）。當然，現在又出現一個新趨勢，就是把學術史，變成學術八卦史，專門去搜集各種各樣的學術八卦，比如誰與誰有矛盾，誰諷刺過誰，誰瞧不起誰等等。特別是，現在各種學者的日記、書信大量出版，更加引起一些人鑽頭覓縫、尋章摘句，當學術史的索隱派，拿着放大鏡在巨人身上找瑕疵，彷彿成語說的嗜痂成癖，這很無聊。

第二個問題，就是學術史研究者，往往缺乏對學術本身的把握，好像總是在學術之外發議論。很多人研究王國維，集中關心的是他的大清認同（諸如始終留辮子）、他的投湖自盡（究竟是殉清，是畏懼民國，還是與羅振玉兒女恩怨）、他的精神追求（常常引用陳寅恪《海寧王觀堂先生紀念碑》碑文中的"獨立之思想、自由之精神"），但是，很少人真正懂得他的學術。比如甲骨文研究，他的《先公先王考》《殷周制度論》，以及遼、金、蒙元史的研究，有多少人真的懂呢？也有很多人研究陳寅恪，但他們並不真的理解當時學界對於中古史研究以及陳寅恪中古史研究的意義，更不懂得陳寅恪早期蒙古源流和佛教歷史研究在所謂"預流"的國際學問中的意義；還有很多人研究陳垣，其實也並不懂得《明季滇黔佛教考》和《清初僧諍記》的好處在哪裏；也有人研究胡適，但是，他們真的懂胡適的禪宗史研究嗎？要了解胡適的禪宗史研究，恐怕得對二十世紀上半葉敦煌文獻與禪宗史學的國際情況有點兒了解才行。我們不妨舉一個例子，假定有人從學術史上研究周一良先生，他的《畢竟是書生》和《唐代密宗》《〈牟子理惑論〉時代考》《乞活考》，哪一個更重要呢？

第三個問題，現在研究學術史的學者，恐怕對於現代中國學術的國際環境，以及現代中國學術的國際意義，了解得太不夠了。其實，很多中國學術史上的問題，特別是現代的學術，不放在國際學術大背景下，是沒有辦法了解的。我舉幾個例子，比如，晚清西北史地之學為甚麼不能像歐洲日本一樣，成為亞洲研究有影響的學問，卻成為絕學？又比如，滿蒙回藏之學以及西北西南民族之學，為甚麼在二十世紀逐漸從邊緣走向中心？中國考古學為甚麼從李濟開始，就像張光直說的那樣，走上民族主義的道路，並且一直在"西來說"和"本土說"之間糾纏？為甚麼北京周口店猿人、仰韶彩陶、二里頭遺址、大汶口龍山文化、安陽殷墟，會這樣引人矚目？中國佛教史研究為甚麼只有禪宗的歷史研究有成績？為甚麼從楊文會開始的現代佛教研究，始終不如日本和歐美？

第四個問題是，沒有針對當下學術問題，提出新的領域、新的方法、新的思路，而是成為一種"懷舊"和"回憶"。雖然我們並不是說，學術史要有這麼實際的"用途"，但是，應當有這樣一個意識，就是學術史不僅僅是"歷史"，是過去時的"歷史"，也是為了當下和未來推動學術研究發展的一門學問。

因此，學術史研究的意義，既不是"懷舊"（批判現實），也不是"表彰"（見賢思齊），而在於知道"一代有一代的問題和方法"。具體一點兒來說，我們要討論學術史的目的是甚麼？大概是四個方面：

第一，通過學術史，了解今天我們從事的"現代學術"，是怎樣從"傳統學術"中轉型而來的？也就是說，"學術轉型"是一個重點。

第二，通過學術史，了解這一"學術轉型"的背景和動力是甚麼？是域外刺激，是學術制度變化，是新資料、新方法的推動，還是政治情勢、國家危機和國際環境的作用？

第三，通過學術史，我們要了解當下學術研究的趨向、理論和方法，甚麼是真正重要的，甚麼是應當改變的？

第四，通過學術史，我們要看到未來學術發展的方向是甚麼？甚麼是"可持續發展"的學術問題，甚麼是"增長點"的學術領域？

請大家注意，我用了四個"通過學術史"，説明甚麼？説明

"學術史"也是"捨筏登岸"的"筏","得魚忘筌"的"筌"。以前，禪宗有一個故事就叫"指月"，說的是老禪師指着月亮向年輕學者說，這是月亮，可是年輕學者老是看他的指頭，老禪師就痛斥他，只知指頭，不知月亮。我的意思是，學術史也一樣，研究學術史，最終目的是懂得如何做學術，不是僅僅把學術的歷史說一遍。當然，指頭也是有用的，以前說"點石成金"的故事，人最想要的不是金子，是能夠點石成金的指頭，如果通過學術史，你學會如何做學問，那也是得到了"指頭"。

三、如何學習中國學術史？
讀基本文獻和經典論著

這門課的一開頭，我要先講一個要求，請大家記住，就是我們這門課要以讀基本文獻和經典論著為中心。

之所以要以基本文獻閱讀為中心，是因為我深感現在是一個不讀書的時代。我不愛參加學術會議，可是近年來被各方朋友苦邀，不得已參加了幾個學術會議，在會上突然覺得，要麼是我老朽落伍了，要麼是學界被發泡劑弄成學術泡沫了。我坐在那裏，體會到一種很無奈的新風氣，有些人尤其是一些經常出席各種學術秀的人，特別喜歡講大話、空話，一出手就是大理論、大關懷，甚麼國家與社會、現代性批判、帝國與民族共同體、文化間性、語際交流的衰減與增值等等。但是，常常有點兒像"秀才買驢，書字三紙，不着驢字"，他們總喜歡繞開歷史、文獻和事實，像水上漂一樣。御風而行好是好，像武俠小說中描寫裘千仞的一樣，可是就是有點兒蜻蜓點水，不知道他說的是中國還是外國，好像含含糊糊，有些似是而非。說不對吧，又沒法抓住具體哪兒不對；說對吧，好像又不着實處。仔細想，他不講歷史，不引文獻，不討論事實，原來是一種對批評的自動豁免，滑不溜秋的。但是，更讓我擔心的是，偏偏有的研究生還特迷這些，因為它很"海"(high) 很"酷"(cool)，為甚麼？因為一是免了啃文獻的麻煩（天天鑽故紙堆多苦呀，可說空話卻很方便）；二是國際通用（一旦上升到理論高度，就成"國際普遍話語"了，何況這些空話也是從洋人那裏稗販來的，大家互相懂）；三是容易在媒體知識水準上得到喝彩（因為要將就觀眾、迎合大眾胃口，媒體只能接受這個水平，喜歡很有"先進性"的東西）。這讓我很擔心。其實，古代中國精讀文獻，是老傳統，可是現在學界心浮氣躁，反而是歐美人、日本人倒在那兒耐心地讀書了。美國芝加哥大學 1942 年由經濟史學家奈福 (John U. Nef) 創辦的社會與思想委員會，它讓博士候選人上的基本課程 (the Fundamentals) 就是讀十來部經典，並不包括自己專業的書。日本京都大學人文科學研究所也在 1950 年代以後，常常舉辦"研究班"，大家一起，多年細讀一部書，仔細地翻譯、注釋、分析，參加的人包括教授和學生。

可是我們呢？過去，我們的各種"文選"、"參考資料"、教材，有些越俎代庖，好多學生習慣了讀這些東西，不知道這些東西其實是他人篩過、揀過、嚼過的二手貨。現在，很少有人細細地讀完整的原始文獻了，所以對於文獻的常識就不多了。講兩個我自己經驗的故事：一次，我讓學生去讀《鶡冠子》，過了很久，學生來告訴我說，奇怪，為甚麼《諸子集成》裏面沒有《鶡冠子》，聽了這話，我是哭笑不得，只好反問，誰告訴你《諸子集成》就集了諸子的大成？還有一次，我給學生講唐代歷史和文化的研究方法，希望他們除了兩《唐書》《通鑒》《全唐文》之外，自己找史料，可是他們中間有人就是不知道，在這之外如何找資料。這讓我想起鄧廣銘先生早就講過的一個故事，就是他去圖書館借《舊唐書》，圖書館員去庫裏走了一圈，回來說，我們這裏都是"新的"，沒有"舊的"。此外，大家還要去讀重要的現代學術論著。除了第一手的歷史文獻，現代學者的一些經典學術論著，也是很重要的。為甚麼呢？因為第一，它們本身就是構成現代學術史的基本文獻，如果說，現代學術史像一個大建築、一棟摩天大樓，那麼，這些重要學者的經典的論著，就是鋼筋水泥，是承重牆，是骨架子，才能支撐起這棟大樓，其他那些雞零狗碎的、平庸瑣屑的論著，大不了是填充劑。現代學術史上像梁啟超、章太炎、王國維、胡適、顧頡剛、傅斯年、陳寅恪，都應當好好看看，至少要選擇重要的、經典的東西看看，大體上就了解了現代學術來龍去脈。第二，你還可以"照貓畫虎"，學習過去學者是怎樣尋找問題、收集材料、撰寫論文。以前的人說："取法乎上"，你學這些好的論著，寫出來的哪怕"僅得其中"也行。我以前一直想讓研究生仔細揣摩幾篇好的文章，比如王國維的《殷卜辭中所見先公先王考》和《殷周制度論》，比如陳寅恪的《天師道與濱海地域之關係》，比如胡適的《説儒》，呂澂的《大乘起信論考證》等等，也許你就會寫學術論文了。

可是現在的研究生，只知道依賴網絡，這已經很糟糕了。他們往往不看經典的論著，看書是朝着有用的看，看論文是從網上下載，為了寫一篇文章，拿了主題詞，就在各種搜索引擎和各種期刊網、資料庫上亂找，直接有用的就扒下來，不分高低好壞，結果是甚麼？"取法乎下"，結果是越來越等而下之。

四、本課程的內容：古代和現代的兩個線索

我希望這門課，能夠儘量讓大家在中國學術、思想和文化史的大關節上，讀一些文獻資料，所以，我先選了古代幾個領域，就是儒家的經學、先秦諸子學、中古佛教、宋代和明代的理學和心學、清代考據學，請大家細讀這一方面的文獻，看看有關的論著，我也會做一些講解，它們分別會涉及：

1. 經學史的研究。請大家讀一下《大學》《穀梁傳》，有興趣的，還可以讀一下《禮記》和《左傳》裏面的部分，我們要討論一下，作為學術史的經學史，有甚麼值得注意的問題和方法。

2. 諸子學的研究。主要讀一下《太一生水》，有興趣的還可以多讀一些簡帛資料，當然，最好再讀讀諸子文獻以及錢穆《先秦諸子繫年》。從思想史角度說，《太一生水》是郭店楚簡中最引人矚目的一種，另外上博楚竹書中的《恒先》也很重要，我主要藉

着它們，來討論一下過去諸子研究的問題。希望大家想一想，在出土資料越來越多的條件下，我們怎樣重建古代中國思想世界的圖景。

3. 早期佛教史的研究。讀《魏書·釋老志》，除了介紹中古佛教史的情況，主要通過它與《隋書·經籍志》佛教部分的對比，讓大家熟悉一下佛教史文獻中的問題。

4. 不能漏掉道教，道教是中國本土生長出來的宗教。在東漢末到南北朝時期它逐漸神聖化、組織化和理論化，這才使它能夠成為三教之一。其中，《老子想爾注》起了甚麼作用？它是怎樣被發現的？關於這份文獻的考證有甚麼特點？藉助這一文獻，我們談談敦煌資料的重要性，和有關文獻考據學的一些知識。

5. 唐代禪宗，尤其是神會的研究。讀《景德傳燈錄·神會傳》和敦煌本《神會語錄》，我之所以要選這個個案，是因為神會的研究，是了解唐代中國禪宗史轉折時期的關鍵，也是中國學界特別是胡適，對禪宗史最重要的貢獻，它不僅涉及禪宗史研究的新觀念和新方法，還涉及了如何使用敦煌資料。

6. 宋明理學的研究。我沒有講宋代，大家如果對宋代程朱學說有興趣，可以看看余英時先生的《朱熹的歷史世界》，也可以看看我給這部書寫的長篇評論。這裏，我只選了明代王陽明學說來做歷史背景的分析，同時我希望大家選讀《明儒學案·南中王門學案》，我們主要討論一下，明代思想史該怎樣研究，思想史應當如何重建歷史語境，過去的研究裏面有甚麼問題。

7. 接下來是清代，我們講有關學術和思想史上一個人物的研究，我以戴震為個案，請大家特別仔細讀《戴震與段玉裁書第九札》。主要通過這個很小的個案，討論一個問題，就是凡研究一課題，其本身不僅是思想史研究，而歷來的研究本身，又構成了學術史，所以，我們也要看"戴震學"的形成和它的論述是怎樣形成的。

這七次課，盡可能包括了先秦的儒家、諸子，中古的佛教、道教和禪宗，明清儒家學説和考據之學。也許對於你們來說，這門課有三個作用：第一是讀一些基本文獻；第二是知道了古代思想文化學術的一些基本問題；第三是了解一下這些研究領域的基本論著和一般方法。也許，這比起"從頭道來"的綜述或概論式的講法，可能會深入一些。

但最後，我還想附帶説一句。我總覺得，作為"學術史"，這還不夠，近幾年我想了好久，覺得研究生還需要了解一下現代學術史。過去，我這門課裏面，主要講的是前面也就是古代的內容，但是實際上，在各個研究領域裏面，我們都會涉及現代人的研究，了解到現代人的論著，也會知道一些現代的學者。所以我覺得，還需要對現代學術史有一個系列的了解，否則你還是不知道，為甚麼這些傳統的學術領域，要用現代眼光、現代方法、現代取向和現代規範來研究。

所以，我在上這門課的同時，給大家增加了"現代學術"的閱讀部分。雖然課上不講，但也希望大家課後去讀。我挑選八個重要的學者，梁啟超、夏曾佑、胡適、王國維、顧頡剛、傅斯年、陳寅恪、錢穆，分別作為新史學的提倡者（梁），現代歷史教科書的寫作（夏），用西方方式整理中國學問（胡），發現新史料和新問題（王），現代性和客觀性的歷史學（顧），史學就是史料學及民族主義歷史學（傅），中國學術的國際預流（陳），對傳統的溫情和強調認同的歷史學（錢）等方面的代表。我想以他們為例，讓大家看看中國現代學術是怎樣建立起來的，我們為甚麼要用這種現代學術手段和眼光來研究古代思想學術和文化？如果大家有時間讀一讀，也許更能理解，怎樣把古代思想文化領域的研究傳統和現代學術方法嫁接在一起。

　　教這門課，真是煞費苦心。說老實話，很多老先生教後輩做研究，會讓他們按照傳統的方法，以經解經，以史證史，做做考證，但是，一般並不注意讓他們了解現代學術的積累，這怎麼行呢？我認識一位教授，人很好，學問也深，但是，研究生來了，他讓他們各自找一個專門領域，一部書一部書地讀，一個字一個字地認，絕不允許他們“出位之思”。他始終不告訴他們，這些問題前輩有甚麼研究，可以供你參考？甚麼問題已經解決了，不需要再費勁？甚麼是前人沒有涉及，現在還是空白的地方？雖然“不越雷池半步”本身也是一種“始終回到出發點”的方法，但是，你不考慮如何按照現在的學術取向、學術規範、學術方法來做研究，你的成果是否最後在學術史上能留下來，很難說。所以，你一定得了解二十世紀以來，從傳統學術到現代學術的變化。我在這裏簡單說一下，你要知道，現代學術和傳統學術，已經很不一樣了，你必須要注意的幾大變化，我在我的《餘音：學術史隨筆集》序言裏已經說過，變化就是以下四個：時間縮短，空間變大，史料增多，問題複雜。大家可以去看看，我這裏就不仔細講了。

好了，如果你對現代學術史有一些了解，你就會知道，現代學術和傳統的經學、子學、佛學、理學、考據學，其實不一樣了。這樣，你把傳統的和現代的兩個學術史合在一起，就既對古代學術有所了解，又對現代研究有所了解了。

引言講的就是這些，下面，我們要一個一個地進入正題。

第一講

經學史的研究方法

引言：經學衰，經學史興

好多年前，我到台灣訪問，曾經在"中研院"中國文哲研究所參加一次座談，座談中間，有一位很熟悉的台灣學者批評說，1949 年以後，大陸經學傳統就斷掉了，沒有人研究經學和經學史了，這是政治干預的結果，把經學當封建意識形態拋棄了。

這個批評雖然有一定的道理，但是問題卻看得太表面，既沒有把經學和經學史區分開，也沒有把這個問題和現代中國學術制度的變化聯繫起來看。所以我當時回應說，經學研究在中國的整體衰落，一方面固然要看到，這有政治意識形態的原因；另一方面還要看到，否定經學的政治意識形態，卻不是從 1949 年開始的，政治意識形態的變化不一定能和政權的更替畫等號，應該說這是一個中國從傳統向現代整體轉向的意識形態，它有一個很長的，貫穿了清代、民國和中華人民共和國的百年歷史過程，特別要看到，這和中國自身歷史的變化、學科制度的現代化或者知識的西方化處理有很大關係。

為甚麼這麼說呢？長話短說，我們來看一看經學最後一段歷史。

表面上看，清代經學很盛，很多人一說到清代的經學，就想起乾嘉諸老，好像"憶昔開元全盛日"似的。可是，實際上經學到了清代，是有深刻危機的，這個危機既來自經學知識沒有新的着力點和新的資源，又來自社會生活的變化。一方面，經學也好，理學也好，已經不再是人們自覺遵循的原則了，在真實的生活世界裏面，也許是由於非漢族統治的緣故吧，喪禮用樂，男女混雜，士人經商，信仰多元，明末以來的社會變化並沒有中斷。我最近看朝鮮人的《燕行錄》，就發現"旁觀者清"。他們從外面來，早就看到，經學或者儒學的精神，在清帝國已經名存實亡，為甚麼？因為生活和倫理脫鈎了，儒家的道理太高調太嚴厲了。過去總說，儒家的經"經天地，緯陰陽，正綱紀，弘道德"，這是清代《四庫全書總目》裏的話，可高得沒有人做得到，嚴得讓人受不了，所以，原本"指導的經典"就變成"背誦的教條"，很多權威經典都會變成這樣。加上滿族統治者尊崇程朱理學只是表面文章，所以底下的人就說一套，做一套，經學成了紙上談兵的空頭文本和政治標籤。另一方面，經學研究自身已經沒有政治動員活力和社會問題的診斷能力了，它只有依靠新的形式和方法，就是好像很嚴格的考據，花樣翻新，引起讀書人的興趣和熱情，可是這個新的方法和形式下面，恰恰又藏着很深的危機。

特別是，如果我們了解一下清代中後期知識社會的變化，就可以知道原本一統的知識世界開始出現"分化"：

第一，因為科舉考試的門徑狹窄，又有了商人（藏書、校書、印書事業）、官僚（幕僚和塾師）、地方（教育、訴訟、醫師）的庇護，明清兩代知識人逐漸從政府的學制、考試、教材製造的"儒生"中分化出來，有了自己的經濟來源和生活空間，形成一個"有自己評價標準，由此獲得榮譽，以及經濟利益"的自我認同的群體，有自己的學術權威和學術秩序。

第二，他們獲取名聲、表達見解、出售知識，不再僅僅依賴過去的大學、書院、鄉校和教諭、學官、考試，有了私人的藏書樓、私人的書院，不受科舉考試的唯一門徑的制約，可以互相靠作序、書信往還來贏得聲望。

第三，大家都知道，清朝的嘉慶、道光時代，學術風氣變化很大，有人批評單純考據，追求"微言大義"（今文學派如莊存與、劉逢祿等）；有人把天文、地理、生物、醫學中的西洋知識納入傳統學問（如以西洋知識討論《禹貢》《堯典》）；有人提倡諸子之學（如汪中）；也有人講"六經皆史"（如章學誠），形成了學術風氣的變化。他們在主觀上追求知識的確鑿，在客觀上不再依賴宗教權威或政治權威來認可，知識有了相對獨立性，學術從意識形態中分化出來。所以，表面上給經學添火加風的考據學、異軍突起的今文學，和後來官方的廢科舉，都給經學帶來了深刻的、致命的打擊。

為甚麼這麼說呢？

大家都知道，乾隆時代逐漸形成了以考據為特徵的學風，後人把它叫做清代考據學，關於這個考據學是怎麼形成的，究竟是被文字獄逼出來的，還是由於學術內在邏輯走向近代科學，以後我們再討論。這裏要說的是，在這種以考據為特色的學術風氣中，經學掩藏着兩種傾向：一個是"六經皆史"，就是如果儒家六經是真理，六經理解的基礎是注釋、校勘、考訂，那麼，真理的標準就是真實和準確，它的依據就建立在追求真實的歷史學基礎上了，歷史學成了真理的基石了。再一個是"實事求是"，為了追求知識的準確性，原來傳統中國的經典、歷史、博物知識不夠，是否可以引進西洋的新知？比如天文、地理、數學、生物的知識？如果可以，那麼儒家經典的權威就要受到挑戰了，為甚麼？因為六經裏面沒有提到這些稀奇古怪的知識，傳統世界沒有這樣準確和可測的知識。所以，乾隆、嘉慶年間流行的考據學，其實已經埋下了一種可能，就是以治史學之法治經學，這樣一來，經學權威性降低了，"是非"要靠"真偽"來支持，真的才是真理，偽的就是錯誤，這下歷史學就越來越重要了。

接下來呢？很多人都知道，嘉慶以後關於經學又有一種新趨向出來，就是今文經學開始興盛了，常州的莊存與、劉逢祿等就提倡《公羊傳》和它的西漢解釋，認為其更接近孔子原意。表面上看，今文經學比古文經學還要強調經典的權威性，要恢復更早的，就是西漢對經典的解釋，越追越早，有點兒像"原教旨主義"。可是，反過來看，今文經學也有一些取向，在瓦解經學甚至今文經學本身。比如他們提倡的"微言大義"，甚麼三世說，內與外，華夷之辨，在讀者看來，他們是把古代經典當作改制的文本，當作當下政治哲學依據，其實有點兒瓦解古代經典的神聖性的意思。因為經典的神聖就是因為它有古今一以貫之的真理，可是你太明顯地用它當標籤，當證據，它就只是隨人使用和打扮的象徵和標籤，不那麼神聖了，也不那麼古典了。更麻煩的是，他們也是乾嘉學風的繼承者。常州學派及其以後的今文學家，既要確立自己今文經學的合理和合法，又要強調古文經學的謬誤和偽造，就拼命地用歷史考證方法來做翻案文章，像後來康有為的《新學偽經考》《孔子改制考》等等，此舉恰恰導致了一個結果，就是經典的合法性，要靠歷史文獻學的考證來確立。這不又回到了"越古越真，越古越是"的思路上去了嗎？如果我們説，以前閻若璩、胡渭考證《古文尚書》《易圖》，是瓦解了經典文本的神聖性，瓦解了經典解釋的權威性，那麼，今文經學對古文經典的懷疑和批評，也同樣讓經學的權威被史學的權威所取代。

接下來的變化是晚清廢科舉，這個變化對經學是更大的打擊。1905 年廢除科舉，建立大學制度，從此，西洋的大學分科制度，對經、史、子、集的傳統分類進行了徹底的"資產重組"。當年的京師大學堂還有"經學"一科，1912 年，國民政府頒佈《大學令》，分大學為七科：文、理、法、商、醫、農、工，把"經科"徹底廢掉了。蔡元培就説，他覺得十四經裏面，《周易》《論語》《孟子》已經進了哲學系，《詩經》《爾雅》已經到了人文學系，《尚書》、三《禮》(《儀禮》《周禮》《禮記》)、《大戴記》和《春秋》三傳 (《穀梁傳》《公羊傳》《左傳》) 已經入了史學系，再也沒有經科的必要了。[1] 此後，大學裏面文科不再專門設立"經科"，除了 1915 年袁世凱一度恢復中小學講經之外，大學人文類的科系就是文、史、哲加上地理，沒有經學了。

我們知道，經學作為漢代以來的政治意識形態的知識基礎，原來的經學之所以有權威，有三個條件很重要：一是靠政治規定的經典為必讀書；二是靠教育系統的從小教育，經典知識是必學

---

1 參看蔡元培：《我在教育界的經驗》，載《蔡元培選集》，浙江教育出版社，1993 年，第 1354 頁。

的主要内容；三是靠考試制度的強力保證，它是上升的必經之路。這樣，它才維持下來並且有權威性的。可這下子，你也不教了，我也不必考了，政府也沒有規定必須讀經，所以，它很快就失去了吸引力和約束力。更何況那個時候，西洋新知，富國強兵，更吸引人也更激動人，當然經學就風光不再了。老話說："天不變，道亦不變"，可是"天"已經變了，西風壓倒東風了。當時有一句名言，說中國正遭遇"三千年未有之巨變"，三千年大概指周公以下，也有人說中國正遭遇"二千年未有之巨變"，無論是三千年還是兩千年吧，兩三千年裏一直高高在上的經學，一下子衰落下來，也是出現在這大變動中的現象，所以，這個變化只能說是"現代性"入侵中國之後，傳統知識世界的結構性變化。

但有一點我應當強調，經學的衰落，恰恰意味着經學史要興盛。

經學史是研究經學歷史的專門史學科，它把經學當作一個知識史過程來研究，這是很有意義的。當然，在中國大陸，因為延續了"五四"以來打倒孔家店、批判孔聖人的現代新傳統，對經學的鄙夷和批判，也連累了經學史，好像這也是不應當研究的，所以很長時間裏，只有皮錫瑞、馬宗霍、范文瀾、周予同等少數人有過論著。當然，我也要說，這並不是說經學的內容已經被忘記了，其實它化身萬千，經學原來所有的內容，也還在不斷被研究，五經、九經、十三經，還是重要的研究對象，只是它們被西洋學科制度分割在文學、歷史、哲學等等領域，像研究文學的，常常研究《詩經》，研究歷史的，對《尚書》《左傳》有很深的研究，研究哲學的，對《周易》《論語》，也常常有研究，可是這些研究是從西方的文學、歷史、哲學角度來進行的，所以，這已經不能算是"經學"。

那麼，"經學"是甚麼呢？我們從頭說起。

一、甚麼是經學？

本來，《尚書》《春秋》《詩經》《儀禮》《周易》之類古典，可能孔子以前就流傳着，也可能因為大家都讀，而且常常引用，所以，也有人叫它們"經"，就是大家公認的經典，但是，一開始並不存在甚麼"經學"，只是後來儒家成了主流意識形態，把他們用來教育、作為依據的典籍，放在必讀經典、絕對真理的高度，才有所謂"經學"。這和章太炎《國故論衡》下卷《諸子學九篇》中說的儒家情況很相似。章太炎說，儒本來有三重內容，第一是術士，知天地萬物；第二是以六藝（禮、樂、射、御、書、數）教人，所謂"鄉里教以道藝者"；第三才是後來狹義的儒，所謂"憲章文武，祖述堯舜"，"遊文於六經之中，留意於仁義之際"，以孔子為共同的宗師，這才是儒。[2]"經"和"經學"也一樣，你不能把它和經典、古典畫等號。第一，它們本來就是古代比較流傳和比較常

2　《國故論衡》卷下《諸子學九篇・原儒》，《章太炎全集》所收《國故論衡校定本》，上海人民出版社，2017年，第283－284頁。

用的經典；第二，它們是儒家用來進行知識教育的基本教材；第三，才是用來規範人們思想和行為，建立政治意識和政治制度基礎的"經"。

近來，大陸有的人提倡"讀經"，鬧得沸沸揚揚，其實，"讀經"這話頭背後就有一個潛在的前提，就是你也得像古代儒家一樣，承認這些古典是"經"。可是，承認它是"經"，就等於說，這是生活和政治上不容置疑的絕對真理，不能批評和研究，只能當作聖旨了，這就等於是回到"六經皆史"之前的傳統時代了。這個前提我是不贊成的，所以，我不能贊成"讀經"，只能贊成"讀經典"或者"讀古典"的說法。我們要說清楚，古典是傳統，而傳統不只是儒經。原因很簡單：第一，傳統並不只是少數儒家士人的傳統，而需要注意主流之外的生活世界和邊緣地帶。第二，中國古代知識傳統中，有儒家的知識，也有道家，後來還有道教、佛教的知識，並不只此一家，別無分號。第三，"傳統"也是逐漸詮釋起來的"傳統"，"經典"也是逐漸被尊崇出來的"經典"，所以，需要重新在歷史背景下認識。

那麼，經和經學到底是甚麼呢？

其實，古代可能流傳很多很多文獻，這裏面有一些，在後來逐漸被很多人引用，像日常生活裏面，人們要按照一種禮節來交往，根據某些利益來交涉，在人們交往和交涉的時候，還會常常引用詩歌，引用古代著名人物的話，引用歷史記載，不僅僅是它們有古代歷史的支持，而且典雅有力，很能夠支持自己的行為和話語的合理性，有點兒像"有詩為證"或者"有史為證"。所以《左傳》僖公二十七年裏才説："《詩》《書》，義之府也"。大概古詩歌和古典誥尤其是常常被引用的"格言"吧。慢慢地，這些經常被引用的書，就會成為大家都要學習的文獻，老師要經常使用的教材，因此就有了"經典"的地位。

其實，不只是中國，外國也一樣。大家都知道西方有《聖經》，可是這個《聖經》，其實在它還沒有成為經的時候，也是各種文獻，當它成了經，大家都覺得它很神聖，不能追究它的來歷了。可是，大家知道不知道"死海古卷"？六十多年以前，是在1947年到1952年間，在巴勒斯坦西部的死海附近，一個叫庫蘭的地方，有放羊的人發現了大批古代的文書，其中一號洞發現《以賽亞書》(54欄，長達8米)，四號洞發現兩卷《撒母耳記》，這些都是《舊約》裏的部分，此外，還發現了《申命記》《利未記》，不僅有希伯來文的抄本，還有希臘文的抄本，不僅有本文，還有注釋，像《詩篇》《以賽亞書》就有一些注釋。這些文獻，大約是在公元前250年到公元前68年間陸續寫成的，由古代居住在庫蘭這個地方的宗教團體收藏，你看這些文獻，你就會知道現在天主教、基督教的《聖經》，其實就是一些這樣的古文書，是在宗教性的解讀和尊崇下，才成為經典的。[3]

儒經也是一樣，《荀子》的《勸學》裏面講："學惡乎始？惡乎終？曰：其數則始乎誦經，終乎讀禮。"大概在戰國中期，因

3　關於死海古卷的情況，參看西奧多·H·加斯特英譯《死海古卷》，王神蔭譯，商務印書館，1995年。

為學者一再引用，一再學習，漸漸就形成了所謂最常用的六種經典，就是《詩》《書》《禮》《樂》《易》《春秋》，這六種書在《莊子》的《天運》《天下》兩篇裏都提到過，說明在戰國晚期，這六種典籍，已經是大家公認的"經"，就是權威的常識著作了。後來，《樂》可能佚失了，剩下的就是漢代通常說的"五經"。大家都知道，漢代獨尊儒術，這五經設了官方的博士，這些博士對它們有一些權威的解釋，所以奠定了它們經典的崇高地位。

那麼，甚麼是經學？

直截了當地說，就是：1. 以儒家推崇的五經（漢代說法）、九經（唐代說法）或十三經（始於宋代）為基本經典、基本教材和考試範本，進行學習和教育；2. 以這些經典的標準解說為真理唯一依據裁判一切；3. 以"疏不破注，注不駁經"的原則，以"小學"即語言訓詁之學和歷史學即考據之學，對它進行解釋和闡述，在傳統時代作為政治意識形態基本依據和讀書人基本知識的一門學問。大家注意，前面說的內容裏面，有一個很重要的地方，就是作為整體的、在那個時代和歷史裏面的經學，應當包括：1. 經學著作本身的文本及其後世的種種解釋，這就要討論儒經的各種注和疏，看看這些先前的文本和後來的注疏有甚麼樣的差異。2. 經學體現的思想觀念，比如仁、義、禮、智、信之類的觀念，關於國家、社會和個人的種種觀念。3. 經學規定的禮儀、制度和政治理想，像生活中的禮儀、國家的制度等等，以及這些東西在不同時代有甚麼變化。4. 經學作為主流意識形態的社會和制度保證，比如，對孔子的祭祀和尊崇，科舉考試中的教材、試題、判定標準，以及國家支持下它背後的政治利益等。5. 經學研究和詮釋的一整套技術和方法，像注釋、疏解以及作為基礎的語言學、歷史學等等。

所以，經學不只是思想史的領域，可能也是社會史、政治史、制度史、學術史的領域，因為它不好用西方學科中的文、史、哲來切分。可是，就像前面我們說的那樣，從清代以來，在經歷了"二千年未有之巨變"的中國，這門學問已經漸漸開始瓦解。為甚麼瓦解？因為支持它的歷史環境和政治條件消失了。現在有人要重新提倡經學，可是這大概是有困難的，為甚麼？就像胡適《國學季刊發刊宣言》說的，"近日民間小兒女唱的歌謠和《詩》三百篇有同等的位置，民間流傳的小說和高文典冊有同等的位置。"古代經典的神聖性，在現代啟蒙主義眼光，也就是蔡元培講的"平等的眼光"的觀察下面，失去了神聖光環了，所以，朱希祖說："經學之名，亦需擯除。"為甚麼？他說得很清楚，後人說經，"是有天經地義，不可移易的意義，是不許人違背的一種名詞。"可是到了現代，"我們治古書，卻不當（把古書）作教主的經典看待。"[4]

這話說得很對。所以我說，第一，你不可能讓人像舊時代一樣無條件尊崇儒經，你不可能讓人們依然從小讀這些東西而不去更多地學其他知識，你也不可能用這些來考試取士，決定人的前途，你怎麼讓人奉它為"經"？第二，現在已經是多元價值的

4　朱希祖：《中國史學通論》，商務印書館，2017年，第196頁。

世界，你想用這一種知識來規範所有的人，讓人覺得這是神聖經典，豈不是還要回到價值一元的時代？第三，儒家就算是有其現代的價值，但是它是否也有抵消民主和自由這些現代價值的負面內容？儘管全面反傳統是過分擁抱西方現代性，但是全面回歸可能只是我們現在想象和虛構出來的"傳統"，是否也是一種過分？

所以，不是經學，倒是經學史，就是把過去那個時代，曾經作為一個完整體系的經學，作為歷史來研究的學問，倒是非常值得做的，所以下面主要討論經學史。

二、傳統經學史三類著作的檢討

傳統的經學，在沒有失去它的社會生活環境的時候，它還不是歷史，是還處在進行時的學問。那個時候呢，也有一些可以勉強算在經學史領域的著作，但是都不算是真正的嚴格意義上的經學史，應該說是研究經學史的資源。周予同先生在皮錫瑞《經學歷史》的注本《序言》裏[5]，提到這些著作，把它們分成了三類：

第一類，以"人"為中心的。周予同先生舉出像胡秉虔的《西京博士考》（見《藝海珠塵》續編）、張金吾《兩漢五經博士考》（見

5　皮錫瑞：《經學歷史》，周予同注釋，中華書局，2004 年，《序言》第 5–6 頁。

《花雨樓叢鈔》），以及著名的王國維《漢魏博士考》（《觀堂集林》第一冊卷四）等等，這些著作討論的是經學史上的人，甚麼人是甚麼經的博士，有甚麼經學著作。其實，這一類著作還很多，比如各個正史中的《儒林傳》，還有《宋元學案》《明儒學案》，裏面也涉及很多研究經學、著有經學著作的儒者。在清代，像江藩的《漢學師承記》、洪亮吉的《傳經表》，也都是以"人"為中心的，穿起來一個以"人"為中心的經學史脈絡，畢竟經學史也是由經師一個一個地連接起來的。但是這種著作缺點也很多，一是因為人的生活時代很短，斷代的記載，常常看不到經學演變的大勢；二是見"人"而不見"學"，有點兒像"點鬼簿"，看不到經學是怎樣的，多數看到的是經師是怎樣的；三是較簡單。

第二類，以"書"為中心的。像朱彝尊的《經義考》、翁方綱的《經義考補正》，加上各個史書中的《藝文志》《經籍志》，加上《四庫全書總目》和《續修四庫全書提要》的經部、子部儒家類，大體上可以以"書"為綱，勾勒出一個經學史的脈絡來。不過它的缺點和上面講的一樣，也是：不能分析和歸納經學演變的大趨勢，可以看見"書"但是看不見"史"；"書"也常常只是提要，簡單而平面，關鍵的關節容易被大量的書目淹沒，即所謂的見樹木而不見森林。

第三類，以"典章制度"為中心的，周予同先生舉出像顧炎武《石經考》、萬斯同《石經考》、杭世駿《石經考異》、王國維《五代兩宋監本考》，加上《通志》裏面的《選舉略》，《文獻通考》裏面的《選舉考》《學校考》，還有我們現在常常用到的書院史、教育史之類，都是這一類。但是，這也還不是經學史，而是在經學周邊打轉，雖然能夠看到考試制度、刻印情況、學校貢舉等，卻看不見經學整體的歷史。

所以，周予同先生說，因為這個緣故，晚清皮錫瑞的《經學歷史》雖然比較早也比較簡略，卻成了最合格的經學史。他花了很大力氣來給這本書做注釋，作為經學史的入門途徑。那麼，皮錫瑞的書為甚麼可以成為中國經學史的開創著作？因為恰好這個時代，經學作為意識形態主流學說的語境消失，經學漸漸要成為歷史，所以，可以回頭去整體觀察。皮錫瑞雖然是今文經學的傳人，不過，他也是接受很多新思想的人物，大家有興趣可以看他的《師伏堂春秋講義》。甚麼叫"師伏"？就是效法西漢的傳《尚書》的伏生。不過，你看他講《春秋》，倒是用"天下"和"夷狄"講中國和世界萬國，用《春秋》講《萬國公法》，用管仲、子產講變法自強，他的兒子都說他是因為歐化盛行，為了保存國粹，就不再作"艱深之論"，一定要用和當時政教相關的事情來講，可見他還是一個"與時俱進"的人，[6] 所以他的《經學歷史》，就有了近代的意味。

皮錫瑞的《經學歷史》是光緒三十二年（1906）出版的，有意思的是，它的手稿現在還在，收藏在湖南師範大學圖書館，據看

6　皮錫瑞《師伏堂春秋講義》(《續修四庫全書》經部 148 冊，上海古籍出版社影印本，1996年) 藉助《春秋》的華夷、天下、中國觀念，對《萬國公法》、中國統一、東西各國競爭、文明野蠻所發的議論。見《師伏堂春秋講義》第 466-482 頁。參看書後《皮錫瑞之子皮嘉祐識語》，第 494 頁。

到過它的學者說，手稿和現在通行的印刷本，有不少差異，你可以從中看到從草稿，到修訂，再到定稿的變化。

不過，皮錫瑞並不是第一個或唯一一個撰寫經學歷史的學者，在他之前，有劉師培的《經學教科書》，是光緒三十一年（1905）出版發行的，比皮錫瑞早一點兒。劉師培是近代中國學者中，最敏感、最善於抓題目的人，他的著作影響很大。不過從經學史研究方面來說，他的那本《經學教科書》不如皮錫瑞的這本《經學歷史》。在劉師培和皮錫瑞之後，經學史又有很多論著，有的已經比皮錫瑞的更詳細更系統。比如，日本的本田成之《中國經學史》、中國的馬宗霍《中國經學史》等。[7] 1935 年翻譯本田成之這部書的孫俍工，雖然也承認從皮錫瑞《經學歷史》以後才有系統的經學史，但他對皮錫瑞還是不滿意，他覺得，因為皮錫瑞還是站在經學內部，用一種來自傳統的經學家觀念來固執地評價經學史，所以"每易陷於主觀，故入主出奴，門戶之見。"所以，他覺得反而是日本人的書，"不致為孔子所迷，不致為經學所迷"，[8]也就是說，這才是近代的、科學的學術史研究。另外，還有一個江俠庵也翻譯了這部書，但是書名改成《經學史論》，他在《譯者序》裏也指出，日本人的經學研究，用因果關係、科學方法，"可以打破數千年來因襲的成見"，比如斷定《春秋》應該是大約孟子

7　本田成之：《中國經學史》，吉川弘文館，1927 年；馬宗霍：《中國經學史》（重印本），商務印書館，1998 年。

8　本田成之：《中國經學史》，孫俍工譯，中華書局，1935 年，《譯者序》。

時代的七十子或七十子之徒按照孔子的意圖所作，《周禮》含有周初到戰國晚期的制度等。[9]

除了本田成之的這部書以外，日本還有安井小太郎、諸橋轍次、小柳司氣太、中山久四郎合作的《經學史》（東京：松雲堂書店，1933 年），瀧熊之助的《支那經學史概說》（東京：大明堂書店，1934 年）。前面這本著作，有台灣的連清吉、林慶彰等中文翻譯本，由台北的萬卷樓圖書公司出版；後面這一部著作，有陳清泉的中文翻譯本，1941 年就在長沙的商務印書館出版了。從近代學術的立場和方法上來說，日本經學史研究中的這些路數也許是對的，但這並不是說中國的經學史研究不對，只是這種現代性質的經學史研究，因為日本學術研究更早近代化的緣故，被日本人佔了先，這是中國學者不得不承認的。

在後面，我列舉了一些重要的經學史論著，供大家參考（只是略舉例而已，要更深入詳細研究的人，可以參看林慶彰所編《經學研究論著目錄》）。

三、經學史中值得注意的大關節

那麼，作為歷史的經學史，應當注意的大關節處是甚麼呢？

---

9   本田成之：《經學史論》，江俠庵譯，商務印書館，1934 年，《譯者序》。

經學歷史很長，有人說經歷了"十變"（皮錫瑞《經學歷史》）；有人說經歷了"六變"（一、漢代篤守傳統，二、王弼、王肅到唐宋的變革，三、宋代理學，四、宋末至明初，五、正德、嘉靖以後的空談，六、清代漢宋互為爭端，見《四庫全書總目》）；也有人說是"三變"（日本大田錦城《九經讀》，即漢學長於訓詁，宋學長於義理，清學長於考證。姜廣輝主編的《中國經學思想史》用之）。但是，這是一個怎樣劃分歷史時代的方法問題，我覺得，對經學史中的種種變化，更要有明確的問題意識和關鍵把握，所以，我以為經學史上以下幾個方面的變化，就很重要：

第一，經何以成為經？成為"經"之前如何？

我們應當研究一下，在先秦的時代裏面，古人為甚麼有引經據典的習慣，我們看到古書記載的歷史場景裏面，常常有人說"君子曰""子曰""夫子曰""詩云"。過去開玩笑的時候，常常說這個人怎麼滿口"子曰詩云"，那是說他比較迂腐，可是在古代，這些習慣卻是有知識有教養的表現，是文辭好的表現。老話說："言而不文，行之不遠"。不光是好聽，而且這些引用的話就是有權威性的，所以，陳來在《古代思想文化的世界》裏面就專門有一章討論，春秋時代記言的文字增多，引證的實踐也大量湧現，這是表現時代對價值權威的需要。引證文本，就是經典化，越來越多的引用，這些文本就越來越有權威，在引用中它們一方面權威化，一方面道德化，成了整個文化系統中的道德律令，於是五經就經典化了。[10] 可是接下來呢？這個被經典化的文本，又漸漸促成了"託書說義"的習慣，好像沒有古書古經，說話就不那麼管用似的。因此，在古代中國傳統中，就形成了一個習慣，就是要依傍古經的文字和古人的思想來闡述當時的思想，所謂復古常常就是更新。那麼，我們在經學史上，也要關心這個變化歷程，就是從整理古典，到古典的經典化；從古代經典的教育，到作為教材的經典權威化和神聖化。這個過程，就是馮友蘭《中國哲學史》裏面說的從"諸子時代"到"經學時代"。原本，這些經典和儒家也就是諸子，可是，一旦被經典化，它就被壟斷了，就變成"經學"了。

現在，由於簡帛文獻出土越來越多，那麼，我還要提出一個另外的研究課題，就是在它成為權威的"經"之前，它是甚麼樣子？這一點很重要。大家知道，近年來"清華簡"很轟動，其中包含了二十幾種和古代《尚書》類文獻相似的東西。一部分是以前承認為真本的今文《尚書》有的，比如《金縢》，清華簡裏面也有，而且首簡背後還有"周武王有疾周公所自以代王之志"十四字，等於像提要或說明；還有一部分，是以前被認為是偽書的古文《尚書》裏面有的，但是文字不同，像《尹誥》（咸有一德）和《說命》（傅說之命）。那麼，這說明了甚麼？說明古文《尚書》的真呢？還是假呢？還有一部分，是收在以前不敢斷定真偽的《逸周書》裏

10　參看陳來：《古代思想文化的世界》，生活・讀書・新知三聯書店，2002 年。

面的，但後來又亡佚了的，像講周文王妻子做夢，周文王和周武王占夢的《程寤》。甚至還有一部分，是過去根本不知道的，像記錄伊尹和商湯對話的《尹至》，記錄周文王重病時對周武王告誠的《保訓》之類。[11] 那好，我們就得想一想，為甚麼這麼一些和《尚書》相類似的文獻，會整體地出現在清華簡裏面，是不是戰國中期（也就是"清華簡"的時代），還有一些和後來《尚書》百篇篇目、文字、內容都不太一樣的《尚書》呢？是不是漢代以後確定和流傳的《尚書》，確實經過孔子或儒生們重新選擇編輯了呢？

同樣的問題，也出現在《周易》裏面，現在出土的簡帛裏面，特別是馬王堆帛書裏面，我們看到：《易》的卦序，和現在的通行本是不一樣的；有關《周易》的解說，也就是通常所說的《易傳》，也是有好多和現在通行本不一樣的。可見，一直到漢初，也就是馬王堆漢墓的時代，還是有不少"異本"流傳，在經典成為經典之前，它有很多不同的面貌。可是，說到這裏，又有一個問題出來，就是在我們現在看到的出土簡帛文獻中，比如，清華簡《耆夜》中，有好些不見於今本《詩經》的逸詩，像武王致畢公的《樂樂旨酒》、武王致周公的《輶乘》和周公致武王的《明明上帝》。可是，還有另外的呢？包括郭店、上博、安大等等竹簡，也有很多涉及《詩經》的，不過，雖然也有一些逸詩，但大多數還是在現在流傳

11　關於清華簡的情況，可以參看劉國忠：《走近清華簡》，高等教育出版社，2011 年，第七章《〈尚書〉之謎》、第八章《周文王遺言》、第九章《清華簡〈金縢〉與周公居東的真相》、第十章《大夢先覺：周文王的受命與清華簡〈程寤〉》和第十一章《清華簡九篇釋文簡注》。

的三百零五篇《詩經》裏面。那麼，問題就來了，是不是先秦、秦漢之初，《詩經》雖然有不同傳本，但已經有一個經過"孔子刪詩"確定下來的通行本了呢？為甚麼各種出土竹簡中的《詩經》，大體上還是在三百零五篇裏面呢？此外，還有上海博物館藏楚竹書裏面，有一篇相當完整的《孔子詩論》，一共29簡，1006字，引用了不少孔子對《詩經》的評價，比如"《宛丘》，吾善之；《猗嗟》，吾喜之"；比如評價《甘棠》説："得宗廟之敬，民性固然，甚貴其人，必敬其位，悦其人，必好其所為。惡其人亦然。"這好像不是假的，因為這些話在《孔子家語·好生》和《説苑·貴德》裏面也有。有人説，這就是古老的《詩序》，那麼，是不是在先秦時代，即使在儒家內部，也還有各種不同的《詩經》呢？

在"五經"成為"經"並大體固定之前，這些古典是甚麼樣子？這些都是值得探討的問題。

第二，關於漢代今古文之爭

經學史上，今文和古文之爭是很重要的一個大事。晚清的廖平《今古學考》認為，漢代有今文、古文兩派，西漢今文興盛，東漢古文代興，東漢末鄭玄調和古今，兩派就消失了。他是鼓吹今文經學的，所以他有《辟劉篇》和《知聖篇》。後來，這個説法被康有為接下來，他寫了《新學偽經考》《孔子改制考》，這使得今文古文兩派的説法好像成了歷史。但是，這種説法有簡單化的毛病，後來錢穆則乾脆認為兩漢沒有今古文之問題，很多問題是清代學者為了門戶之見而誇張出來的。[12] 當然，錢的說法也太乾脆，漢代還是有今文和古文的差異，但這在經學史上有甚麼意義呢？

從根本上來說，經學中的今古文之爭是有意義的。意義有好有壞，其壞的一面，是表現了經學成為壟斷性的意識形態以後，所發生的利益之爭，所有思想學說一旦成了意識形態，掌握了權力，就一定要發生這種利益爭奪、權力瓜分，這是沒有辦法的。其好的一面，是促成了經學的內在分化和緊張，促成了經典解釋資源的多樣化，後來，好多經學史上的新創見，都是藉了兩方面的資源來強化自己的合理性。畢竟，如果只有一個絕對正確，你還有甚麼自由解釋的空間？有了兩個，就可以鬆動了，就像圍棋一樣，一個眼死，兩個眼活。

不過，這個今古文之爭又很值得重新研究，為甚麼？我們要說明的是，不能簡單化。

（一）今文、古文並不是一開始就對立的。從漢代經學的歷史來看，石渠閣會議（漢宣帝甘露三年，前 51 年），因為宣帝聽說其祖父（戾太子劉據）好《穀梁》，便召榮廣、皓星公等江公之徒，和董仲舒的弟子辯論。董仲舒不是古文派，而是信仰《公羊》的今文派，這便成了今文派的內部之爭。結果《穀梁》一派贏了，漢宣帝就命令劉向等十人學習《穀梁》，而且在肖望之的支持下，立

12　參看錢穆《兩漢經學今古文評議》《自序》，以及《東漢經學略論》，分別見於《錢賓四先生文集》第八冊，（台北）聯經出版事業公司，1998 年，第 5–8 頁；《錢賓四先生文集》第十九冊《中國學術思想史論叢》（三），第 91 頁以下。

於學官，這就是説《穀梁》進入上層宮廷了，有了合法性了。可是要記住，這是今文內部之爭，劉向可又不是今文派，按照過去的説法，他和他的兒子劉歆可是大大的古文派。

（二）經過王莽改制，據説古文經學因為得到王莽的支持，開始興盛起來，並且和今文學派並立了，所以，這才引起了今古文之爭，但好像也不那麼絕對，這裏看西漢到東漢之際的一些爭論，劉向時代的經學爭論，好像不那麼像古文對今文的挑戰，要到劉歆《移太常博士書》，才有點兒明確地表示以古文對抗今文的意思。

（三）東漢初復興今文經學，也不太像是經學內部的詮釋、文本差異，而是政治。一是為了表示政治上反對王莽，確立劉秀的合法性，他們修太學，建三雍（明堂、靈台、辟雍）；二是各種經典自己爭奪地盤，像《後漢書》的《桓譚傳》《楊終傳》，那個推崇《公羊》的李育和信奉古文的賈逵之間的爭論，就不見得是“今”和“古”的爭論，倒是某經和某經的爭論，你很難判斷在這些爭論裏面，有多少理論和思想是明確屬於“古文”特有的，有多少又是屬於“今文”特有的。

（四）很多學者都看出了，原來説是古文派的許慎《五經異義》，也是兼採古今的。清代廖平寫《今古學考》，主要依據的就是許慎的《五經異義》。可是，你仔細看，許慎是兼採今古之學的，比如《尚書》，就既用“今歐陽、夏侯説”，又用“古《尚書》説”；又如《詩經》，也是用了韓、魯等今文説，又用毛《詩》古文説的；至於《春秋》就更明顯，它既用《公羊》，又用《左氏》，並不是那麼"師法森嚴"、涇渭分明的。所以，到了後來，鄭玄就兼採古今，把鍋裏攪亂一團，古文和今文就漸漸混淆了，即使有爭端，也漸漸消失了。也就是說，關於漢代今文和古文之間的爭論，要重新在歷史中去考察，也許很多我們習慣的結論，確實像錢穆說的，其實只是後來想象和渲染出來的。

第三，注意重大歷史轉折時期，政治與社會的變化對經學的衝擊，以及經學對歷史變化的回應

舉幾個典型的例子：

（一）比如秦始皇焚書坑儒，對經學造成的困厄和刺激是甚麼？可以直接就反應的，一是造成秦朝之後，依賴文字文本的古文經典的暫時蟄伏（寫在竹帛上用眼睛看的），而口耳相傳的今文經學的率先崛起（靠口說耳聽和背誦的），這個先後秩序很重要，因為它直接決定了漢代經學的歷史過程；二是不要以為，這一變動就害了儒家經學，其實還有可能是幫了大忙，因為其他各派並不注意師徒相授和經典教育，所以一坑一焚，書也沒有了，師徒系統也沒有了，可是，儒家雖然暫時處於低潮，但是因為他們有背經典的習慣，學說可以傳續，又有師徒的傳授系統，一旦平反就馬上崛起，比其他各家更快；三是對經典解釋的制度化和法理化趨向，可能會有幫助，為甚麼後來是重視禮法的荀子一系佔優勢？恐怕有關係。

（二）再舉一個例子，像安史之亂，它的衝擊和造成的觀念和制度失序，對於孟子升格的作用是甚麼？為甚麼偏偏是這個時代

出現這一運動呢？同樣，這個時候出現的那麼多"書儀"，説明了"禮學"的甚麼變化？而中晚唐的啖助、趙匡、陸淳對《春秋》重新詮釋，究竟是甚麼道理？和宋代初期的《春秋》學有甚麼關係嗎？這些都很值得考慮。

（三）再比如晚清西學進入中國，在經學的解釋裏面，為甚麼這麼多西洋的天文、地理知識會進來。像天算和曆法知識，在解釋《堯典》天象的時候，就改變了過去的傳統説法。像地球的知識和五大洲的概念，就在解釋《禹貢》的時候起了大作用。至於《禮》的解釋，到晚清大變革時代，就有人開始試圖用人類社會發展的觀念來解釋了。那麼，這種改變，又如何使傳統經學瓦解？

第四，經典不斷重新解釋中，產生的緊張和衝突

其實，經學史本身就是一個不斷重新解釋經典的歷史。我們要知道，東漢以後，從魏晉的王肅、杜預、范寧、皇侃等，到唐代的《五經正義》，到宋代對經典的重新整理（比如"四書"重要性凸顯）和重新解釋（像朱熹的《四書集注》），甚至到清代乾隆、嘉慶年間對經學的重新考證和詮釋，都是一個不斷花樣翻新，説得徹底一些，就是藉了重新解釋舊經典，不斷發掘新思想和新知識的過程。我們完全可以把經學史看成是經典的詮釋史。古代中國人有一個習慣，就是有話不直接説，因為在中國古代，你直接説沒有公信力，而依傍經典説事兒，好像就顯得有根有據，大家就會相信這是真理。這是一個很強大的傳統，這個傳統的好處是甚麼？就是使古代中國的思想和知識有連續性，思想和知識都在這個經典周圍產生和分蘗，所以看上去就好像是連貫的、蔓延的，這就是中國很多現代的思想、概念和詞語，為甚麼還保留很多古代內容，古代很多知識一直能夠延續到今天的原因。當然，它也有問題，就是這個經典背景太強大了，思想和知識不能另開一條道兒，只能依傍它，就像以前說大蒜那個謎語，"兄弟七八個，圍着柱子坐，一旦站起來，衣服就扯破。"一旦知識和思想超越了經學、經典和儒家，原來支持一切的主心骨就會崩潰和坍塌。

此外，如果大家有興趣，還可以注意，經學知識的普及與制度化、常識化、風俗化過程（這一點，與中國教育史，比如科舉考試、書院、私塾與塾師、通俗讀本與教材相關），以及日本、越南、朝鮮經典詮釋與中國的差異。（特別請注意日本的藤原惺窩、林羅山、山崎闇齋、伊藤仁齋、荻生徂徠，以及日本思想史上從朱子學到古學再到國學的脈絡。）

不過，在經學始終是思想、知識的權威背景及依據的古代中國，它在歷史上任何一個細微的變化，都相當重要，圍繞着它的解釋、重新解釋、解釋的解釋，就展開了種種思想史和學術史的問題。比如義理和象數（《周易》的卦爻認知和義理表達，哪一個更重要？它原來只是占卜，還是講理？）；比如歷史和價值（是疑古還是信古？這些經典有沒有真偽的問題？如果它是偽造的，它所表達的道理是否也應該被拋棄？經典的真理是否有歷史環境的差異，它是永恆的還是歷史的？）；比如道理和制度（到底應當把道理和對道理的自覺放在首位，還是應當把它外化為制度強制遵循，這牽涉到對人性的善惡的基本判斷），正是在這一系列問題上，展開了經學史的一系列話題。

所以，有人已經注意到了所謂"經學的詮釋學"，那麼，中國經學的詮釋學特點是甚麼呢？

四、甚麼是中國經學詮釋的特色？

最近，有不少關於中國闡釋學的書出版，也有一些專門討論儒家經典詮釋學的文字，覺得好像很有一些問題。比如某一部比較大部頭的《中國經學思想史》，這是很重要的經學史著作，其中不少章節寫得很不錯，但是在《緒論二》裏面，討論"儒家經典的詮釋學導向"的時候寫的那些內容，恐怕有些不合適。它說，儒家經典的詮釋特點是"知人論世，以意逆志"；"書不盡言，言不盡意"；"我注六經，六經注我"；"實事求是，六經皆史"；"返本開新，託古改制"，這當然都是中國的古代詞兒，可是，這是在說中國的事兒嗎？一方面，它總結得太籠統了，不光是儒家經典，甚麼經典的解釋都可能是這樣的，你看一看西方詮釋學所說的那些東西，不也是有這些方面嗎？要知道歷史背景，要了解作者思想，要推測古人之心，語言的有限性，在歷史中理解經典，偏向主觀與客觀的兩種不同解釋方法，好像一網打盡似的，可是你說是詩歌解釋也可以，是文學解釋也可以，為甚麼它就是儒家經典解釋的特點呢？另一方面，我們看，甚至外國經典的詮釋學，也一樣有這種特點，比如西方的《聖經》詮釋學，就是一樣有這些東西的。所以要問：這算是中國經學的詮釋特徵嗎？

我總覺得，大概要說的話，中國儒家經典的解釋，有這樣幾個方面，算是特別的：

第一，它是用漢語撰寫和記錄的文獻，它的解釋首先是建立在漢語言文字的基礎上的，所以它有所謂"小學"，就是漢語的音韻、文字、訓詁為手段的解釋方式，正是因為這個緣故，才能產生種種通過"改字""通假""音讀"等方式來重新解釋經典意義的可能，也最終會有經學家引以為自豪的小學功夫。大家都知道"必也正名"，儒家覺得，名與器是不可以隨便給人的，而漢字恰恰給了他們通過"名"維護"實"以很好的基礎，所以，才有所謂的"書法"（一字之褒，榮於華袞，一字之貶，嚴於斧鉞），有所謂的"易之三義"（不易、變易、簡易），有所謂的改字為訓和望文生義（一貫三為王、背公為私、精氣從米），才有像戴震以"字義疏證"、阮元以"性命古訓"來瓦解舊說的事情。

第二，古代各種儒家經典，在歷史、制度、思想等等方面，經過詮釋者的詮釋形成了互相支持和互相證明的關係，由於經典與經典之間關係密切，使得這些經典漸漸成為一個相當完整的整體。《春秋》三傳歷史記載之異同，三《禮》之間禮儀、等級、器物的互相關聯，《詩經》解釋和《春秋》筆法之間的互通，《易》在各種經典中的引用和史事關係等等，都很重要。像鄭玄的解釋之所以能夠屹立不搖，就是因為他遍注群經，使得經典文本和注釋文本成為一個完整的、攻不破的系統。因此，這也使得古人對於經典所反映的古代社會、政治和文化，史實、典制和義理，都有一個互相貫通的認識。

第三，經典解釋的最終指向，是世俗的政治、倫理和儀制，而不是宗教的神跡、天啟和崇拜，所以，中國儒家經典的解釋，常常是政治和制度的依據，是生活倫理的依據，因為解釋雖有不同，但是經典從來沒有成為一個超越世俗社會和政治的宗教聖經。這也是儒家經典解釋的特點：就是它的解釋常常重視和落實在世俗政治、生活倫理和歷史依據上。

這最後一點，我要多說一些，古代中國經典常常不是神聖的宗教典籍，而是社會意識形態的根據，甚至還是政治制度設計的基礎，我舉兩個例子，一個是對外關係問題，一個是關於社會秩序。

先說古代中國王朝的對外關係。實際上，關於周秦漢唐之際就是中央王朝和周邊民族諸國的關係，過去，一說起來就是說"天下"和"四夷"，究竟是"以夷變夏"，還是"以夏變夷"，但是，在這種基本的對外觀念裏面，中國方面也有一些很細微的差異，知識人所依據的經典裏，有一些立場、邏輯和理論很不同，這些不同，也會影響到政策。

比如說在漢代，如果根據今文經，比如《公羊》家董仲舒、何休所謂"三世異辭"的說法，在亂世應該是"內其國而外諸夏"，就是說各個諸侯國自己守住自己的地盤，而外面的各諸侯國，雖然大家都是諸夏，也要多一份警惕和戒備，少一點兒寬容和大度；但是，在昇平時代就是開始崛起和強大的時候，就要"內諸夏而外夷狄"，就是說諸夏可以算是一體，是一個文化和政治共同體，就像現在的歐盟一樣，但對外面的夷狄，卻要嚴格內外之分。到了真正的太平時代，則應當"遠夷之君，內而不外"，"天下小大遠近若一"，而且認為夷狄也是"一氣之所生"，就是說，應當不分內外，平等看待，有點兒像大同世界了，當然就是搞國際主義了。但是，古文經學裏面不一樣，並沒有"三世"的分別，古文經學似乎更重視一個永恆的嚴格價值，這就是華夷、內外和尊卑的嚴格區分，所以，《左傳》的思想重心在"攘夷"。所以，漢王朝對外採取甚麼政策，有時候就在於：一是依據甚麼經典解釋，二是如何對內自我定位。有人指出，漢武帝時代曾經征南越、西南夷、朝鮮，卻又和匈奴和親，可能是受到今文經學家的說法的影響，把自己這個時代看成是"昇平世"。但我國台灣的蔣義斌指出，後來古文學的興起，破壞了今文家建立起來的制度設計原則，所以，東漢後期決定對羌人的政策時，就受了古文家的影響，才會有長期的民族戰爭和民族衝突。[13]

再說社會秩序問題。據說，漢代以來因為經典依據和解釋思路的不同，就影響到如何制定社會秩序的政策，比如遊俠和復仇，這是一個貫穿了戰國秦漢的社會問題，很麻煩。"俠以武犯禁"，犯禁就是破壞了社會秩序，你不按照社會的規則來處理糾紛，自己隨心所欲，當然就碰上了一個如何、由誰、依據甚麼來處理社會關係的問題，所以"俠"雖然想象裏面很偉大很浪漫，但

13　蔣義斌：《漢代春秋經傳對決策制定的影響》，1998 年。又，關於漢代春秋之學，參看陳蘇鎮：《漢代政治與春秋學》，中國廣播電視出版社，2001 年。

是真正有序的社會裏面，他們卻是搗亂的人。復仇就更麻煩了，日本學者日原利國在《復仇論》裏面說，按照《禮記》的說法，復仇是天經地義的事情，尤其是為父親報仇，這當然是正當的，所以《曲禮》說：“父之仇，弗與共戴天”；《檀弓》說：對父母之仇要“寢苫枕干，不仕，弗與共天下也”；《大戴禮記・曾子制言》說：“父母之仇，不與同生，兄弟之仇，不與聚國，朋友之仇，不與聚鄉，族人之仇，不與聚鄰”；同樣，在《公羊傳》“隱公十一年”裏也記載，隱公被同父異母弟所弑，就說：“君弑，臣不討賊，非臣也，不復仇，非子也。”

但是，這裏就有了兩個問題，第一，凡是為父親報仇都是合理的嗎？如果這個父親是應當被殺的壞人呢？所以《公羊傳》“定公四年”又說，如果父親無罪不應當被殺，那麼復仇就是正當的，如果父親有罪應當被殺，那麼復仇就變成了“推刃之道”了。甚麼是推刃之道，就是一來一往，像現在武俠小說裏說的“冤冤相報”，這就不應當了。可是，這裏面就有矛盾了。第二，如果每個人都以為“復仇”是正當的，即使在上面講的道理上是應該的，那麼是不是就應當是他自己去報仇？這樣一來，是不是就會導致社會大亂？古文經學裏面，《周禮・地官・調人》就對“調停”很關注，雖然它也承認父母、兄弟、君主、師長、朋友的仇應該報，但是它卻提倡：一是把仇人遷到海外、異國、邊地，二是向官府報告（“書於士”）。所以，它覺得應該規定“凡殺人而義者，不同國，令勿仇，仇之則死”，這就將“復仇”納入了政府秩序的軌道。這裏其實有一個很根本的問題，就是道德和制度，究竟甚麼優先的問題，社會秩序究竟應該建立在正義上面，還是建立在法律上面，究竟應當由個人來裁決合理性問題，還是由政府來判別合法性問題？合理的是否就一定合法？

順便說一下，漢代復仇之風很盛，彭衛就寫過一篇《論漢代的血族復仇》，[14] 比如《後漢書·列女傳》裏面就有為丈夫報仇的呂榮，有為父親報仇的趙娥；漢畫像石裏面有《七女為父報仇》的圖像。特別有意思的是，傳說趙娥為父親報仇之後，去自首，縣官悄悄把她放走，後來的涼州刺史、酒泉太守給她立碑，皇甫謐還給她作了傳。[15] 關於這一點，可以看看《秦女休行》這首詩。這是一直到現在還在討論的大問題。所以，後來就爭論不休。比如荀悅《申鑒》的《時事第二》裏面討論復仇，就提到有這兩種不同看法，到了唐宋，陳子昂、韓愈、柳宗元，一直到王安石、蘇軾，都討論這個話題，而皇帝和政府，有時站在法理上，覺得這種復仇挑戰了法律和秩序，有時又站在儒家立場上，覺得應當承認這種道德正義的合理性。這個話題有時還溢出個人，變成國家問題，比如宋人甚至把復仇的意義延伸到了中國與外國的戰爭上，例如宋和遼在燕、雲的爭奪，北宋到南宋的收復失地，都有人把

14　彭衛：《論漢代的血族復仇》，《河南大學學報》1986 年第 4 期，第 35–42 頁。

15　參看邢義田：《格套、榜題、文獻與畫像解釋 —— 以一個失傳的 "七女為父報仇" 漢畫故事為例》，載邢義田編：《中世紀以前的地域文化、宗教與藝術》，(台北) "中研院" 歷史語言研究所，2002 年，第 183–234 頁。

它看成是放大了的復仇。[16] 這個話題，一直到晚清還在討論，像光緒二十三年十一月二十一日（1897 年 12 月 14 日）的《知新報》第四十冊開篇，就發表了順德劉禎麟的《復仇說》。不過，這個時候討論的背景，已經是近代的問題了。

五、經學史研究方法釋例（一）
── 詮釋史的變遷：以《詩經》為例

經學史是一個範圍很大、資料很多的學問領域，這裏我們只能以《詩經》為例，來看經學史應當怎麼研究。

研究《詩經》經學史，和從文學角度讀《詩經》的人不同。他不是首先去欣賞，而是去追問。問甚麼？在關於《詩經》的經學史上，有四個問題很重要：第一，《詩經》是怎麼來的，誰編的？第二，《詩經》最初的解釋是怎樣的，它怎樣奠定了解釋的基調？第三，《詩經》是甚麼時候，被甚麼人做了重新解釋，這種重新解釋怎樣改變了理解的基礎？第四，《詩經》的解釋怎樣走出了傳統經學的範圍？

先講第一個問題。我們當然要知道，《詩經》是甚麼，它是甚麼時候編成的。簡單地說，《詩經》就是殷商到春秋時代的各種歌

16　黃純怡：《唐宋時期的復仇 ── 以正史案例為主的考察》，載《興大歷史學報》第 10 期，台中，中興大學，2000 年，第 1–19 頁。

謠總集，也可以説就像《聖經》裏的《詩篇》，它包括了男女交往、君臣宴飲、瞽史傳唱、廟堂祭祀的各種歌詩。這些詩篇在春秋末年已經被編輯成集了，公元前554年，就是孔子才八歲的時候，吳國貴族季札曾經到魯國觀看演奏音樂，魯是周公後裔的地盤，有享用天子之樂的特權，季札就在那裏欣賞了一番最高等級的樂舞，其中都是《詩經》裏的樂歌。據説季札聽了以後，歎為觀止，發表一番評論，對周、召二南，邶、鄘、衛風，王風，鄭風，齊風，豳風，秦風都有一些議論。可見，那個時候《詩經》大體已經編成了。

接下來的問題是，《詩經》並不是孔子編成的，可是，孔子是不是整理過《詩經》呢？恐怕是的。研究《詩經》的人要知道，現在我們看到的《詩經》是經過刪削的。有人做過統計，《左傳》引《詩》217條，有10條是逸詩，《國語》引詩31條，有1條是逸詩，《論語》引過18條，有2條是逸詩。比如《論語·八佾第三》裏面有"巧笑倩兮，美目盼兮，素以為絢兮"；《左傳》"襄公五年"有"周道挺挺，我心扃扃"；《禮記·緇衣》有"昔吾有先正，其言明且清，國家以寧，都邑以成"，這些現在的《詩經》裏面都沒有。前面我們也説到，清華簡《耆夜》裏面，也有一些不見於現在的《詩經》的逸詩。可見，一方面在孔子時代，甚至更晚的時代，看到的詩篇要比較多；另一方面，大體上《詩經》的雛形也已經差不多完成了。這裏當然可能經過孔子的手，孔子很重視讀詩，有所謂"不學詩，無以立"的話，而且覺得學習《詩經》還有兩層意義：第一，可以多識草木鳥獸魚蟲之名；第二覺得它可以"興觀群怨",當作精神資源和動員力量。可見,他是把它當作教材的,也許現在的《詩經》的確是經過了他的一番整理。上海博物館收藏的戰國楚簡裏面,有《孔子詩論》一篇,裏面提到相當多的詩,大體上都在現在的《詩經》裏面,而且又有了很道德化、理論化的解釋,前面提到,其中記載孔子對《甘棠》的評價是,"得宗廟之敬,民性固然,甚貴其人,必敬其位,悦其人,必好其所為。惡其人者亦然。"[17]這一段剛好在傳世的《孔子家語・好生》裏面也有,《説苑》卷五《貴德》中也有。所以可以相信,孔子可能是整理和解釋過《詩經》的。

再講第二個問題。《詩經》的歷史,除了上面的成書過程外,那麼,下面就是解釋的過程了。關於傳統的解釋,最重要的是,第一,漢代有不同門派,被稱作今文家的,就是齊、魯、韓三家《詩》;傳説是古文家的,就是毛《詩》。他們各有不同的傳授系統。第二,他們雖然各有不同,但是除了一般的訓詁之外,他們都傾向做很道德化、歷史化的解釋,像後來最有影響的毛《詩》和鄭箋,就把《關雎》"關關雎鳩,在河之洲。窈窕淑女,君子好逑",解釋為后妃愛慕君子的道德,無不和諧,又不只是貪戀美色,男女之間慎固幽深,就好像關雎一樣,愛慕而又有分別。又比如,關於《邶風・靜女》,本來也是講男女幽會的,"靜女其姝,俟我於城隅。愛而不見,搔首踟蹰",可鄭玄的解釋就説,是女子"待

<hr />

17 《孔子詩論》,有人認為這就是古代的《詩序》,一共 29 支簡,1006 字,這一段見馬承源主編:《上海博物館藏戰國楚竹書(一)》,上海古籍出版社,2001 年。

禮而動，自防如城隅”，這種解釋實在是好像癡人說夢。這裏最重要的，就是《詩》的大序、小序，因為它託名於孔子和子夏，對每一首詩的解釋，都引向了政治和道德，發明了所謂的“美刺說”，好像每一首詩都有政治和道德含義，這種解釋方法影響很大。

再看第三個問題。經典的解釋，常常是一個影響一個，前面的解釋常常會影響後面的解釋，引導性的說法會使後來的解釋不自覺地受到暗示和限制，所以，漢代對於《詩經》的解釋，就成了後來的標準，而後來的解釋又常常強化前面的說法，好像考古的地層關係一樣，成為“堆積”，這些解釋建設了一個叫做“歷史”的東西，然後又用“歷史”取代了“過去”，直到一個敢於自己直接想象過去的人出來重新解釋。所以，《詩經》的詮釋史上，宋代的鄭樵和朱熹就很重要，鄭樵的《詩辯妄》開啟了懷疑《詩》序的思路，而朱熹的《詩集傳》更乾脆否定了《詩》的大小序，朱熹說，這是漢代衛宏作的，因為它是漢代人作的，所以就沒有甚麼權威性了。在這種歷史的考證之後，他就自己進行了重新解釋，所以，他的解釋有一些就很合理，也接近歷史原來的可能面貌。所以有人說，他在《詩經》的解釋上，像是哥白尼革命一樣。不過，這種朱熹式的解釋，大體上還是在傳統延長線上的，還是經學的範圍裏面。

到了近代，中國很快改變了傳統的經學理解，不僅不再局限在傳統的政治和道德解釋上，而且也不再把《詩經》都想象成莊嚴的、神聖的、美麗的、道德的生活寫真，開始直接發掘詩歌的歷史背景和實際生活。舉一個例子，過去對於《詩經·陳風·月出》，[18] 即使不是把它解釋成道德和政治詩篇，也一定想象是月下美人的情景。但是高亨《詩經今注》就說，第二章的"佼人懰兮"、第三章的"佼人燎兮"，是陳國的統治者殺害一個英俊的人物，因為他考證"懰"古作"劉"，就是殺的意思，"燎"通"繚"，就是捆綁的意思，於是，月下美人的風景，就變成了月下殺人的陰森場面，這也許就是新解釋的力量。

但是，根本的顛覆性解釋，倒是來自西方對東方的想象，像法國學者葛蘭言（Marcel Granet，1884－1940）在《中國古代的祭禮與歌謠》裏的新解釋，不僅要比朱熹的激進得多，也超越了傳統經學的範圍，甚至完全不理會傳統的說法。這樣，我們就討論到了第四個問題，就是經學被瓦解的歷史。

葛蘭言的說法是甚麼呢？第一，葛蘭言學過當時法國流行的人類學，根據他所知道的各種民族學調查資料，特別是西藏資料，他覺得，古代中國也會有"歲時"祭祀儀式，在這些儀式上，也會像今天西南各民族一樣，有競爭性的集團或村落的男女對歌，所以他認為，《詩經》的國風部分，就是古代中國農村舉行盛大的集會時男男女女所唱的歌。第二，古代中國的這些歲時儀式，就是標誌社會生活季節的集會，因為長期隔離的生活中止了，進入短暫的集會，各個小群落在這時形成共同體，進行大宴饗，閉塞被打破，交易的集會來臨，通過婚姻結成同盟的時機成

---

18 "月出皎兮，佼人僚兮。舒窈糾兮，勞心悄兮。月出皓兮，佼人懰兮。舒慢受兮，勞心慅兮。月出照兮，佼人燎兮。舒夭紹兮，勞心慘兮。"

熟，所以，他認為古代這些祭祀禮儀主要的就是交換婚約，這種場合對男女來說很重要。第三，這種儀式經常是在與都邑很近的廟、市場、集會空地，大的集會更常常在祖廟和社稷處，這對於古代國家和文明的產生十分重要。大家知道，儀式是人類學家特別關注的社會現象，葛蘭言的研究，曾經被收在法國大學者斯特勞斯（Claude Lévi-Strauss，1908-2009）編輯的《結構人類學》裏面，説明他把法國的漢學傳統、傳教士的調查傳統和新的人類學分析結合起來了，所以他的研究相當有震撼力，只是他的解釋已經超越了傳統中國的經學。

從漢代毛《詩》的政治化解釋，到宋代朱熹打破"大小序"的新解釋，從朱熹的新解釋到葛蘭言這樣的人類學解釋，連成了學術史上從古代到現代的過程，它也可以説是經學史的過程。當然，《詩經》的詮釋史要比這個線索複雜得多了，關於這些歷史，我們要看很多關於《詩經》的書，傳統的《詩經》注釋，當然是看《十三經注疏》本中的毛傳、鄭玄箋、孔穎達正義。朱熹的解釋，當然看《詩集傳》。但是清代的各種重要注本，也不能不看，其中特別可看的有：

陳啟源《毛詩稽古編》三十卷。這是恪守傳統毛、鄭舊注的，但是他做了很多很好的疏通和解説。

馬瑞辰《毛詩傳箋通釋》三十二卷。其中第一卷先考證毛《詩》的源流、篇次、傳箋以及孔氏正義的異同得失，第二卷以下為箋釋，有駁正舊注的地方，不過大多數還是在批評宋儒的解釋。

陳奐《毛詩傳疏》三十卷。這部書在恪守毛《詩》的時候更加激進，他連鄭玄的箋注都不相信，認為到了鄭玄就已經不純了，比如《齊風・東方未明》"顛之倒之，自公招之"，多數解釋都認為這是符合禮儀的行為，就是說是諸侯大臣緊張侍奉君王的心情，而陳氏則認為這是諷刺"未明見召，為失之太早"，即"小序"所說的"興居無節，號令不時"，並堅持序是子夏"隱括詩人本志"，所以一定要追溯序的意思。

陳壽祺《三家詩遺說考》。這部書收集了漢代齊、魯、韓三家遺說，很有參考價值。

六、經學史研究方法釋例（二）
—— 文本和文字的考證：以《大學》諸本為例

《大學》本來只是《禮記》中的一篇，傳說它出自孔子的弟子也就是"七十子"，但是，馮友蘭卻覺得，它和荀子一系有關，郭沫若認為它出自子思、孟子系統，宋代的理學家認為出自曾子，到現在也很難說清楚。但它又是"四書"中的一種，從宋代推崇四書超過五經以來，它就成了最重要的經典，其三綱領（明明德、親民、止於至善）和八目（格物、致知、誠意、正心、修身、齊家、治國、平天下），在古代很重要。[19]

19　宇野哲人《大學の三綱領》（《斯文》21 卷 5 期）說，《大學》三綱領，一是明明德是修己之學，二是新民是治人之學，三是止於至善是立腳點。

可是，從經學史上來看，它有很多問題要討論，其中第一個就是，它原來就是一篇，還是分經和傳的？第二，到底是"親民"還是"新民"？它們究竟有甚麼大不了的差別，為甚麼後來為它有這麼多的爭論？

在宋代以前，上面兩個問題都不是問題。《大學》是《禮記》裏面的第四十二篇，位置在《儒行》之後，《冠義》之前，並不很突出，也沒有人提出這些問題來。宋代以後，嚴格地說是唐代韓愈以後，因為它有一個相當重要的邏輯推論，就是"修、齊、治、平"（修身、齊家、治國、平天下），又談到格物致知的問題和正心誠意的問題，所以，就漸漸被重視起來。特別是理學家，因為它把內在的道德修養放在了外在的事功前面，所以更推崇它。程頤說："《大學》，孔氏之遺書，而初學入德之門也。"到了朱熹，就把它作為"四書"之一，他曾經說過，《大學》就好像是給人"定其規模"的基礎，讀書人"學問須以《大學》為先，次《論語》，次《孟子》，次《中庸》。"所以，它是最重要的經典文獻，又因為《四書章句》是官方規定的必讀書和考試用書，後來的科舉考試都要考它，所以它就格外重要了。

《大學》在宋代雖然格外走紅，但是，這裏面又出了一點兒問題。二程到朱熹，對《大學》的解釋裏面，有兩點是最重要的：

（一）據說，程顥、程頤兄弟讀《大學》的時候，就覺得它引用經典，好像有點兒"參差不一"，覺得有些奇怪，但是並沒有大動。到了朱熹，這個大學問家就乾脆自己動手了，他覺得古代以來的《大學》都有問題，應當是一章經，十章傳，也就是說，本來可以當作孔子所傳的經來看待的，只有那麼二百零五字，其餘的都是一一解釋經文的"傳"。這並不是他一時性起，心血來潮。我們看朱熹，三十八歲的時候他就寫過《大學解》初稿，到了四十五歲的時候，他把《大學章句》《大學或問》寄給好朋友呂祖謙看，五十六歲的時候又說，這些年他對《大學章句》改來改去，到了六十一歲，他和陳淳談話，又說到《大學解》大體已經很穩了，但是也許還會有改動，最後到六十五歲的時候，他又和王過說："《大學》則一面看，一面疑，未甚愜意，所以改削不已。"（《朱子語類》卷十九）可見，他一生都在研究這篇短短的《大學》。大家看《朱子語類》卷十四到卷十八，都是在和學生門人討論《大學》，可是，這一改動是否正確呢？[20]

（二）《大學》的第一句裏面講"大學之道，在明明德，在親民，在止於至善"，但是，程頤卻提出一個說法，說"親"應當是"新"。為甚麼？他沒有提出任何文獻學上的證據，只是因為古文字裏面，"親"和"新"是可以通用的。到了朱熹，他就從道理上解釋，怎麼解釋呢？我們說，如果是親民，那麼就只是在上者，比如孔穎達的解釋就是"言《大學》之道在於親愛於民"（《十三經注疏》，第1673頁），他說，《大學》的重要意義，一是明明德，就是彰明自己的光明德行，二就是親愛於民，三是"止處於至善之行"。這是一個包括了內在和外在兩方面的思想，但是朱熹就說，不對，應該是"新民"，只有這樣，才能夠突顯人的本體精神和內

20　參看李紀祥：《兩宋以來〈大學〉改本之研究》，（台北）學生書局，1988年。

在自覺，因為一般人被"氣稟所拘，人慾所蔽，則有時而昏"，但是他們自己還是有"未嘗息"之"本體之明"，所以《大學》就是要開發這種自己本來就有的光明，使人回到他的"人之初"，這就是"新"，即使其新的"新"，然後推廣開去，他說："新者，革其舊之謂也。"

這兩條重要的改動，是對還是錯？是依據文獻原則，還是依據思想原則？思想如何能夠與文獻吻合，或者文獻如何支持思想？這些後來變成了大問題，一直貫穿了儒家的歷史。到明代的王陽明，為了證明和支持自己的看法，首先是就用了《大學》古本，來反對朱熹關於經傳分章的改動。其次是反對"新民"的說法，認為還是應當是"親民"。

關於《大學》是否應該按照朱熹的看法，分成經一章，傳十章，這本來是一個很難有確鑿證據作最後定案的問題，除非有一天從地下挖出戰國以前的《大學》來。朱熹呢，在文獻上並沒有甚麼證據，只是從道理上、感覺上，覺得應該這樣分章析義才合適；而王陽明反對朱熹呢，本來，也並沒有甚麼文獻學上的根據，也是從道理上，從如何更好地闡述儒家思想上去論證，但是，他卻提出一定要按照《大學》古本，就是唐宋以前的樣子，這一下好像就有文獻根據了，其實從骨子裏說，王陽明就是要用古文獻作武器，掀翻朱熹，確立自己的合法性。所以，他在解釋的時候，主要還是靠道理，比如，他的一個學生蔡希淵問他，如果按照朱熹的《大學章句》新本，那麼，就應當先是"格致"，然後是"誠意"，這好像和第一章的次序比較吻合吧。可是，如果按照王陽明所説的古本，那麼"誠意"就在"格致"的前面了，這怎麼解釋呢？王陽明就強調，"誠意"就是中心，《大學》的"明明德"，就只是一個誠意，有了"誠意"去"格物"，才能有下落。為甚麼？因為"為善去惡"是學習儒學的人的出發點和落實處，如果按照朱熹的説法，先花了很大的力氣去一個一個地格物，了解事物的各種道理，那麼就會"茫茫蕩蕩，都無着落處"，就是説，沒有抓住根本，反而被枝蔓的小節小理給捆住了，不能歸結到心靈和道德那裏去。所以，他痛斥過去的説法，説如果按照舊路子學習《大學》，光知道格物，還"須用添個'敬'字，才牽扯得向身心上來，然終是沒根源。"（《王陽明全集》卷一《傳習錄上》，上海古籍出版社，1992 年，第 38 頁）大家記得王陽明早年格竹子的故事吧？他覺得這樣沒有導向，沒有目標地格物，最終只能走向"博物"的路子，卻不能走向《大學》要求的"至善"，所以不能用朱熹的新本。這本來就是儒家裏面，兼重外在知識的"道問學"一路，和全力注重內在道德的"尊德性"一路的差異，但是為了説明自己這一路的正確性，他們要在經典的文獻學上各自用力，所以才有朱熹用新本和王陽明用古本的不同，他們的落腳處，都不是在"真偽"而是在"是非"，所以，這在經學史上並不是歷史學、文獻學的爭論。

那麼，為甚麼不是"新民"而是"親民"呢？王陽明雖然也説要尊重古本，但是他的根本目的，是為了道理。他的學生徐愛問他，朱熹説"新民"，也不是沒有根據，因為這樣，下面那一段"湯之《盤銘》曰：'苟日新，日日新，又日新。'《康誥》曰：'作新民。'《詩》

曰：'周雖舊邦，其命維新'。"才對得上號，否則，後面的不是沒有着落嗎？王陽明就呵斥他説，不對。可是，為甚麼不對？他也沒有多少道理，就説《康誥》的"作新民"和前面的"在新民"不同，前面必須是"親民"，因為只有"親民"這種向外的行為，才能發明和落實再下面向外的"治國平天下"，這些都是屬於儒家"內聖外王"裏面"外王"的事情。王陽明説，親民好像《孟子》裏説的"親親仁民"，親之就是仁之，這樣才符合孔子説的"修己以安百姓"，前半截是"明明德"，後半截就是"在親民"，這樣才能兼顧，他説："説'親民'便是兼教養意，説'新民'便覺偏了。"（《王陽明全集》卷一《傳習錄上》，第2頁）

可是這樣的説法有道理嗎？既有也沒有。説他有，是因為在他的解釋中，他的道理是一貫的，在他的背景下，是有他的意義的。説他沒有，是因為這些説法，原本都只是他們自己的思想，只是被他們投射到文獻裏面，因此未必都是古人的思想，也未必是古代文獻的原來面貌。不過，我們在這裏要説一個經學史上的常識，就是古代中國，所有的道理都需要"有經為證"，誰想證明自己的思想有合理性、合法性，就要攀附上經典，最好説它是經典中的真理，甚至它就是經典本身。為甚麼？因為經典和真理在古代中國是可以畫等號的，每個時代的思想家，都要爭奪經典的詮釋權，好比搶佔制高點一樣，佔住了制高點就是勝利。所以，朱熹要重新解釋《大學》，王陽明也要重新解釋《大學》，醉翁之意不在酒（《大學》），都在山水之間（思想）。他們並不是真的在討論文獻文本，古話説"得魚忘筌""捨筏登岸"，文獻學常常就只是

"筌"和"筏"。不過，大家要注意，這個"筌"和"筏"還是很重要的，因為誰能證明自己拿到的文本是最接近聖人的經典原樣的文本，誰就有絕對的發言權。所以在朱熹、王陽明以後，到明代嘉靖年間，一個叫做豐坊的人出來，說他發現了《大學》石經本，和新本不同，和古本也不同。當然後來都知道這是偽造的，據劉宗周說，明代末年的吳秋圃就已經寫了《大學通考》證明這本是偽造的。那麼，問題是為甚麼他要偽造古代的石經本《大學》呢？先是日本的荒木見悟，他說，豐坊是想用這個更古老的版本，來打擊王陽明。[21] 後來，台北的王汎森也寫了一篇很出色的論文，說明豐坊偽造的目的，一是打擊盲目信從朱熹的理學家，他對這些他所謂的"偽道學"是很恨的；二是同時打擊被他說成是"禪學"的王陽明，在他看來，這也是"偽道學"的一種。他搞出這個石經來，左右開弓，一方面說朱熹新本是亂改，一方面也等於說王陽明古本也不對。[22]

對《大學》有興趣的人，可以去看劉宗周《大學古文參疑》的序和毛奇齡《大學證文》卷一，[23] 這裏面把歷來的論爭、他們的疑

21　荒木見悟：《石經〈大學〉の表彰》，載其《明末宗教思想の研究》，（京都）創文社，1979 年。

22　王汎森：《明代後期的造偽與思想爭論 —— 豐坊與〈大學〉石經》，載《新史學》（台北）第六卷第 4 期。

23　《劉宗周全集》第一冊，（台北）"中研院"文哲所，1996 年，第 711–712 頁；毛奇齡：《大學證文》，上海古籍出版社影印文淵閣四庫全書。

問，説得很清楚也很仔細，[24] 我們這裏就不再細説了。總之，看上去是版本、文字的問題，因為它在經學中間，涉及關鍵性的文本，所以就成了思想史上的大問題了。

七、經學史研究方法釋例（三）
—— 在歷史和價值之間：以《穀梁傳》定公十年記載為例

　　春秋時期，有個歷史事件叫"齊魯頰谷之會"（《左傳》經傳作"夾谷"），記載在《春秋穀梁傳》魯定公十年。這件事情在《史記》卷三十三《魯周公世家》、卷四十七《孔子世家》都有記載。這件事情多少有些過分，為甚麼？因為在這件事情中，如果按照我們後來對孔子和儒家的理解，孔子的舉措有些過度嚴厲了。因為，孔子殺人建威，而且用了"首足異門而出"（或者"手足異處"）這種殘酷的方式，不太像儒家的聖人。可是，這一事情只是在《穀

24　關於《大學》的版本和文字，最後不僅是一個文獻學的話題，而且也成了思想史的話題，像清代初期的陳確，在《答沈朗思書》裏面就説，如果學習《大學》，一門心思都在"知止"上面，把它當作目的，"言知而不言行，必為禪學無疑"，如果覺得《大學》只是修身為本，只是懂得向內作功夫，那麼"竟是空寂之學"。見《陳確集》下冊，中華書局，1979年，第573頁。清代中葉淩廷堪也批評理學家，對《大學》只是強調"明德"是"以具眾理而應萬事"，"至善"是"事理當然之極"，"格物"是"窮至事物之理"，因此，都走向抽象超越的"理"的層面，結果只是佛教的路數，可是，俗儒卻以為這理學就是聖學，結果是對外面的世界一無所用。見淩廷堪：《校禮堂文集》卷十六《好惡説下》，中華書局，1998年，第142頁。

梁傳》裏面有，在《左傳》《公羊傳》中都沒有，最奇怪的是連范寧注、楊士勛疏，這些專門解釋《穀梁傳》的著作中也一字不提。這是怎麼回事兒呢？後人怎麼解釋呢？

第一種解釋，是並不否認曾經有過這件事情，但是，要特別強調孔子真偉大，一出手就可以鎮住壞人，比如朱熹是這麼解釋的。他說，有人問，頰谷之會上，為甚麼孔子一下子就能鎮住壞人？朱熹說，本來齊國老是欺負魯國，魯國沒有辦法和它對抗，可是孔子這樣正氣凜然地一呵斥，把齊國給鎮住了，這就像藺相如對秦王一樣。後來的家鉉翁在《春秋集傳詳説》卷二十七進一步説，後世的讀者讀到《春秋》這一段，就可以相信，聖人之道不為空言，儒者之學非無實用，這説明儒家不是説空話的，也是有實用本領的，比法家動輒以刑法治天下要強多了。

可是，也有第二種意見，認為這是誣蔑聖人，聖人怎麼能幹這麼殘酷的事情？所以最好是把它刪去。比如宋代的黃仲炎在《春秋通説》卷十二裏面，就要站在儒家的立場上否定它，黃仲炎説，這些俗儒只是根據自己那一點知識和胸襟來妄測聖人，好像他們親眼看見似的，可是，這樣一來，孔子的"智數風采"不就降格了，等於是曹沫、藺相如了嗎？他説，這不像"聖人氣象"嘛，聖人應當和普通人不一樣呀，"何至疾聲厲色，以兵刃為威，以敢殺為能，以求索為攻哉？"那麼，為甚麼孔子可以折服齊侯？是因為孔子的風度和魅力。他反問道，如果聖人連這點力量都沒有，豈非連漢宋兩代的汲黯、司馬光都不如了嗎？所以，孔子誅殺倡優，首足異門而出，都是沒有義理的瞎記載、亂議論。

後來，這兩種意見好像都有追隨者。（一）朱熹和家鉉翁的解釋，也許是因為理學的勝利的緣故，被很多私人或官方的著作所接受，像元代鄭玉《春秋闕疑》卷四十一、明代胡廣為官方編撰的《春秋大全》等等。這種說法一方面有朱熹這樣的話為後盾，一方面有《穀梁》《史記》的記載為依據，所以還是有人堅持採用。（二）儘管朱熹的解釋在元、明、清時期有權威性，但漸漸的，還是後一種觀點佔了上風，因為後一種說法的立場，主要是維護聖人道德與胸懷，這種"政治正確"是可以壓倒一切的"理"。像明代王樵《春秋左傳集說》卷十就說，孔子明明是為了和平去主持禮儀的，所以根本不會有這樣殘酷的事情，倒是應當根據《史記》的記載，補充說明齊景公被孔子的莊嚴和正派所震懾，回去批評他的手下"魯以君子之道輔其君，而子獨以夷狄之道教寡人"，於是受了感動的齊君主動歸還土地以謝過。這是懷了對聖人的崇敬的想象之辭。所以，很多為了維護孔子形象的或者為了回護儒家理想的學者，就比較偏向於接受這種想象。清代張尚瑗《三傳折諸·穀梁折諸》卷六中就引了方定之的話說，前一次鼓噪而起要劫持魯君，是犁彌一類人的陰謀，齊景公已經認錯並且制止了，後一次倡優來歌舞，其實只要制止一下就可以了，比起前一次錯誤還更輕一些，為甚麼會加以這樣嚴厲的刑法？所以他認為這不會是孔子所為。甚至連大考據家崔述，也不相信孔子會這樣殺人。為甚麼？一方面，他從歷史考據學的角度，覺得孔子當時不過是魯國的司寇，並沒有那麼大的權力，怎麼能做這樣的事情？何況當時是魯國背叛晉國而改與齊國交好，齊國不會因為魯國用孔子而害怕，懷疑是《穀梁傳》好奇，聽到傳聞而記載。另一方面，他也是從感情的角度，覺得孔子太偉大了，偉大得不需要這麼嚴厲，也可以平息事情。崔述還説，那些鼓噪來劫持魯君的人罪很大，孔子只是驅逐他們，那些唱歌跳舞的人，罪不大呀，為甚麼要把他們殺了還首足異門而出？這明明是誣蔑孔子"刑罰顛倒"，何況，聖人應該像《詩經》説的"柔亦不茹，剛亦不吐"，是不會這樣亂用嚴厲刑罰的。

大家仔細看，除了上面這些問題以外，這一記載中仍然還有其他問題。在《穀梁傳》的記載中，來鼓噪並要劫持魯君的是"齊人"，孔子只是因為他們的行為很野蠻，所以説他們是"夷狄"，所謂夷狄，也許是禮樂之邦魯國人對於海濱之地齊人的蔑稱，來鼓噪的倒並不一定真的是後人想象的蠻夷。這在《史記》中也一樣，《魯周公世家》也只説是"齊欲襲魯君"，《孔子世家》也只是記載，那些來鼓噪的人奏的是"四方之樂"，而且拿着各種各樣的武器，舉着各種旗幟。可是，甚麼時候，這些來鼓噪的人被説成是"萊人"了呢？恰恰因為齊人用蠻夷"萊人"來破壞會盟的氣氛，所以，孔子的嚴厲行為也就有了對抗野蠻、捍衛華夏的正當性。《穀梁傳》裏並沒有説鼓噪者是萊人，記載這些人是"萊人"的是《左傳》，可是，因為這一記載對尊崇孔子的儒家很有利，所以後來都用它了。一方面，萊是魯襄公六年（前567）被齊滅掉的邊緣小國，齊人以萊人來劫持魯君，顯出齊國確實有陰謀，不正當；另一方面，因為萊人是蠻夷，而用蠻夷來劫持魯侯，齊人就犯了"裔不謀夏，夷不亂華，俘不干盟，兵不逼好"的大錯誤，而孔子所説的話，就成為對齊侯堂堂正正的有力教訓。

所以，後來關於頰谷之會的記載中，《穀梁傳》與《左傳》的故事就合二為一，孔子頰谷之會的表現，因為一是符合禮儀的光明正大，一是抗擊萊夷的保衛文明，因此就有了更偉大的意義。這裏，我們看到，在歷史考據與歷史解釋之間，就出現了一個困境：

——孔子誅倡優，使"首足異門而出"這件事是真的嗎？如果我們"信古"，相信古書記載，那麼，既然《穀梁傳》《史記》已經記載了，為甚麼特別重視歷史證據的清代考據學家，面對這種情況，卻不相信它確實有？《穀梁》《史記》不也是經典和正史嗎？

——劫持魯君的究竟是齊人還是萊人？如果我們"疑古"，懷疑古書記載，而且，既然經典衝突，《穀梁》不載而《左傳》記載，那麼，清代的考據學家為甚麼又不加考證，而很輕易地相信其中一種而不懷疑？

——清代乾隆年間，官方編纂的《欽定春秋傳説彙纂》把"首足異門而出"這件事徹底否定，卻把"萊人"劫持的事情全面接受，前者是因為聖人用"周旋揖讓"就可以感化"鄙倍暴慢"，所以，化解蠻夷劫持是很容易的，説孔子殺人就敗壞了聖人氣象，是誣蔑聖人，所以要否定，後者涉及聖人尊華夏、攘夷狄的正義之舉，所以又得全盤接受。我們知道，《欽定春秋傳説彙纂》這部書是官方的定本，這種説法也可能成為官方的定論。我們的問題是，這部編於考據學大盛時代的書，它符合乾嘉學者所謂歷史考據的"實事求是"的原則麼？經學史裏面，有多少這樣的問題呢？

【參考論著】

1. 林慶彰主編：《五十年來的經學研究 (1950－2000)》，(台北) 學生書局，2003 年。

2. 皮錫瑞：《經學歷史》，周予同注釋，中華書局，2004 年重印本。

3. 周予同：《周予同經學史論著選集》(增訂本)，朱維錚編，上海人民出版社，1998 年。

4. 本田成之：《中國經學史》，孫俍工譯，上海書店出版社，2001 年重印本。

5. 馬宗霍：《中國經學史》(重印本)，商務印書館，1998 年。

6. 吳雁南等：《中國經學史》，福建人民出版社，2001 年。

7. 安井小太郎等：《經學史》，連清吉、林慶彰等譯，(台北) 萬卷樓圖書公司，1996 年。原本是 1933 年安井小太郎、諸橋轍次、小柳司氣太、中山久四郎等人的講義。

8. 朱維錚：《中國經學史十講》，復旦大學出版社，2002 年。

9. 姜廣輝主編：《中國經學思想史》一、二卷，中國社會科學出版社，2003 年。

10. 錢穆：《兩漢經學今古文評議》(重印本)，商務印書館，1996 年。

11. 黃彰健：《經今古文學問題新論》，載《大陸雜誌》58 卷 2 期、60 卷 1－2 期。

12. 《十三經注疏》(中華書局影印本，1980 年)。

13. 《四書章句集注》，中華書局，1983 年。

14. 朱彝尊編：《經義考》(中華書局影印本)。

15. 《清經解》《續清經解》(中國書店影印本)等。

【閱讀文獻】

1.《詩經・陳風・月出》

> 月出皎兮，佼人僚兮。
>
> 舒窈糾兮，勞心悄兮。
>
> 月出皓兮，佼人懰兮。
>
> 舒懮受兮，勞心慅兮。
>
> 月出照兮，佼人燎兮。
>
> 舒夭紹兮，勞心慘兮。

2.《禮記・大學》（用朱熹《四書集注・大學章句》本）

大學之道，在明明德，在新民，在止於至善。知止而後有定，定而後能靜，靜而後能安，安而後能慮，慮而後能得。物有本末，事有終始，知所先後，則近道矣。古之欲明明德於天下者，先治其國；欲治其國者，先齊其家；欲齊其家者，先修其身；欲修其身者，先正其心；欲正其心者，先誠其意；欲誠其意者，先致其知，致知在格物。物格而後知至，知至而後意誠，意誠而後心正，心正而後身修，身修而後家齊，家齊而後國治，國治而後天下平。自天子以至於庶人，一是皆以修身為本。其本亂而末治者否矣，其所厚者薄，而其所薄者厚，未之有也！

右，經一章。

附錄：《大學》朱注所分傳十章

《康誥》曰："克明德。"《太甲》曰："顧諟天之明命。"《帝典》曰："克明峻德。"皆自明也。

右，傳之首章，釋明明德。

湯之盤銘曰："苟日新，日日新，又日新。"《康誥》曰："作新民。"《詩》曰："周雖舊邦，其命惟新。"是故君子無所不用其極。

右，傳之二章，釋新民。

《詩》云："邦畿千里，惟民所止。"《詩》云："緡蠻黃鳥，止於丘隅。"子曰："於止，知其所止，可以人而不如鳥乎？"《詩》云："穆穆文王，於緝熙敬止！"為人君，止於仁；為人臣，止於敬；為人子，止於孝；為人父，止於慈；與國人交，止於信。《詩》云："瞻彼淇澳，菉竹猗猗。有斐君子，如切如磋，如琢如磨。瑟兮僩兮，赫兮喧兮。有斐君子，終不可諠兮！""如切如磋"者，道學也；"如琢如磨"者，自修也；"瑟兮僩兮"者，恂慄也；"赫兮喧兮"者，威儀也；"有斐君子，終不可諠兮"者，道盛德至善，民之不能忘也。《詩》云："於戲前王不忘！"君子賢其賢而親其親，小人樂其樂而利其利，此以沒世不忘也。

右，傳之三章，釋止於至善。

子曰："聽訟，吾猶人也，必也使無訟乎！"無情者不得盡其辭，大畏民志。此謂知本。

右，傳之四章，釋本末。

此謂知本，此謂知之至也。

右，傳之五章，蓋釋格物致知之義，而今亡矣。（後略）

所謂誠其意者，毋自欺也，如惡惡臭，如好好色，此之謂自謙，故君子必慎其獨也！小人閒居為不善，無所不至，見君子而後厭然，掩其不善而著其善。人之視己，如見其肺肝然，則何益矣！此謂誠於中，形於外，故君子必慎其獨也。曾子曰："十目所視，十手所指，其嚴乎！"富潤屋，德潤身，心廣體胖，故君子必誠其意。

右，傳之六章，釋誠意。

所謂修身在正其心者，身有所忿懥，則不得其正；有所恐懼，則不得其正；有所好樂，則不得其正；有所憂患，則不得其正。心不在焉，視而不見，聽而不聞，食而不知其味。此謂修身在正其心。

右，傳之七章，釋正心修身。

所謂齊其家在修其身者，人之其所親愛而辟焉，之其所賤惡而辟焉，之其所畏敬而辟焉，之其所哀矜而辟焉，之其所敖惰而辟焉。故好而知其惡，惡而知其美者，天下鮮矣！故諺有之曰："人莫知其子之惡，莫知其苗之碩。"此謂身不修不可以齊其家。

右，傳之八章，釋修身齊家。

所謂治國必先齊其家者，其家不可教而能教人者，無之。故君子不出家而成教於國，孝者，所以事君也；弟者，所以事長也；慈者，所以使眾也。《康誥》曰："如保赤子"，心誠求之，雖不中不遠矣。未有學養子而後嫁者也！一家仁，一國興仁；一家讓，一國興讓；一人貪戾，一國作亂。其機如此。此謂一言僨事，一人定國。堯、舜帥天下以仁，而民從之；桀、紂帥天下以暴，而民從之。其所令反其所好，而民不從。是故君子有諸己而後求諸人，無諸己而後非諸人。所藏乎身不恕，而能喻諸人者，未之有也。故治國在齊其家。《詩》云："桃之夭夭，其葉蓁蓁；之子于歸，宜其家人。"宜其家人，而後可以教國人。《詩》云："宜兄宜弟。"宜兄宜弟，而後可以教國人。《詩》云："其儀不忒，正是四國。"其為父子兄弟足法，而後民法之也。此謂治國在齊其家。

右，傳之九章，釋齊家治國。

所謂平天下在治其國者，上老老而民興孝，上長長而民興弟，上恤孤而民不倍，是以君子有絜矩之道也。所惡於上，毋以使下；所惡於下，毋以事上；所惡於前，毋以先後；所惡於後，毋以從前；所惡於右，毋以交於左；所惡於左，毋以交於右。此之謂絜矩之道。《詩》云："樂只君子，民之父母。"民之所好好之，民之所惡惡之，此之謂民之父母。《詩》云："節彼南山，維石巖巖。赫赫師尹，民具爾瞻。"有國者不可以不慎，辟則為天下僇矣。《詩》云："殷之未喪師，克配上帝。儀監於殷，峻命不易。"道得眾則得國，失眾則失國。是故君子先慎乎德。有德此有人，有人此有土，有土此有財，有財此有用。德者本也，財者末也，外本內末，爭民施奪。是故財聚則民散，財散則民聚。是故言悖而出者，亦悖而入；貨悖而入者，亦悖而出。《康誥》曰："惟命不於常！"道善則得之，不善則失之矣。楚書曰："楚國無以為寶，惟善以為寶。"舅犯曰："亡人無以為寶，仁親以為寶。"《秦誓》曰："若有一個臣，斷斷兮無他技，其心休休焉，其如有容焉。人之有技，若己有之；人之彥聖，其心好之，不啻若自其口出。實能容之，以能保我子孫黎民，尚亦有利哉！人之有技，媢嫉以惡之；人之彥聖，而違之俾不通。實不能容，以不能保我子孫黎民，亦曰殆哉！"唯仁人放流之，迸諸四夷，不與同中國，此謂唯仁人為能愛人，能惡人。見賢而不能舉，舉而不能先，命也；見不善而不能退，退而不能遠，過也。好人之所惡，惡人之所好，是謂拂人之性，災必逮夫身。是故君子有大道，必忠信以得之，驕泰以失之。生財有大道。生之者眾，食之者寡，為之者疾，用之者舒，則財恒足矣。仁者以財發身，不仁者以身發財。未有上好仁而下不好義者也，未有好義其事不終者也，未有府庫財非其財者也。孟獻子曰："畜馬乘，不察於雞豚；伐冰之家，不畜牛羊；百乘之家，不畜聚斂之臣。與其有聚斂之臣，寧有盜臣。"此謂國不以利為利，以義為利也。長國家而務財用者，必自小人矣。彼為善之，小人之使為國家，災害並至。雖有善者，亦無如之何矣！此謂國不以利為利，以義為利也。

右，傳之十章，釋治國平天下。

3.《春秋穀梁傳》定公十年傳（《十三經注疏》本）

（經）春，王三月，及齊平。夏，公會齊侯於頰谷。公至自頰谷。

（傳）……頰谷之會，孔子相焉。兩君就壇，兩相相揖，齊人鼓噪而起，欲以執魯君。孔子歷階而上，不盡一等，而視歸乎齊侯，曰："兩君合好，夷狄之民，何為來為？"命司馬止之。齊侯逡巡而謝曰："寡人之過也。"退而屬其二三大夫曰:"夫人率其君與之行古人之道,二三子獨率我而入夷狄之俗,何為?"

罷會。齊人使優施舞於魯君之幕下。孔子曰:"笑君者罪當死。"使司馬行法焉,首足異門而出。齊人來歸鄆、讙、龜陰之田者,蓋為此也。因是以見:雖有文事,必有武備。孔子於頰谷之會見之矣。

第二講

諸子學的研究以及《太一生水》

引言：從何炳棣的"畫龍點睛"論說起
—— 為甚麼重視諸子學？

2002 年左右，我在香港城市大學客座教書，有一次接到香港商務印書館總經理陳萬雄先生的邀請，約我和當時也在香港的李澤厚夫婦去中環一家飯店吃飯。去了才知道，原來是宴請何炳棣先生，他是來談自傳，也就是《讀史閱世六十年》一書出版的。據說，是他點名請我和李澤厚先生去赴宴。當時我很驚訝，為甚麼以研究經濟史、社會史著名的何先生，要找我們這些研究思想史的人一起吃飯？而且我記得，席間何先生就顯出對思想史非常有興趣的樣子。當時沒有多想，以為只是偶然的事情。後來，香港商務印書館出版了何炳棣先生寫的學術自傳《讀史閱世六十年》，看到最後，才發現何先生確實是對思想史有興趣，並且說，如果歷史研究不研究到思想史，就沒有畫龍點睛。[1]

這種對思想史的高度評價，我們這些研究思想史的人當然樂意聽。當然，這句話最早是馮友蘭《中國哲學史》裏講的，可是，研究經濟和社會史的何先生為何要這樣講呢？我不很清楚，直到稍後我又讀到他贈送的《有關〈孫子〉〈老子〉的三篇考證》[2]，才慢慢懂得他的意思。他所謂思想史，主要是指先秦諸子的思想史，

---

[1]　何炳棣：《讀史閱世六十年》,（香港）商務印書館，2004 年，第 445－446 頁。

[2]　何炳棣：《有關〈孫子〉〈老子〉的三篇考證》,（台北）"中研院"近代史研究所，"蕭公權紀念講座"講演集 2，2002 年，特別是第 55 頁以下。

他説，最近這些年，他對先秦諸子有了興趣，覺得這是後來幾千年中國思想文化的重要時代，想懂得後來的中國，必須懂得那時的中國。這種看法很多學者都有，像美國的牟復禮（Frederick W.Mote）就在《中國思想之淵源》第一章《歷史的開端》末尾説："從孔子開始到秦完成統一的三四個世紀裏，中國人的基本思想得以奠基。從那時起，支配着中國人心靈的觀念以及周代的社會和政治元素，很大程度上塑造了今後中國的歷史。"另一個學者史華兹（Benjamin Schwartz）從世界歷史的宏觀尺度來考察，覺得雅斯貝斯（Karl Jaspers）在《歷史的起源與終結》中説的"軸心時代"太對了，因為近東、希臘、印度和中國，在那個時代都出現了"超越的反思"，有一種"高瞻遠矚的傾向，一種追問和反思，一種新的積極的視野與觀念"，所以是一種世界普遍的"突破"，這種"突破"奠定了後來世界文明的基礎。同時，英國學者葛瑞漢（A.C.Graham）也在《論道者》的"導言"裏面説到這一點，並且補充了一個説法 —— "那個時代的創造思維，似乎在任何地方都是湧現於敵對小國的多樣性與不穩定性之中。"換句話説，這是一個思想輝煌與政治動蕩的時代，正是這樣的時代產生了豐富的思想。[3]

可是，何炳棣覺得奇怪，對於這樣重要的時代，過去的學術

3　牟復禮：《中國思想之淵源》（第二版），王重陽譯，北京大學出版社，2016 年，第 33 頁；史華兹：《古代中國的思想世界》，程鋼譯，江蘇人民出版社，2004 年，"導言"，第 2—3 頁；葛瑞漢：《論道者 —— 中國古代哲學論辯》，張海晏譯，中國社會科學出版社，2003 年，"導言"，第 1 頁。

界為甚麼連諸子誰先誰後，都一直沒搞明白呢？所以，他要來重新研究，他覺得，自己能夠有新發現。

何炳棣的研究有甚麼新發現呢？我們不能一一細講，簡單地說，最重要的一共有三點。

（一）他考證《孫子兵法》比《論語》要早。銀雀山漢簡《吳問》中有吳王闔廬和孫武關於晉被六家所據，六家誰先亡誰後亡的對話。他根據孫武的回答[4]，確定這應當是沒有看到三家分晉的人寫的，和《左傳》昭公二十九年（前 513），蔡史墨有關晉六家的一段說法相似。他根據這一資料推論，認為《孫子》應當成書於吳王闔廬三年（前 512），這個時候孔子才四十歲。

（二）他考證老子的年代較晚。他根據《史記》記載老子的兒

4　《吳問》中記載，吳王問孫子曰：「六將軍分守晉國之地，孰先亡？孰固成？」孫子的回答是，范、中行氏先亡，智氏次之，然後是韓、魏，「趙毋失其法，晉國歸焉」，即趙最後統一晉地。這個說法與《左傳》昭公二十九年（前 513）的記載相似，《左傳》記載晉鑄刑鼎，「著范宣子所為刑書」，並記載孔子歎息，「晉其亡乎，失其度也。」又，記載蔡史墨的話說：「范氏、中行氏其亡乎？中行寅為下卿，而干上令，擅作刑器，以為國法……其及趙氏，趙孟與焉，然不得已，若德，可以免。」見《春秋左傳正義》卷五十三，《十三經注疏》中華書局影印本下冊，1980 年，第 2125 頁；何炳棣認為，《吳問》的成書時代應當和蔡史墨年代一樣。按：晉原來有六個貴族，公元前 458 年，范氏和中行氏先被智氏（荀瑤）聯合趙氏、韓氏攻滅；公元前 453 年，韓、趙、魏三家又聯手滅了智氏，形成晉國的三家貴族，公元前 403 年，三家得到周王室正式承認，成為諸侯。何炳棣先生的問題是：（1）如果真的在公元前 513 年，無論是蔡史墨還是孫子，可能預見范氏、中行氏、智氏的滅亡嗎？（2）儘管後面韓、趙、魏的結局，《吳問》中的孫子和《左傳》中的蔡史墨說得都不太對，但都說明他們看到韓、趙、魏的鼎立，這是在公元前 403 年了，那時孔子已經過世。（3）三家分晉之後，《吳問》和《左傳》都沒有預見到三家的滅亡，是因為一直到公元前 230 年、前 225 年和前 222 年，韓、魏、趙才分別被秦國所滅，這只能說明無論是《吳問》中的孫子還是《左傳》中的蔡史墨的預言，都在三家滅亡之前，即公元前 222 年以前。（4）如果說，《左傳》是戰國時代的作品，那麼，難道漢代的竹簡本《吳問》不是和漢代傳世的《左傳》一樣，都可能是看到三家分晉之後的事後記錄嗎？

子名宗，為魏將，而魏在公元前 403 年才成為諸侯，所以，他斷定老子的時代就不可能太早；他又根據老子八代孫和司馬遷父親，公元前二世紀的司馬談同時，按一代三十歲算，估計老子大約生在公元前 440 年前後，比孔子要晚 111 年，當然比孫子更晚。這個說法其實過去就有人討論過，下面我們再講。

（三）他斷定《老子》繼承了《孫子兵法》。理由是 (1)《老子》五十七章有"以正治國，以奇用兵"，這是發揮孫子"奇正"之兵權謀思想；(2) 老子說："五色令人目盲，五音令人耳聾，五味令人口爽"一段，和《孫子》裏面"聲不過五……色不過五……味不過五……"相關；(3)《老子》三十一章講"兵者不祥之器"，又講"偏將軍居左，上將軍居右"（見於郭店竹簡），但這一段表現的是，從單純軍事才能，轉向戰國時兼說禮儀的傾向。特別是，老子比起孫子來，一方面仍然有兵行詭道的權謀之術，一方面把它推衍到政治上來形成愚民政策。

何先生的意見究竟對還是不對？這另當別論。我們要討論的是，到了八十歲的時候，為甚麼何炳棣會來關心這樣的問題？

我想，當然是因為春秋戰國是通常說的"軸心時代"，後來兩千五百多年的思想史，幾乎就是這個時代思想的不斷解釋和不斷發現。後來的正統思想，通過這個時候確立的經典和聖賢的話語，經過種種解釋不斷地強化、發揮，經過意識形態和政治制度不斷地落實。後來的異端思想呢？像道家、楊朱、墨家，也是在後人的不斷重新解釋和包裝下，一次又一次地粉墨登場、借屍還魂。當然，那個時代百家爭鳴，還沒有主流意識形態，沒有絕對壓倒一切的思想，所以，馮友蘭說這是"子學時代"。最近，余英時先生花了很大力氣，寫了一本《論天人之際》，也是在討論這個所謂"軸心時代"。[5]

這個時代裏面，幾乎所有後來的重要思想命題都提出來了，那個時代有些甚麼思想命題呢？歸納起來大概有四個，這裏，我盡可能用現代的話語來表達：

第一，在強調"社會"（古代中國也叫做"群"）和"等級"的時代，怎樣彰顯"個人"和"自由"？在普遍尊崇"國家"（也包括實際控制權力的君主）的時代，怎樣容許臣民保護他們的"利益"？換句話說，就是在越來越意識到，需要承認等級、尊重秩序、強調責任的背景下，怎樣保障民眾的自由、個性和超越的心靈？關於"秩序"和"自由"這個問題，至今還是世界性的思想話題，而當時的儒家和道家就在考慮這些問題。葛瑞漢就說過，古代中國人在軸心時代討論的，不是西方哲學所爭論的"真理是甚麼"，"本質是甚麼"，"如何通過邏輯與思辨達到真理"這種形而上的問題，而是指導和規範國家制度、社會秩序、個人生活的"道"[6]。請注意，這就是古代中國和希臘不同的地方，它也將影響後來幾千年。

第二，在傳統上普遍關注"人文""道德"等倫理和精神領域

5　余英時：《論天人之際》，（台北）聯經出版事業公司，2014 年；中華書局，2014 年。參看葛兆光：《到"內在超越"之路》，《東方早報·上海書評》2014 年 3 月 16 日。

6　葛瑞漢：《論道者》，"導言"，第 4 頁。

的時代，如何使關於宇宙、自然和生活的知識、技術合法化，成為普遍適用的、大家都懂的“道理”？這是涉及後來的知識史和技術史走向的問題。當時，陰陽學説很流行，並沒有陰陽家這一家，而是各家都討論陰陽五行問題，其實，就是在處理這個知識、思想和技術領域的問題。

　　第三，在古代社會不計成本地講究禮儀、等級、秩序的背景中，怎樣才能使社會還保持平等、簡約和實用？例如，究竟象徵性的“禮”，和真實的“天”“鬼”哪個更重要（“祭如在，祭神如神在”“敬鬼神而遠之”VS“天志”“明鬼”）？繁文縟節與實際生活哪個更重要（“喪禮”“喪服”VS“節葬”“非樂”）？天命與人事哪個更重要（“天命”VS“非命”）？這正是儒家和墨家爭論的問題，誰是誰非的最後結果，也會影響後來中國的走向。

　　第四，世界和語言的關係是甚麼？語言本身有確定性和實在性嗎？我們可以相信語言嗎？是不是可以通過語言或概念的清理來整理宇宙、自然和社會的秩序？這是當時儒家（正名）、墨家（墨辯）、道家（名辯）都來討論的事情。

　　以上這四個方面，幾乎把一直到現在的各種政治學、倫理學、自然學和社會學的大問題都提出來了，而經過一次一次的角逐，後來的政治權力和思想話語的變化，又決定了後來漢族中國的思想取向往甚麼地方走。所以，我在《中國思想史》第一卷裏面討論戰國諸子時代，就設立四章，一是“宇宙時空”，二是“社會秩序＂，三是＂個人存在＂，四是＂名辯之學＂。[7]你看，這個時代的思想史是不是很重要？正是因為它很重要，所以，從二三十年代的《古史辨》開始，就是討論這個時代的問題，比如，錢穆《先秦諸子繫年》和郭沫若《十批判書》也是在討論這個時代的事情，剛才我們提到的美國牟復禮《中國思想的淵源》、史華茲《古代中國思想世界》，英國葛瑞漢《論道者》，還是得討論這個時代的事情，而何炳棣先生、余英時先生，他們到了八十來歲，也還會來關心這個＂軸心時代＂的老話題。

一、諸子年代的公案

—— 馮友蘭的苦衷：不列出年代能寫
"史"嗎？

　　可是你注意到沒有，何炳棣要考證的，孫子早於孔子，孔子早於老子，首先就是先秦諸子誰先誰後，也就是年代問題。

　　確實，諸子研究裏最大的麻煩，當然就是年代問題。諸子的年代混亂，主要是因為資料的混亂和不足，一是《史記》裏面的老莊申韓、仲尼弟子、管晏等傳記，雖然很有用，但是也因為記載含糊，搞得後來沒法分清楚時代，留下很多打不清的官司。二是

7　參看葛兆光：《中國思想史》，復旦大學出版社，2003 年，第一卷第二編的六、七、八、九、十節，第 128－207 頁。

過去人沒有著作權意識，寫書的人不署名，有時候還偽託古人或者偉人，抄書的人不署名甚至還連抄帶改，接着抄的人還更是東一段西一段，連拼帶編，所以要判別作者，查考年代，成了很麻煩的事情，諸子的時代就是這樣的。

其中，折騰最久也是最複雜的，就是老子和孔子的年代，這關係到道家、儒家兩大家的問題，也關係到中國思想起源的大問題。據說，從宋代的陳師道懷疑孟子批判楊、墨而不批判老子，想到可能在孟子時代還沒有老子，一直到清代的崔述，懷疑戰國時代每個學派都偽託古人自尊其說，覺得老子也是楊朱等人製造出來的；從宋代的葉適認為教孔子禮的老聃，恐怕不是後來批判禮的老子，到清代的汪中，覺得老子遇關尹，關尹和列子同時，列子死於孔子死後八十二年，可見老子不會比孔子早。關於這個問題，自古以來一直有種種的懷疑聲音，所以，到了二十世紀二十年代，要重新書寫按照時代順序的中國哲學史、思想史，就出現了激烈的爭論。

最先呢，像 1919 年胡適的《中國哲學史大綱》（上）依據的是傳統說法，把老子放在孔子前面，因為傳說裏面，孔子到周室向老子學過禮，學生當然就比老師要小一些。胡適當時可能並沒有仔細想，只是隨從傳統說法而已 [8]。可是，這本書影響太大，很多

8　胡適：《中國古代哲學史》（即《中國哲學史大綱》上卷）第三篇《老子》第一節 "老子傳略"，根據閻若璩的考證，認為是魯昭公二十四年到定公五年（公元前 518 年到前 511 年），孔子三十四到四十一歲的時候，曾去拜見老子。見《胡適文集》第六冊，北京大學出版社，1998 年，第 193－194 頁。

人並不買賬。所以，在 1922 年 3 月初，梁啟超應胡適的邀請，在北京大學給哲學社做了一個演講（那一年，梁啟超正好在編他的《先秦政治思想史》），演講的時候，就毫不客氣批評胡適的《中國哲學史大綱》，好像是上門踢館一樣。[9] 據陳雪屏的回憶，演講在北大三院，先是梁啟超評論，後面是胡適的回應，大概都有准備，所以很是精彩，讓大家聽得“如醉如狂”。[10] 可是，大概是梁啟超滔滔不絕講得太多，留給胡適的時間很少，胡適不能充分反駁，這使得胡適心裏很不平衡，所以在日記裏面説：“他講了兩點鐘，講完了，我又説了幾句話，閉會，這也是平常之事。但在大眾的心裏，竟是一出合串好戲了。”第二天，他又在日記中仔細記下梁啟超關於《老子》為戰國末期出品的説法。再過一天，有一個叫張煦的學生要為胡適打抱不平，反駁梁啟超，胡適就很高興，稱讚他“用功很勤，方法也很精密。”[11]

這是兩個學界領袖級人物的彼此競爭。後來梁啟超的評論在《晨報》上發表，又收入同年出版的《梁任公學術演講集》裏面，[12] 在這個評論的第五部分，梁啟超舉了六條證據來證明，老子應該

9 胡適雖然豁達，但是內心也相當不愉快，事後他在給朋友的信裏曾經説到，梁啟超是代表一批反對他們的人而來挑戰的。在 1922 年 3 月 5 日的日記裏也説：“他講孔子，完全是衛道的話，使我大失望。”曹伯言編：《胡適日記全編》第三冊，安徽教育出版社，2001 年。

10 見胡頌平編：《胡適之先生年譜長編初稿》，（台北）聯經出版事業公司，1984 年，第 484 頁。

11 見《胡適日記全編》第三冊，1922 年 3 月 5 日、6 日、7 日，第 570–574 頁。

12 梁啟超：《梁任公學術講演集》第一集，商務印書館，1922 年，第 19–21 頁。

是戰國之末的人，比孔子要晚得多。[13]

這六條證據是甚麼呢？

老子的八代孫和孔子的十三代孫同時。

孔子和墨子都沒有提到過老子。

《大戴禮記‧曾子問》記載老子談論禮，和《老子》一書的思想相反。

《史記‧老子傳》抄的是《莊子》裏的"寓言"。

老子太激烈和自由，不像春秋末年的人。

《老子》中有的詞語，不是春秋時代的詞語。

這裏面有的是道理，有的不是道理。不過，因為胡適和梁啟超都是當時的大人物，爭論的又是中國歷史上的大問題，所以，一下子很多人都捲進來了，一直爭論了好些年。比如有張怡蓀（駁梁）、顧頡剛（支持梁）、錢穆（支持梁）、張壽林（折中）、劉澤民（折中）、唐蘭（駁梁）等等。後來看，其中最重要的是胡適、馮友蘭、羅根澤、錢穆和郭沫若。

1930 年出版的馮友蘭《中國哲學史》，是胡適《中國哲學史大綱》（上）以後最重要的哲學史，因為它是全史，所以成為取代胡適書的重要著作。他在寫這本哲學史的時候，一定也有超越胡適這個目標的，所以，兩個人互相之間很有"別苗頭"的意思。馮友

13　夏曉虹編：《飲冰室合集集外文》（中冊），北京大學出版社，2005 年。從 1921 年 11 月《哲學》第 4 期輯梁啟超《諸子考證與其勃興之原因》一文，其中提到老子年代，仍將其列在第一，生年為約前 570（？）年，而孔子則在第二，是前 551－前 479 年，提到古書時，也說《老子》為真（第 862－863 頁）。

蘭對先秦諸子排列的順序是：孔、墨、孟、老（老聃、李耳），最重要的，是他把老子放在很晚的地方。理由是甚麼呢？除了上面提出的那些理由之外，他比較特別的是：第一，孔子以前沒有私人著述；第二，《老子》不是問答體；第三，《老子》是簡明的經體，這種"經"的形式在早期是沒有的，應該是戰國後期才有的。

可是，馮友蘭的這幾點是有漏洞的，完全是根據後來的情況反推過去，你怎麼就知道孔子以前沒有私人著述？如果老子在孔子前，不就有了嗎？你怎麼知道問答體就早，如果老子早於孔子，不就是格言體早於問答體了嗎？你怎麼知道《老子》是經體？誰規定這種簡明的文體就只能是"經"，要有人作"傳"？所以，一切的前提就是老子很晚，可是它要證明的恰恰就是老子很晚，這不是悖論嗎？所以當年 6 月，胡適就批評馮友蘭，而馮友蘭又不服，進行反駁，於是形成了大公案。這裏細節我們就不說了，有興趣的人可以看胡適 1933 年寫的《評論近人考據老子年代的方法》和馮友蘭 1934 年的駁論。

總之，關於諸子的年代，成了二十世紀二十年代以後的學術公案，爭論不休。在這以後，漸漸出現了一些總結性的著作，對先秦諸子的年代做了一個大體的排比，其中，最值得注意的就是下面一些著作：

（一）羅根澤的《諸子叢考》和《諸子續考》，分別發表在《古史辨》第四冊（1932 年）和第六冊（1937 年）。這是相當詳細的先秦諸子的考證，涉及孔、墨、老、莊、荀、孟等等先秦人物，甚至還考證了楊朱、巫馬子、鄧析子、尹文子、惠施、公孫龍、商鞅、尸子、呂不韋、關尹、環淵等，幾乎把所有先秦的文獻和論著都搜羅在裏面，進行了排比和考察。在大的脈絡上，基本上確定了孔子最先，墨子其次，老子再次的順序，這個順序大體上還是對的。

（二）錢穆《先秦諸子繫年》，是 1939 年商務印書館出版的，他所做的工作，一是以考證和列表的方式，按年排比了兩百年的學術史；[14] 二是幾乎涉及諸子時代的各種學術人物，對各種著作也一一搜羅，比羅著還詳細；三是不僅考察諸子本身，而且還考察了諸子的世系。

（三）郭沫若的《十批判書》，是 1943 年到 1944 年寫成的，但是出版略晚一些，這是用新思想和新觀念，對先秦諸子進行考察和論述的一部著作。據郭沫若自己說，他把秦漢以前的材料，統統翻遍了，"考古學的、文獻學上的、文字學、音韻學、因明學，就我所能涉獵的範圍內，我都作了盡我可能的準備和耕耘。"他對諸子的論述對大陸影響很大，因為在評價上面，他的觀念和方

14　可以看它的《通表》，表與正文四卷互相配合，第一卷是以孔子生（前 551 年）開始到孔子卒（前 479 年）止，他認為這是孔子和他的門弟子的時代，也是先秦諸子學術的淵源所自；第二卷是以墨子大約的生年（前 478 年）開始到魏武侯卒（前 371 年），這一段是春秋變為戰國，世襲之封建崩壞，遊仕漸興，也是墨子及其弟子，與孔子的弟子較晚出的一輩，儒墨抗爭的時代，他認為這個時代儒術也開始分化出兵、農、法等家，是先秦諸子學術之醞釀期。第三卷是以周烈王六年（前 370 年）開始到周赧王十四年（前 301 年），這時商鞅、申不害用事，而惠施、莊周、孟子、許行等在這一時代，背景則是秦變法、周室衰落、各國縱橫、齊有稷下等等；第四卷則是從周赧王十五年（前 300 年）起到秦二世三年（前 207 年），這一時期有荀子、公孫龍、鄒衍，到呂不韋、韓非、李斯等等，背景則是四公子崛起，秦國漸大而滅六國，等等。

法是很新的，余英時曾經寫文章，舉了十二方面的例證，認為他剽竊錢穆的《繫年》，引起很大震撼。[15] 不過我想，在先秦諸子的研究方法和評價觀念上，大概他還是自成一家的。

在這之後，是不是先秦諸子的年代就考證清楚了呢？也沒有，我們不要指望歷史最終會有定論，因為資料不足，有的時候歷史可能永遠沒有定論。可是，是否就可以加上一個括號把它懸置起來呢？也不行。馮友蘭說，你不排出一個順序來，我的哲學史怎麼寫呢？這確實是一個很現實也是很困難的問題。所以，暫時的結論，暫時的次序，寫暫時的歷史，我們一定要有"不斷重寫的合理性"的觀念，因為歷史如果是今人和古人不斷對話的過程，你不要說這個過程會中止。只能說，有時候因為資料缺少的緣故，對話會漸漸重複，重複就沒有新鮮感。在幾十年裏面，先秦諸子年代的考證領域，如果僅僅依靠舊文獻，已經大體沒有甚麼可做的了，所以，各種通史、哲學史、思想史都是差不多的。一直要到九十年代考古新發現的先秦資料越來越多，情況才略有變化。這是後話，一會兒再講。

時：《〈十批判書〉與〈先秦諸子繫年〉互校記》，載氏著：《錢穆與中國文化》，上海遠社，1994年，第91–119頁。

二、所謂"諸子時代"究竟是甚麼樣子？

　　過去我們研究先秦特別是諸子的思想，常常首先去讀各種後人寫的書，這些後人寫的書，可能加上了（一）歷來文獻的描述，歷史文獻不一定就是實錄。（二）自己對文獻的理解和想象，這就又多了一層眼鏡片了，如果是有色的呢？（三）為了編織哲學史或思想史的需要，加上的所謂思想邏輯，而邏輯常常是要犧牲很多枝蔓的歷史的。所以，這裏描述出來的，未必真的就是原來的樣子。

　　如果只是學習，這倒也罷了，如果你說我就接受一家之說，也還問題不大。但是，如果是學術史的研究，那麼，就不要輕易地跟着人走。我覺得應該儘量回到當時的語境，透過一層一層的文獻描述，竭力地去貼近歷史，去看看當時人（或者是最接近當時的人）是怎麼說的。下面，我們看《莊子·天下》《荀子·非十二子》《韓非子·顯學》以及《史記·太史公自序》《漢書·藝文志》的記載。[16]

16　1921 年 11 月《哲學》第 4 期梁啟超《諸子考證與其勃興之原因》一文，也列出各書中所舉諸子，其中除了下面提到的之外，還列舉了《荀子·解蔽》有墨子、宋子、慎子、申子、惠子、莊子；《荀子·天論》有慎子、老子、墨子、宋子；《尸子·廣澤》有墨子、孔子、皇子、田子、列子、料子；《呂氏春秋·不二》有老聃、孔子、墨翟、關尹、列子、陳駢、楊生、孫臏、王廖、兒良等。見夏曉虹編：《飲冰室合集集外文》（中冊），第 864 頁。

（一）《莊子·天下》

這篇文獻的時代，大約在戰國晚期，作者未必是莊子，可能是莊子後學的評論。它告訴我們的是，原來"道"是一個，大家都有一個共同的天下，有同一的思想，心也簡單，思想也純潔。以前我讀席慕蓉的詩，裏面有"一切開始在一條河邊／心也簡單／人也簡單"，這就好像雅斯貝斯說的"原初之思"，好像莊子說的還沒有鑿七竅的渾沌，但是，由於時代變化，社會複雜，人們的智慧被開發，"多得一察焉以自好"，就是各自有各自的角度，橫看成嶺側成峰，遠近高低各不同，而且都覺得自己是對的，就好像後來佛經裏面"盲人摸象"的故事一樣，眼睛、鼻子、耳朵、嘴巴各自分裂，同一的世界崩潰了，所以他說："道術將為天下裂……百家往而不返，必不合矣。"

永恆正確的"道"是不會分裂的，裂了的只是各為其所欲的"術"，那麼，當時各自堅持而不同的"術"是甚麼樣的呢？他就把自己視野裏面看到的所謂"百家"一一開列出來，有：

1. 墨翟、禽滑釐——主張非攻、節用、兼愛、非樂。這一系統的資料，可以在現在的《墨子》一書裏找到，大體上是墨子和他的學生。從現在《墨子》的文獻看來，他們後來分成了三派，所以《墨子》裏的很多篇都有內容相差不大的上、中、下篇，可能就是出於三派弟子。在《莊子·天下》裏面也說，相里勤之弟子、五侯之徒、南方之墨者，"以堅白同異之辯相訾"。

2. 宋鈃、尹文——以軟合歡，見侮不辱，禁攻寢兵。有一點兒像甘地的不抵抗主義和和平主義，大概是主張忍讓吃虧的，所以莊子說他們"為人太多，自為太少。"

3. 彭蒙、田駢、慎到——齊萬物以為首，有所可有所不可，棄知去己。這大概是搞相對主義的一伙，否定有永恆的價值和標準，也不相信甚麼知識不知識的，多少有點兒悲觀主義。

4. 關尹、老聃——主張常無有，主之以太一，以濡弱謙下為表，以空虛不毀萬物為實。大概思想裏面是把"無"和"有"的討論經常掛在嘴邊的，推崇"太一"這種神秘的本原，主張柔弱勝剛強，以謙卑退讓作為謀略，保存身體與精神的永恆。這好像就是我們後來說的老子一派了。

5. 莊周——以天下為沉濁，不可與莊語，故以寓言荒唐言言之，與天地精神相通。這是對現實社會的否定，覺得在這個顛倒的世界裏面，甚麼道理，甚麼秩序都是假的，所以根本用不着認真，所以用無厘頭的荒唐話應付它，用玩世不恭的態度來對待它，唯獨認真的，是使自己和精神和天地相通，在這種相通中求得精神超越。

6. 惠施、公孫龍——至大無外，至小無內，天與地卑，山與澤平。這是甚麼意思呢？表面上看，他們好像也在搞相對主義，沒有絕對差異，這不是和彭蒙一伙一樣了嗎？不是，他們並不是真的"齊萬物"，而是在玩語言和概念的辨析，他們覺得，一切都是由語言表達的，語言給我們製造了一個差別世界，可是真的是有差別嗎？我們常常並不知道，但是我們相信，其實並不是這樣的，這些差別常常是語言告訴我們的，真正要了解面前的世界，就要超越對語言的習慣性信任，所以他們用語言在破壞語言，故意講很多違反常識的話，目的就是要破壞這種對常識的依賴，從而自己去體驗最終的"道"。所以，我常常講，這些後來被叫做"名家"的人，其實不是"名"家，也是道者，他們一樣在尋找"道"，只是他們尋找的方法是"辯"。

可是，這裏面不包括儒，為甚麼？不知道，也許儒已經進入政治主流，不再是學說和思想，也許寫這篇文字的人，他關注的就是這些領域的言論，總之，這可能是戰國諸子一個不太完整的地圖，但是就在這個思想地圖裏面，我們看到，當時存在很多既相似又不同的學說和學者。

(二)《荀子·非十二子》

荀子大體上是站在比較堅定和正統的一部分儒家立場上來討論戰國學術的，他不僅批判和儒家直接相對的墨家，也批判當時瓦解儒家理想的道家，還批判各種其他的學派，甚至連儒家內部一些同道，他也相當嚴厲地批判，說他們把思想世界搞亂了，"天下混然，不知是非治亂之所存者"，所以他描繪的戰國思想圖像，是比《莊子·天下》更完整的，他把當時的學者分成六部分，每部分有兩個代表，所以是"十二子"。

1. 它囂（一說即環淵）、魏牟——這一派的特點大概是快樂主義，希望達到個人的充分享受和自由，所以他們一直在論證快樂主義的合理性，荀子批判他們是"縱情性，安恣睢，禽獸行。"

2. 陳仲、史鰌——這一派的思想，大致上是講高調的理想主義，但是荀子卻批判他們，覺得他們是大言欺人，假裝的，自己搞出一副清高孤傲、自我克制的樣子，好像很深刻嚴厲，其實是裝裝樣子。

3. 墨翟、宋鈃 —— 這在《天下》裏面是兩派，但是荀子把他們當作一伙看待，說他們並不懂得國家需要秩序，秩序需要等級和象徵來管理，卻一味高調地講甚麼實用、節儉、平等之類的話，政治好像很正確，但是根本無法建立國家和秩序。

4. 慎到、田駢 —— 沒有可以遵守和信任的原則，只有無窮無盡的差異，沒有甚麼是可以信賴的，也沒有甚麼是對的，全部是可以瓦解的，這樣，就不能經世治國，也不能確定名分。

5. 惠施、鄧析 —— 這是整天討論奇奇怪怪的語言、概念、邏輯的名辯之士，荀子批評他們"治怪說，玩琦辭"，可是不法先王，不講禮義，雖然雄辯，但是沒有用處。

6. 子思、孟軻 —— 這是同室操戈了呀，儒家內部也有不同聲音了，看來荀子時代的儒家，更講究在政治世界的實際制度建設了，所以他批評子思、孟子說，雖然他們也說"法先王"，但是他們卻不知道真正的綱領在哪裏，整天抄襲古人的一些詞語，講"五行"之類的大話，根本不落實到制度建設的層面。

所以，荀子認為，應當正確地尋找真理的源頭，這個源頭就是上溯到仲尼、子弓、舜、禹，而必須消除十二子的各種說法，免得思想世界混亂，這樣才是"天下之害除，仁人之事畢，聖王之跡著。"這一方面確立合法性，一方面建立合理性，強調國家需要秩序，要求思想轉向制度建設，要求人們思想統一，就有點兒追求政治意識形態一家獨佔的樣子了，所以荀子的思想很容易由禮轉向法。不知道大家注意沒有，在荀子的歸納裏面，兩兩相對，一共六組，非常整齊，但是先秦諸子能真的那麼整齊地歸納成六派嗎？

(三)《韓非子・顯學》

韓非的評論，大概並不想求全，他只是說要討論當時的"顯學"，而當時最顯赫的是甚麼？就是儒和墨，所以他說："世之顯學，儒、墨也。"可見甚麼道家、法家、名家都不是甚麼重要的學派。儒家和墨家大概在那個時候已經傳播很廣了，門人弟子一多，各地傳播不同，就分了派了，所以他又說："儒分為八，墨離為三，取捨相反而不同。"孔子的門下，漸漸分出了八派，就是子張、子思、顏氏、孟氏、漆雕氏、仲良氏、孫氏、樂正氏；而墨子之後，則分出了相里氏、相夫氏和鄧陵氏。這種說法有沒有根據？好像是有的，比如現在的《墨子》很多篇都分成內容大致相近，文字略有不同的上、中、下三篇，可能就是三派各自的記錄文本。

上面三種，都是先秦人自己的說法，換句話說就是當代人說當代史，也許這種當下說法的缺點，是歸納常常不那麼清晰，有時候太瑣碎太具體，就好像"只緣身在此山中"，看不清大的身體輪廓，卻看了小的鱗甲殘片，好像"盲人摸象"一樣，但是，它的好處是甚麼呢？就是看得親切，沒有後來人那些無意省略和有意忽略，也沒有後來人的自作聰明或者攀龍附鳳。

在這些當時人說當時事的文字裏，你可以看到三條：第一，最初，儒、墨是最顯赫的大頭，當時孟子説的異端，不包括後來説的道、名，也沒有甚麼陰陽家或法家，最多是墨子一派，加上楊朱，就是所謂的不歸楊則歸墨。後來則應當是儒家和道家，道家裏面，由於出土文獻的佐證，應當承認老子是比較早的，以前很多學者，包括史華茲、葛瑞漢他們把老子排在莊子之後是不對的。所以，戰國時代的思想史順序，粗粗排下來，就是儒、墨、道。我寫思想史，大概就是這樣的順序。第二，戰國中期以後，包括儒、墨在內，當時各家各派也都四分五裂，所以是"百家"，《荀子・解蔽》就説："今諸侯異政，百家異説"；《莊子・天下》也説："其數散於天下而設於中國者，百家之學時或稱而道之"；一直到漢代初期的《淮南子・俶真》也説："百家異説，各有所出"。第三，是各種思想彼此間的界限未必很清楚，各自的立場、視角和價值都有差異，不一定各大派內部是大同小異，不同派之間是大異小同，其實可能各執一端，就像莊子説的"多得一察焉以自好"，"百家往而不返，必不合矣"，很難歸納成那麼清楚的幾派。

可是，現在我們對於先秦諸子的看法，包括各種思想史和哲學史，並不是從戰國而是從漢代那兒來的。大家都知道，秦代是一個政治上大統一的時代，漢代是一個文化上百川歸海的時代，天下統一了，文化要統一了，有人就要總結了。像《淮南子》，是想把各種思想整合起來的；而像司馬談寫《論六家要旨》[17]，則是從

17　《史記・太史公自序》。

學術立場和觀念上對前人思想進行總結的，他把先秦百家乾乾淨淨地分成了六家，儒、墨、陰陽、名、法、道，各自都很清楚。而後來劉向、劉歆到班固，則又加上當時書籍再分類，在《別錄》《七略》到《漢書‧藝文志》的"諸子略"裏面，在司馬談的六家之外，又加上了縱橫家、雜家、農家和小說家。

其實，這種總結問題很大，古代關於"儒""道""名""法"等的觀念和範圍，並不像我們後來哲學史、思想史說的那麼狹窄。1910年的時候，章太炎在《國故論衡》卷下《諸子學》裏面就說："九流皆言道，道者彼也，能道者此也……自宋始言道學，今又通言哲學。"可是，道學只是宋代的一家，而哲學的名稱又是西方的形而上學，所以不能用來理解先秦的學術思想。章太炎說得很對，在最寬泛的意義上，古代所有學者都可以叫做"儒"，他們討論的終極目標都是"道"，所以說："儒猶道矣，儒之名於古通為術士，於今專為師氏之守，道之名於古通為德行道藝，於今專為老聃之徒。"之所以後來概念變窄了，只是因為後來的分類，也是因為後來人的歸納。就像葛瑞漢說的那樣，"這些思潮雖然大多只不過是後人回述時做的區別"，他認為，只有儒家和墨家，因為有"師徒時代相傳"，維繫了真正的學派，其他的都很可疑，"道家學派，像儒、墨之外的其他學派一樣，是一種後人回溯性的產物，也是對諸子派系的最大混淆。"[18] 可是，這個從漢代司馬談《論

18　葛瑞漢：《論道者》，第40、199頁。

六家要旨》起就出現的歸納和分類，卻造成了我們後來人的很多麻煩。

1. 司馬談說的"陰陽家"是根本沒有的。陰陽觀念是當時中國的普遍觀念，幾乎所有的學者都依託它來理解和解釋世界，而它依據陰陽道理建立的知識技術，並不僅僅是解釋和理解的思想學說，也是大家共享的東西。大家要是有興趣，可以看一看傅斯年《戰國子家敍論》，他說到一點，就是戰國諸子是甚麼？其實"他們是些方術家"，[19] 這個說法過於絕對，但是他也看到了，各種思想的闡述，背後其實都有一些"方術"，也就是陰陽五行之類的知識和技術的背景。這些"知識"和"思想"的分化，其實是一個過程，就像馬王堆帛書《要》篇裏孔子說的，他這批思想家和巫覡，其實是同途而殊歸的。

2. 所謂"名家"也並不真的存在。像惠施，就是被莊子算在廣義的道者中的。在古代中國，討論"名"一般是為了討論"實"和"名"的關係。可是"實"有不同，比如《七略》裏面講，"名家者流，出於禮官，古者名位不同，禮亦異數。"為了區分名分和等級，理順兩者的關係，所以要"必也正名"，通過"名正"而"位順"，可是這是儒家的秩序觀念呀。又比如古代有"刑名"，鄧析、李悝都講究"刑之本，在於簡直，故必審名分。審名分者，必忍小理。"這是《晉書‧杜預傳》裏講的，那麼，如果我們從這一方

19　傅斯年：《戰國子家敍論》，《傅斯年全集》第二冊，第 420 頁。

面看，這個"名"又好像應當屬於法家，可是，如果在瓦解"名"的固定性方面，來理解超越語言的"道"，那麼，他又像是道家一流。這樣，你看有一個"名家"嗎？

3. 至於法家，其實説白了，就是儒家的政治思想加上政府管理者的實用策略，就是"王霸道雜之"，就是入了官家、成為官員之後，"循吏"和"酷吏"的區別，都是"吏"，只是取徑有別。法家有的（如商鞅）講"法"，就是"憲令著於官府，刑罰必於民心，賞存乎慎法，而罰加乎奸令"，強調的是臣下的責任；有的（如申不害）講"術"，就是"因任而授官，循名而責實，操殺生之柄，課群臣之能"，強調的是君主的權力；有的又講"勢"（如慎到），也就是利用權勢，推動政治管理，其實從他們思考的出發點和目的地來看，也就是從立場、目的到策略，都是和儒家一樣的，為的就是兩個字"秩序"，也就是統治的秩序。所以，蒙文通《法家流變考》裏面説，儒和法就是"新舊兩時代思想之爭，將兩家為一世新舊思想之主流，而百家乃其餘緒也。"他覺得法家（包括縱橫、兵、農）是秦國和北方的思想，儒家是東方諸國的思想，但都是追求政治秩序的建立。[20] 錢穆《國史大綱》也説，孔子之後，貴族階級墮落崩壞，儒家轉入消極的路子，但另一批人走上積極的路子，就成了後來的法家。"法家用意，在把貴族階級上下秩序重新建立，此仍是儒家精神。"他認為吳起在楚，商鞅在

20　蒙文通：《法家流變考》，載氏著《古學甄微》，巴蜀書社，1987年，第295頁。

秦，都是想恢復秩序的，可是最終被殺，所以繼承他們的人像申不害，就"漸漸變成以術數保持祿位的不忠實態度"。[21] 所以，我們說司馬談所謂"六家"之說裏，把儒、法分開，並不可信。可是它影響太大，還害得"文革"的時候，討論了好久的所謂"儒法之爭"，連屈原、柳宗元都要分出誰是儒家，誰是法家，這簡直是兒戲。

4. 在劉向到班固的"九流十家"分類裏面，也一樣有麻煩。比如，縱橫家存在嗎？雖然確實有一些以合縱連橫為職業的說客，但是，他們好像並沒有特別的思想立場和價值觀念，就像現在的律師一樣，他們辯才無礙，但是立場多變，為了說服他人，他們用種種方式遊說，這也是學術思想上的一派？農家算是思想學術的一派嗎？農家只是重農一派，他們的書很多是關於農業技術的，充其量是在治理國家上重視"三農"，也不能算是學術或思想的一派。如果這也能算，那我們的農學院就統統應當另入一門了。兵家也不能算一家，按照蒙文通《法家流變考》的說法，他們和農家、縱橫家一樣，都是法家的工具。至於小說家，就更不用說了，不能把街談巷議的東西，算成有立場、有團體、有世界觀與價值觀的一派吧。至於雜家，其實就是因為一方面很多先秦學術與思想沒有辦法歸類，就只好另搞一個大筐把他們裝起來，一方面也是因為先秦之後的融合取向，出現了《呂氏春秋》和《淮南

21　錢穆：《國史大綱》（商務印書館重印本）上冊，第二編第六章，第104－105頁。

子》這樣海納百川的著作，所以才被迫設立了一個"雜家"。

這樣看來，這些"後見之明"只是漢代人的分類。

可是，這個勉強把先秦思想學術和著作裝進去的分類法，卻反過來限制了我們的哲學史和思想史。現在的哲學史和思想史，是"回頭看"的，是站在後來人的立場，用後來人的眼睛來看的，當儒家在漢代以後一統思想學術的天下，並且確立了自己對歷史的解釋，又把這種解釋當作唯一合理的解釋的時候，人們漸漸習慣了也相信了這個說法。每當我們想起先秦的思想和學術，我們就會藉了漢代的、宋代的、清代的一重重眼鏡，靠着清末民初以來各種哲學史、思想史的敍述脈絡，把它當作孔子、墨子、老子、莊子、孟子、荀子時代的真的狀況，這就是所謂"後設的回憶，替代先在的歷史"，可是我們如果沒有這種自覺意識，那麼"歷史"就被"回憶"製造出來了，這就是後現代激烈批評的所謂"製造歷史"（make history），就好像"道統"一樣。我曾經寫文章說過，我們現在哲學史、思想史的主要脈絡的來源，一是"道統"，就是古人對真理譜系的想象，二是東洋和西方的哲學史敍事，三是馬克思主義敍事。這就是顧頡剛他們當年講的"層層積累"。

這種"層層積累"的分類和脈絡，為甚麼我們現在開始懷疑了呢？主要原因之一，就在於近年考古發現了很多新材料，這些新的發現，至少在局部，請注意我說的是局部上修訂了過去我們關於古代諸子學術與思想的理解，也提供了重新繪製這個圖景的可能性，更重要的，是使我們對過去哲學史和思想史的敍事有了方法論上的懷疑。

三、考古發現與諸子時代的再認識

有一句老話講"地不愛寶"，其實不是大地不愛寶貝，而是近年來搞開發，常常要動土，一動土就挖出地下埋藏的東西來了。所以，最近這四十年裏，出土的古物和古籍很多。下面，我們要介紹一下，國內近三四十年來因為考古而新發現的古文獻，這樣的發現很多，不過這裏只介紹和先秦諸子研究有關的部分。我不是這方面的專家，下面說的，是採取了很多學者的二手研究。[22]

（一）馬王堆帛書（1970 年代）：通常人們最注意的是《周易》經傳（如：卦序的不同，傳文與今本之差異甚大。《昭力》《繆和》《二三子問》《要》等等，以及另一種《繫辭》文本）和《黃帝書》（包括了在《老子》帛書甲乙本後附的《十大經》《稱》《經法》《道原》等等）的重新發現，包括《老子》最早的漢代寫本（在郭店楚簡以前最早的寫本《道德經》，注意上下經次序的互乙）；其中，還有帛書《五行》篇，它揭示了一個很重要的問題，過去荀子曾批評子思和孟子"倡為五行"，"五行"究竟為何物（是金、木、水、火、土，還是仁、義、禮、智、聖）？可以看出在思孟時代"五行"是比附於仁、義、禮、知、聖，是內在的道德，而不是陰陽五行。此外，還有《刑德》，它用陰陽數術解釋四季，"刑"象徵天殺，

22　特別建議閱讀裘錫圭：《談談地下材料在先秦秦漢古籍整理工作中的作用》，載《裘錫圭學術文集》（復旦大學出版社，2012 年）第 4 冊《語言文字與古文獻卷》，第 378–388 頁。又，裘錫圭：《四十年來發現的簡帛古籍對傳世古籍整理工作的重要性》，第 447–450 頁。

"德"象徵天生,後來還用這些來討論政治上的王霸之道。此外,還有《五星占》講天象和占卜,《五十二病方》講醫書,《駐軍圖》即地圖,《導引圖》講鍛煉身體,《養生方》《合陰陽》講養生術等。從馬王堆出土的簡帛文獻中,你可以看到,漢代初期,整個古代思想世界的概貌,一是經典儒家,二是確實出現了道家或黃帝之學,三是陰陽五行的觀念、知識、技術與社會秩序的相配,四是雜知識和技術,不太像後來儒家獨尊之後的情景。

(二)臨沂銀雀山漢簡(1972 年, 1974 年):最重要的是發現了《孫子兵法》(吳孫子)之外的《孫臏兵法》(齊孫子),過去只知其名,不知其書,發現了《孫臏兵法》,許多東西就清楚了。此外,還出土一些文獻,和《晏子》、《太公》(傳世文獻中的《六韜》即其中一部)、《尉繚子》等原來懷疑的古書相似的部分,證明了這些古籍的可靠性。

(三)睡虎地秦簡(1975 年):《編年記》《日書》和《秦律》《為吏之道》《封診式》等等。墓主是一位名為"喜"的軍官,級別不高,墓裏曾有編年記,即每年所做事情的記錄。編年記中涉及一些大事,可以與《史記》中的記載對照。更重要的是,在陪葬的竹簡中有些是法律的文書,雖然這些秦律有的可能只是地方性的、局部的,而不是全國通用的,但已經很開眼界了。還有《奏讞書》,即向上級報告法律事務的一些條文。特別值得注意的是,睡虎地還發現了兩種完整的《日書》,甲本非常完整,一天天排下來,哪天可以幹甚麼,不可以幹甚麼,類似於後來的"黃曆",這種日書構成後來很大的一個傳統,在中國特別是民間社會影響特別大。

台灣學者蒲慕州就根據《日書》的資料，先寫了《睡虎地秦簡日書的世界》，又寫了《墓葬與生死——中國古代宗教的省思》，後來還出版了《追尋一己之福》，他依託他具有的埃及學背景，面對這些新資料，研究就很有意思，給《日書》發掘了新意義。[23]

（四）張家山漢簡（1983 年）：有《曆譜》（18 簡）、《引書》（112簡）、《脈書》（66 簡），及很晚才發表的漢律《奏讞書》（228 簡）、《算術書》（190 簡）、《蓋廬》（55 簡）。過去，比較引人注目的是其中有《脈書》和《引書》，前者講人身的經脈，後者講氣的運行，這兩部書都與醫學有關，為我們研究早期醫學和醫學背後所隱藏的觀念性的東西提供了資料。

張家山出土的一些與漢代法律制度有關的資料，特別是《二年律令》（究竟是高祖二年，還是呂后二年，還有一些不同意見），有 526 支簡，包括了賊、盜、捕、亡、具等律令，最近討論很多。而《引書》《脈書》雖然是有關身體和疾病的資料，但也是先秦知識史的背景，涉及人們對宇宙萬物的看法，還是值得注意的。

（五）定縣八角廊漢簡：主要是《文子》和《論語》。熟悉先秦思想史的人都知道，《文子》過去被認為是偽書，這次發現可能能夠證明，它可能真的是先秦的書，至少是先秦已經有基礎的書，而且糾正了現在通行的《文子》中的許多錯誤。

23　蒲慕州：《睡虎地秦簡日書的世界》，載《歷史語言研究所集刊》第六十二本第四分；蒲慕州：《墓葬與生死——中國古代宗教的省思》，（台北）聯經出版事業公司，1993 年；蒲慕州：《追尋一己之福》，（台北）麥田出版社，2004 年。

（六）尹灣漢簡：1990年代，在江蘇連雲港發現。其中有一篇引起大家關注的是《神烏賦》，這是我們現在發現得比較早的俗賦，與文學有很大關係。還沒有正式發表的時候，李學勤先生曾讓我看看這篇釋文，究竟是否與佛教有關，如果真的與佛教有關，佛教傳入中國的歷史就要提前了。我實在不敢斷定，賦講的是一對烏的巢被佔，雌烏被打死，雄烏悲傷地飛走了，風格雖然有點像印度，但憑這樣一個寓言故事並不能斷定來自印度。它和放馬灘秦簡裏面發現的，有關人會死而復生那個故事，都讓研究文學史的人注意，有一些文學的原型和主題，也許並不是來自後來的佛教，可能中國原來就有，只是過去沒有發現，就只好算到"有據可證"的佛教頭上。當然，《神烏賦》本身作為漢代的短小寓言辭賦，已經足以引起我們重視。還有一些精彩資料，如江蘇東海縣尹灣六號漢墓出土的一塊木牘上畫有神龜占卜圖，上有許多文字，仿照烏龜殼的形狀，寫滿占卜的內容，這些文字材料，目前還沒有特別詳細的研究。

（七）荊門郭店一號楚墓：1993年出土804支戰國竹簡，16種文獻，包括目前最早的《老子》寫本，以及《禮記》中的《緇衣》等等。當然，這一批文獻的研究已經很多了，對重新理解古書的時代很有意義。最為人熟知的，就是它發現三種《老子》抄本，至少可以推定戰國中期即公元前300年前後，就已經有和現在差不多的《老子》抄本了，那麼，成書的年代呢？就更要早一些了，從此《老子》晚於莊、孟、荀的說法再也不成立了。當然，其中最引人關注的就是下面要重點討論的《太一生水》。

（八）上海博物館收購的戰國楚簡（1994－1995 年）：包括 87 種從未聽說過的新文獻。這批竹簡一共 1218 支，現在正在陸續出版，到目前為止已經出版的《上博藏戰國楚竹書》第 1－9 冊，加上文字編一冊，一共十冊。據學者的研究說，竹簡的時代大約和郭店簡相仿，是在公元前 300 年前後的戰國中期。和傳世文獻對得上號的，比如《緇衣》。另外有八十多種，我們過去聞所未聞，見所未見，比如《孔子詩論》《魯邦大旱》《四帝二王》《彭祖》《子羔》《夫子答史籀問》等。以第二冊為例，就有《民之父母》《子羔》《魯邦大旱》《從政（甲篇）》《從政（乙篇）》《昔者君老》《容成氏》，共七篇，很有意思。[24] 其中，《子羔》以子羔問，孔子答的方式，說堯、舜、禹的禪讓是"善與善相授"，很值得討論這種觀念和想

24　《上海博物館藏戰國楚竹書（二）》，上海古籍出版社，2002 年。依次收入《民之父母》《子羔》《魯邦大旱》《從政（甲篇）》《從政（乙篇）》《昔者君老》《容成氏》，共七篇。記可記者如下：（A）《民之父母》。一、內容亦見於《禮記·孔子閒居》和《孔子家語·論禮》，可見《家語》之類有較早的資料為依據。二、《民之父母》中講"無"（無聲之樂，無體之禮，無服之喪），與《家語》類同，亦與《列子·仲尼》"無樂無知，是真樂真知"同，可見此類後來似被理解為道家之思想者，原來是共有的觀念。三、此文一直是把這種"五至""三無"的道德倫理境界，看成是"天下"共通的，能致"五至"行"三無"，就可以"皇（橫）於天下"（第二簡、第六簡）。（B）《魯邦大旱》。一部分關於如何祈雨的觀念和文字，見於《晏子春秋·諫上十五》。（C）《從政（甲篇）》。有"五德""三誓""十怨"。五德是寬、恭、惠、仁、敬。又有關於過分嚴厲刑法的批評，和《老子》相似。（D）《昔者君老》曾言"內外"之分。（E）《容成氏》。這是一篇極有意思的文獻，其中談到古帝王的系譜，並談到理想的天下秩序是"不賞不罰，不刑不殺，邦無食人，道路無殤死者，上下貴賤，各得其世，四海之外賓，四海之內貞（定），有無通，匡天下之政，十有九年而王天下，世三十有七年而泯終。"又談到甚麼是普遍真理，"履地戴天，篤義與信，會在天地之間，而包在四海之內，畢能其事，而立為天子。"並以禹為例說，他可以讓"近者悅治而遠者自至，四海之內及四海之外皆請貢。"此外，這裏還有一個特別的五方說法，說五方之旗分別是日（東）、月（西）、蛇（南）、熊（中）、鳥（北）。

象，出自甚麼時候。《容成氏》以二十一個古代帝王，構成一個上古史的譜系，與過去《世本》之類的書是甚麼關係？裏面和傳世文獻不一樣的，比如，出土文獻中的"啟自取，於是乎攻益"，和傳世文獻中的"益干啟位，啟殺之"，到底誰對？為甚麼後世會變成另一種說法？這些都很有意思。而對我們討論先秦諸子來說，尤其要注意的是第三冊的一篇《恒先》，這是其中比較長的一篇，一共13支簡，看起來是完整的，它是很抽象的思想和語言學論文，裏面討論了宇宙本原的問題，語言與世界的問題。[25] 但是，最近十

---

25 據馬承源介紹，《恒先》共13簡，497字，簡長39.5釐米，有三道編繩。李零釋文已經發表在《上海博物館藏戰國楚竹書（三）》第287–299頁。首先，《恒先》表明，《淮南子》一系關於宇宙鴻荒時代的狀態的想象，以及關於一切的起源的猜測，是淵源有自，至少在戰國時代就有的，並非漢代突然出現的，而且所謂恒先於萬事萬物一切的本源，是大樸、大靜、大虛這種思想，在古代中國是一個共同的想象，並不一定是道家獨有，古人相信，這種宇宙本原並不隨同萬事萬物的生長出現而一同演變，它是永恆的。其次，這種宇宙論想象的萬物演變過程，一方面，是從"或"到"氣"，從"氣"到"有"，從"有"到"始"，從"始"到"往"這樣一個過程（這裏值得注意的是"或"）。或，有的解說釋為老子所說四大中的"域"，龐樸譯為"動區"。這個"或"，一方面我們也許可以把它解釋成為一切仍然在混沌之中的不確定性，這個不確定性的本原，是蘊含一切的根本，但是，它又並不直接製造一切，所以說是"氣是自生，恒莫生氣，氣是自生自作。"另一方面，這個"或"和"有"所形成的"生"即一切事物，卻是由"音"為基礎的，音出言，言形成名，名形成事，這樣，萬事則只是音聲、語言和概念的產物。這一觀念非同小可，因為它把我們面前的一切，看成是一個由語言聲音構成的世界，凸現了語音和聲音的意義，至少在古代文獻中，我們很少看到這種看上去似乎很"現代"的宇宙觀念。再次，這篇文獻裏面，仍然有先秦道者或者名辯之士常常表達的一種相對主義語言觀念，"或非或，無謂或，有非有，無謂有，生非生，無謂生……"最後，《恒先》的主旨，是要人們以"恒先"為依據，建立一個永恆的秩序。特別要注意的是，我們應當從這一文獻所表達出來的特徵，看到過去我們所謂古代分道家、法家和名家的說法，似乎並不那麼可靠，其實，先秦思想世界中，追尋"道"也就是試圖重新尋找那個大樸、大虛、大靜的本源，可能是很多哲人的共同理想，而通過"名"或者說把一切歸之於音聲和言語的想法，只是"道者"其中的一類。至於通過這種理解中的宇宙秩序，重新建立一個人間的秩序，其實也是古代道者的最終目的。

幾年裏，各種新發現仍然陸續不斷：

1999 年，湖南沅陵虎溪山一號漢墓簡牘。

2003 年，湖北睡虎地 M77 出土西漢簡牘 2137 枚，主要是日書、算術、司法一類，據說時間的上限是公元前 170 年，下限在公元前 157 年。

2003 年，湖南長沙走馬樓出土西漢簡牘，主要是有關法律、田租、驛舍類的文書。

2004 年，郴州蘇仙橋晉簡 1000 餘枚，主要是當時桂陽郡文書。

2008 年，北大收藏西漢竹書 3300 枚，其中包括《老子》《倉頡》《周訓》《趙政書》《日書》等。

2008 年，著名的清華簡，包括《尚書》《詩經》等。現在已經出到第八冊，內容極其豐富。

2008 年以後，嶽麓書院秦簡，1400 枚左右，包括夢書、官箴、奏讞書、數書等。

此外還有很多，如慈利楚簡。在慈利石板 36 號墓中，出土戰國中期的竹簡 800 枚，據說包括有關《周書》《國語》《司馬法》《國策》的內容。又里耶秦簡，有 37000 枚左右，大概時間是公元前 222 年到前 208 年，是洞庭郡遷陵縣的檔案類文書；還有長沙修地鐵時五一廣場出土的東漢簡牘，有 10000 餘枚，主要是長沙郡臨湘縣衙的官府文書，據說時間大概在漢和帝永元年間（89−105 年）。

總之，從馬王堆帛書，到郭店楚簡、上海博物館楚竹書，再到清華簡、北大簡，近年來出土的資料，可以用八個字來說，是"內容驚人，數量極大"，它給我們提供了許多傳統歷史學資料之外的新的思考線索。我只是舉其中比較重要的幾個，實際上遠不止這些。那麼，這些發現會對先秦諸子研究有何影響呢？我想，最重要的，就是這些未經後人的意識改動和解釋過的考古發現，給我們暗示了很重要的想法，其中尤其重要的是：

首先，促進了古書的再發現，使思想史走出疑古思潮的籠罩。大家要知道，受現代科學思潮的影響，一切要有證據，很多古書因為缺少證據，被懷疑成偽書，從顧頡剛的《古史辨》，到張心澂的《偽書通考》，把很多古書打入另類，使得我們資料缺乏。可是，出土簡帛有涉及這些古書的文字出來，證明它們是有來歷的，這就平反了很多過去被懷疑的古書。比如《尉繚子》(銀雀山漢簡)、《晏子春秋》(銀雀山漢簡)、《鶡冠子》(馬王堆帛書)、《管子》(銀雀山漢簡)、《老子》(時代提前，次序差異，郭店、馬王堆)、儒家七十子及其後學(郭店、上博、清華簡)、雜道家(張家山、阜陽、八角廊、郭店、上博、馬王堆)。

其次，讓我們重新理解上古思想和歷史的真面目和連續性，因為那裏面有很多東西，很多知識和觀念，一直到很晚還有，只不過是秘密化、邊緣化、底層化了。比如說，《漢書‧藝文志》裏面，後三類“數術”“方技”和“兵家”，在當時為甚麼佔了這麼大的比例？幾乎是半壁江山。可是後來它們怎麼就萎縮了，邊緣化了呢？現在出土的各種文獻裏面，這些內容很多，甚麼日書、醫方、病方、雜占，甚至還有美食、房中等，這就讓我們重新思考那個時代思想世界的佈局和結構了。

再次，這就提醒我們，研究思想史、文化史，要逐漸從注意中心轉向注意邊緣，從注意形而上到注意形而下，從關注高級的思想到關注一般的常識，很多東西在精英思想和經典思想那裏找不到，可是那時卻是很普遍的，這就讓我們注意過去忽略的世界了。這些都是考古發現給我們的提醒。

總之，對於早期中國諸子的思想世界來說，出土文獻很重要，有些問題要重新思考，我再說一遍：

第一，春秋戰國時期（公元前六至前三世紀），是諸子百家的時代，當時的諸子學說，雖然有顯赫和不顯赫的分別，但並不一定像我們後人想象的那樣，有主流（儒家）和邊緣（其他）的差異，倒可能應當注意，是否可以有地域（比如南北、三晉、齊魯、秦、楚）、興趣（比如關於數術方技、關於實際或抽象、關於身體和宇宙、關於道德和社會等關注面的差異，有人關心人文，有人關心現實，有人關心技術）、問題（時間和空間、語言、社會秩序、政治制度的制定和實行）的不同，是否可以從這些不同中發現問題，重新理解當時的學術思想？

第二，很多當時流行的思想和知識，是不是會被歷史和時間湮沒？像黃帝之學裏面的很多內容（《太一生水》的宇宙觀、《十大經》裏面關於天地曆數的想法），像關於人的性命情理的思考（過去總覺得這些形而上的思想很晚才有，但是《性自命出》《五行》卻改變了這種想法），像語言與世界的觀念（過去在《白馬論》《天下篇》裏有一些，但《恒先》卻把它放在宇宙基礎上來討論），像兵陰陽、兵形勢和謀略之學的重要性（比如《孫臏兵法》《尉繚子》），像房中和養生之學的重要性（如《合陰陽》《養生方》等），這些知識和思想，是否有一個從公開到秘密、從士大夫顯學到民間秘密學的過程？這是否是一個被壓抑的屈服過程？

第三，我們開始會考慮，歷史上確實有很多思想和知識，可能曾經是共享的，比如天地宇宙的起源和結構（《太一生水》《恒先》），關於"道"的天文象徵、神明象徵和終極意義，關於"三代"和"古帝"的歷史傳說系譜等等，是不是就像莊子說的"道術"是後來被天下各執己見的人給分裂了呢？

四、和儒家學說一樣重要的古代諸子學說

所以，我們可以說，先秦時代的知識、思想和信仰世界，是諸子的時代，其中主要有：（一）儒者。儒者在孔子以後，至少分為八派，後來流傳的儒也就是孟子、荀子的系統，在當時可能並不是儒家的主要線索，可能當時的各個支脈更加活躍，後來當然是王霸道雜之的荀子一系凸現出來，一方面他比較適合大帝國的政治，一方面也可能是因為他傳授經典的門弟子很多，各種經典都經其手的緣故。到了唐代以後，孟子系統才開始被發掘出來當作新的思想資料，而道統說也開始重新建立一個儒家的歷史。（二）墨者。不同的墨者包括關心經驗主義的、關注和平的、關注社會平等的、關注實用主義的等等，其中最主要的，可能分成了三派，就是《莊子·天下》裏面說的，相里勤之弟子、五侯之徒、南方之墨者，或者是《韓非子·顯學》所說的相里氏、相夫氏和

鄧陵氏，他們漸漸還形成了有鉅子和崇拜者的群體。但是慢慢地，他們這種過於理想主義的生活方式、過於高調的道德約束和過於嚴厲的群體紀律，就不那麼吸引人了，而且他們重實踐而輕言說，沒有經典傳授，很容易淡出思想世界。（三）道者。我覺得廣義的道者包括了黃帝之學、老莊之學、楊朱之學和惠施、公孫龍之學等等，他們的興趣是不太一樣的。

應當說，真正先秦的知識和思想世界，可能比我們的哲學史、思想史寫的要豐富得多，當然這也是沒有辦法的，生活豐富而敍事乾癟，歷史複雜而書寫簡單，這是必然的，當時還有各種各樣的言說、論爭、實踐，而我們的思想史常常只是抽取其中似乎符合我們哲學史或者思想史尺寸的來剪裁。所以，我們要藉助新資料，重新描繪古代思想世界的圖景，那麼甚麼是我們重新出發的基礎呢？

我想是三點：

第一，重新理解先秦諸子所謂“分派”之說 —— 重新繪製地圖，回到各種敍事還沒有形成的起點，重新以地域、群體、問題等等新的角度，來看待他們的思想和歷史。

第二，重新考慮“思想”和“知識”的關係 —— 打破傳統的思想史和哲學史框架，恢復歷史場景，建立思想的知識背景，也說明思想對於知識的引導性。

第三，重新研究諸子爭論的各種話題 —— 比如王健文曾經研究過“先帝王譜系”和“古聖王傳說”就是很好的一例。現在《容成氏》出來，《四帝二王》出來，就更有意思了，《世本》的話題也開始被激活了，“禪讓”和“放伐”的傳說是怎麼回事兒？它與當時的"法先王"和"法後王"有甚麼聯繫，和後來的"道統"說又有甚麼差異？這些都是好問題。

五、個案：解讀《太一生水》

前面我們說，諸子時代的思想史，儘管過去是大家關注的重心，但是現在還有很多新的研究空間，這主要就是因為我們看到了很多以前的人，包括漢代以來的古人，也包括現在研究哲學史和思想史的今人，都沒有看到過的文獻，所以有可能重寫這一段歷史。今天我們討論的一個新發現的文獻，就是《太一生水》，這是從郭店楚墓中發現的，它附在《老子》後面，簡長 26.5 釐米，上下兩道編線，間距是 10.8 釐米，一共有 14 支簡，共 284 字。

郭店楚墓的時代，一般認為大概是公元前 300 年前後，也就是錢穆說的商鞅、申不害、惠施、莊周、孟子、許行的時代剛剛結束的時候。這個時候各種思想都出來了，思想很混亂，不像戰國初期，思想的取向比較簡單和清楚。而這個時代所謂"道術為天下裂"，真正是百家爭鳴了。

關於《太一生水》，我要先講一下甚麼是"太一"。

"太一"是那個時候一個很重要的，象徵着終極意味的詞。《莊子·天下》裏面說，關尹和老聃是主張"常無有"的，他們的中心詞就是"太一"。《呂氏春秋·大樂》裏面說，道就是太一，"道也者，至精也，不可為形，不可為名，強為之名，謂之太一"，後來漢武帝還建了"毫忌太一壇"（元光二年，前 133 年）、"甘泉太一壇"（元鼎五年，前 112 年）。這說明，太一是很神秘、很崇高的。我在 1991 年，郭店、上博這些新材料還沒有發現的時候，就寫了一篇《眾妙之門——北極與太一、道、太極》，接着科學史專家錢寶琮，來討論"太一"的問題。那個時候《太一生水》也好，《太一避兵圖》也好，都沒有發現，也沒有多少人注意這個概念，我當時覺得，"太一"其實就是從戰國到西漢時的人心目中，天象上的北極，道理上的道，或者是太極。首先，北極星又叫北辰，現代天文學稱為小熊星座 β 星，《論語》裏面就說眾星拱北辰，它是古人想象中天地的中央，是宇宙的軸心和原點，大家知道埃里亞德就說，對於古代東方人來說，這個中央很重要，李約瑟也覺得，古代中國人的最高天體，不是太陽而是北極。但是在具體象徵上，"太一"又是一個最高神，《楚辭·九歌》中有《東皇太一》，宋玉《高唐賦》中亦有"禮太一"，似乎曾經是戰國時代某個區域民眾心目中的至高無上的主神。道，當然就是《老子》說的"不可道"的終極本原；而太極，則是《易·繫辭》提出來的一個帶有原初與終極意味的概念。而在那個時代，這個神、概念、星辰是相通的，都是宇宙的根本。

到了《太一生水》這一篇楚簡被發現，這個問題就更可以探討了。那麼，我們就要討論《太一生水》裏面三個重要的問題了。

第一個，"太一生水"，有一點要討論的是，到底是"太一生水"，太一是宇宙最原初的最本質的，水是它的衍生物呢？還是"太一生於水"，水倒是最原初的本質呢？這還要繼續討論。

就算是前一個吧，這一說法過去從來沒有聽說過，美國達特茅思學院的艾蘭（Sarah Alan）雖然也在《中國早期哲學思想中的水》裏面說過"水"的重要性，是早期哲學思想中一個最重要的比喻，[26] 像《孟子‧離婁下》"仲尼亟稱於水，曰：水哉水哉，何取於水也"；《荀子‧宥坐》也引孔子說："夫水，大遍與諸生而無為也，似德"（下面又說水像"義""道""勇""正"）；《老子》第八章"上善若水，水善利萬物而不爭，處眾人之所惡，故幾於道"。但是，這也只不過是比喻而已，只是取"水"的性質來比喻。只有《管子‧水地》的意思有一點點像《太一生水》，主要講"地生水，水生人"，但水還不是最原初的東西。可是，《太一生水》卻把水當作太一創造萬物的基礎，而且水還會反輔太一，成就一切，這個思想是從甚麼地方來的，又為甚麼在後來漸漸淹沒了呢？

第二個，下面的這段話，"藏於水，行於時，周而又【始，以己為】萬物母，一缺一盈，以己為萬物經"應當如何理解？加上這段前面的"成歲而止"，到底又是甚麼意思？北京大學的李零說，這段話和數術之學的關係最大，[27] 而數術知識在當時很普遍很流行，是各家各派都共同的知識。這話怎麼說呢？李學勤解釋說，你得和子彈庫楚帛書對照着看才行。[28] 子彈庫帛書和它都有一個

26　艾蘭：《中國早期哲學思想中的水》，載氏著《早期中國歷史思想與文化》，楊民等譯，遼寧教育出版社，1999年。

27　李零：《讀郭店楚簡太一生水》，載氏著《郭店楚簡校讀記》，北京大學出版社，2002年。

28　李學勤：《太一生水的數術解釋》，載《本世紀出土思想文獻與中國古典哲學研究論文集》上冊，（台北）輔仁大學出版社，1999年。

共同的地方，就是有"四時成歲"的思想，而講四時成歲，常常和天文曆法有關，這就要懂一點兒數術之學了。他解釋說："藏於水，行於時"，這一句話很明顯，和太一行九宮式有關。古代的"式"，大家見過吧，上面象徵天的是圓的，中心刻了北極（太一）、北斗等，正如《鶡冠子‧泰鴻》說的"中央者，太一之位"；下面象徵地的，是方的地盤，上面有各種刻度，標誌着四方、天干、地支、八卦、九宮、二十八宿。"天圓地方"象徵着宇宙，所以它可以通天地，解萬事，預測一切。它的原理，和古代陰陽五行為基礎的知識有大關係，它的使用方法和技術，又和天文曆算知識有關。

古代的"式"大體上有這樣一些元素，和這些因素都對得上號。"式"的結構，是四方加上中央，四方又配合天干，北（子）、南（午）、東（卯）、西（酉）、中，四方又擴大為八方，東北為報德之維，東南為常羊之維，西南為背陽之維，西北為蹏通之維，分別像是固定天穹的四根繩子。它又和九宮、十二月、二十八宿配合，北斗就順時針方向在天穹上運轉，好像是太一在中央操縱一樣。《太一生水》所謂"藏於水"，就是天盤象徵中心的太一，它運轉北斗是從五行屬水的北方開始的，斗柄歷四季、十二月、二十八宿，是周天一周，象徵成一歲，正如《月令》所說的"斗柄朝東，天下皆春，斗柄朝南，天下皆夏，斗柄朝西，天下皆秋，斗柄朝北，天下皆冬"，按照時令運作，所以，又說這是"行於時"，北斗斗柄周行四方象徵四時，轉一圈就是一年，所以是"成歲而止"。

第三個，為甚麼太一就是宇宙的原初和根本呢？它又是怎樣生出這個萬物紛紜的天地人的呢？我過去在討論"太一"的時候，就從天象觀測的視覺感覺上說明這個道理，因為古人在夜裏觀察天象，會發現一個很有趣的現象，就是"天道左旋"，他們不知道地球自轉，從視覺上看，如果面北而立，日月星辰好像都在向左邊旋轉，但是偏偏有一個地方是不轉的，這好像是宇宙的中心或者軸心，這個軸心就是北極，按照古人的想象，這是天地中央。中央很厲害呀，第一，它以不動制動，控制着一切，好像"弱、靜、默"一樣，它很符合老子、文子對"道"的想象；第二，它沒有晝夜，只有一年為一天，所謂"天上一天，地上一年"；第三，它是沒有對應點的圓心，其他任何地方都可以有對應，就有陰陽，它是唯一，而"道"就是唯一的、絕對的；第四，在古代想象中，一切好像就是從那裏旋轉生產出來的。這個思想在很早很早的古代產生以後，就有了太一，有了式，有了太極等想象。而且，在後世也就有了對於中心的崇敬，也構成了古代人的空間感覺，覺得天圓地方、四方展開是最合理的一種圖像，城市，陵墓，紀念性的建築、丹爐、圍棋，等等，都要仿效這個空間形式。

所以，最後請大家看看《鶡冠子》中的三段話，前面第一段話，好像也和天象曆數的知識有關，似乎也是按照當時數術之學的觀念來討論宇宙觀念的，只是它比《太一生水》和《恒先》都要晚，大概是在秦始皇統一中國前後才成書，可見這個觀念一直有延續；第二段和第三段，你拿來和《太一生水》《恒先》比，都是在討論宇宙起源，同樣基本元素有天地、神明、陰陽、燥濕、法刑、音聲等，但是它的圖式則比《太一生水》《恒先》複雜，前者多出來一個"五勝"，後者則多出來一個"意""圖"等，但是，大家要注意，這大同小異的宇宙猜想，好像思路都很像。那麼，這個晚於《太一生水》《恒先》幾十年的《鶡冠子》都有的這種思想和知識，是否當時很流行很普遍呢？請看：

《鶡冠子・泰鴻》："道，南面執政，以衛神明，左右前後，靜待中央……中央者，太一之位，百神仰制焉。"

《鶡冠子・度萬》："天者神也，地者形也。地濕而火生焉，天燥而水生焉。法猛刑頗則神濕，神濕則天不生水。音□聲倒則形燥，形燥則地不生火。水火不生，則陰陽無以成氣，度量無以成制，五勝無以成執，萬物無以成類。"

《鶡冠子・環流》："有一而有氣，有氣而有意，有意而有圖，有圖而有名，有名而有形，有形而有事，有事而有約。約決而時生，時立而物生，故氣相加而為時，約相加而為期。"

那麼，最後我們要問的問題是，在諸子時代的思想世界中，《太一生水》處於甚麼位置？它能夠歸入甚麼學派？它如何促使我們重新理解那個時代的思想和知識？知識和觀念是怎樣互相支持的？[29]

---

29 關於先秦的道者和道論，我曾經認為應當分為講"天道"的黃帝之學，講"超越"的老莊之學，講"為我"的楊朱之學，講"名辯"的惠施之學等等。

【參考論著】

1. 章太炎：《國故論衡》卷下《諸子學》。
2. 錢穆：《先秦諸子繫年》，商務印書館，原出版於 1939 年。
3. 羅根澤編：《諸子叢考》《諸子續考》，載其編《古史辨》第四、第六冊，上海古籍出版社，1982 年重印本。
4. 郭沫若：《十批判書》，科學出版社，1957 年。
5. 李零：《簡帛古書與學術源流》，生活・讀書・新知三聯書店，2004 年。
6. 葛瑞漢：《論道者 —— 中國古代哲學論辯》，張海晏譯，中國社會科學出版社，2003 年。
7. 史華茲：《古代中國的思想世界》，程鋼譯，江蘇人民出版社，2004 年。
8. 葛兆光：《眾妙之門 —— 北極、太一、道、太極》，載《中國文化》第三輯，香港中華書局，1991 年。
9. 李零：《郭店楚簡校讀記》，北京大學出版社，2002 年。
10. 李學勤：《太一生水的數術解釋》，《本世紀出土思想文獻與中國古典哲學研究論文集》，輔仁大學出版社，1999 年。
11. 鄭吉雄：《〈太一生水〉釋讀研究》，載《中國典籍與文化論叢》（增刊）第十四輯，2012 年。

【閱讀文獻】

1.《太一生水》(《郭店楚墓竹簡》，文物出版社)

　　大一生水[1]，水反輔大一[2]，是以成天。天反輔大一，是以成地。天地【復相輔】也，是以成神明[3]。神明復相輔也，是以成陰陽。陰陽復相輔也，是以成四時[4]。四時復【相】輔也，是以成寒熱。寒熱復相輔也，是以成濕燥。濕燥復相輔也，成歲而止[5]。

故歲者，濕燥之所生也。濕燥者，寒熱之所生也。寒熱者[6]，四時者，陰陽之所生【也】。陰陽者，神明之所生也。神明者，天地之所生也。天地者，大一之所生也。

是故大一藏於水[7]，行於時，周而又【始】，□□□萬物母[8]。一缺一盈，以己為萬物經。此天之所不能殺，地之所不能埋，陰陽之所不能成[9]。君子知此之謂……[10]

下，土也，而謂之地；上，氣也，而謂之天。道亦其字也。請問其名。以道從事者，必託其名，故事成而身長。聖人之從事也，亦託其名，故功成而身不傷。天地名字並立，故過其方，不思相【尚[11]，天不足】於西北，其下高以強。地不足於東南，其上□□□，□□□□[12]，天道貴弱，削成者以益生者，伐於強，責於【弱。是故不足於上】者[13]，有餘於下；不足於下者，有餘於上。

【注釋】

[1] 大一，即太一，指天地形成之前的原初而幽玄狀態，和通常所說的"道"相似。《呂氏春秋·大樂》"道也者，……不可為名，強為之名，謂太一"。之所以說"太一生水"，李二民《讀"太一生水"札記》(《簡帛研究》上冊，廣西師範大學出版社，2001 年，第 129－136 頁)引《三命通會》中《靈樞經》佚文"太一者，水之尊號也。先天地之母，後萬物之源"，說明古代可能有把"水"當作萬物天地原初，命名為"太一"的思想。又，如果從五行與五方相配的數術觀點來看，太一象徵北極，而北方為幽暗與寒冷，屬水。

[2] 輔，相輔相成。

[3] 神明，幽明。

[4] 四時，四季。

[5] 歲，年，指陰陽季節的一個完整循環過程。這一段關於宇宙生成的論述，可以和《列子·天瑞》裏面的"有太易，有太初，有太始，有太素"比較，古代中國常常有這種關於宇宙起源的想象，而這些想象好像都沿着一種從無到有、從虛到實的路子而來。

[6] 寒熱者，下面竹書原文或許脫數字，一般疑當補"四時之所生也"六字，與其他句子相配。

[7] 大一藏於水，大一是不可感知的，所以這一逆推，推至水就無可再推，在感覺上像是大一藏在水裏。

［ 8 ］　此處李零疑當為"以己為"三字。以己為萬物母，是說大一生成萬物。

［ 9 ］　這是說大一的地位高於一切，超越一切存在者。

［ 10 ］　"謂"字下原簡殘缺。

［ 11 ］　思，令，使。尚，超過，高出，一說即"當"，相當。

［ 12 ］　此句有脫字處，李零以為應當是"其上□以□。不足於上"。

［ 13 ］　此句是後來以意補，故研究者中有多種補法，或作"(責於)□，□於弱，□於□"。

【參考】

李零：《郭店楚簡校讀記》(增訂本)，北京大學出版社，2002 年。

裘錫圭：《〈太一生水〉"名字"章解釋 —— 兼論〈太一生水〉的分章問題》，載《古文字研究》第二十二輯，中華書局，2000 年。

陳偉：《郭店竹書別釋》，湖北教育出版社，2003 年。

李建民：《太一新證 —— 以郭店楚簡為線索》，載《中國出土資料研究》(日本)第三號 (1999 年 3 月 31 日)。

鄭吉雄：《太一生水釋讀研究》，載《中國典籍與文化論叢》(2012 年增刊)第十四輯。

2.《恒先》(據《上海博物館藏戰國楚竹書》，上海古籍出版社，第三冊；又，董珊《楚簡〈恒先〉初探》釋文)

恒先無有[1]，樸、靜、虛[2]。樸大樸，靜大靜，虛大虛，自厭不自忍[3]，或作[4]。有或焉有氣，有氣焉有有，有有焉有始，有始焉有往者。未有天地，未【第一簡】有作行出生，虛靜為一，若寂寂夢夢，靜同而未或明，未或茲生。

氣是自生，恒莫生氣。氣是自生自作。恒氣之【第二簡】生不獨，有與也。或恒焉生，或者同焉。昏昏不寧，求其所生。異(翼)生異(翼)，鬼(畏)生鬼(畏)，韋(幃)生非，非生韋(幃)，哀(依)生哀(依)[5]，求欲自復[6]，復【第三簡】生之生行。濁氣生地，清氣生天，氣信神哉，云云相生。信盈天地，同出而異生（性），因生（性）其所慾。業業天地，紛紛而【第四簡】復其所慾。明明天行，唯復以不廢，知既而無思不天。

有出於或，生出於有，音出於生，言出於音，名出於【第五簡】言，事出於名[7]。或非或，無謂或；有非有，無謂有；生非生，無謂生；音非音，無謂音；言非言，無謂言；名非【第六簡】名，無謂名；事非事，無謂事[8]。

詳宜利巧，彩物出於作，作焉有事，不作無事。舉天下之事，自作為事，庸以不可賡（更）也？凡【第七簡】多彩物，先者有善，有治無亂。有人焉有不善，亂出於人。先有中，焉有外；先有小，焉有大；先有柔，焉【第八簡】有剛；先有圓，焉有方；先有晦，焉有明；先有短，焉有長。天道既載，唯一以猶一，唯復以猶復，恒氣之生，因【第九簡】言名。先者，有待無言之，後者校比焉，舉天下之名虛屬，習以不可改也。舉天下之作，強者果；天下【第十簡】之大作。其敦厖不自若，若作，庸有果與不果？兩者不廢。舉天下之為也，無捨也，無與也，而能自為也【第十一簡】。

舉天下之性，同也，其事無不復，天下之作也，無所極，無非其所。舉天下之作也，無不得其極而果遂，庸或得之？庸或【第十二簡】失之？舉天下之名無有廢者，舉天下之明王、明君、明士，庸有求而不予？【第十三簡】

【注釋】

[1] 《周易・繫辭》裏面的"太極"，馬王堆帛書《周易繫辭》作"大恒"（見《馬王堆漢墓文物》，湖南出版社，1992年，第123頁）。饒宗頤認為"恒"應當是正字，可見"恒先"的"恒"既有本質上的終極不變之"恒"，也有起源上的原初之"先"。而裘錫圭《說"建之以常無有"》（《復旦學報》2009年第1期）認為，"恒先"應該讀為"極先"。

[2] 《文子》竹簡本912說，"道"的性質就是"卑、退、斂、損，所以法天也"，這和《老子》說的"天道貴弱"一樣，都是強調"道"或者"先"的柔弱、安靜、混沌的性質。李學勤《楚

說的"天道貴弱"一樣，都是強調"道"或者"先"的柔弱、安靜、混沌的性質。李學勤《楚簡〈恒先〉首章釋義》(《中國思想史研究通訊》第二期，第 19 頁)裏認為，這個樸，應當讀作"全"，即《莊子·田子方》裏的"天地之大全"，可備一說。

[3] 厭，意為足，忍，抑制，一說讀作"牣"，意為滿。

[4] 或，一說讀如"域"，即《老子》裏面所說的"道大，天大，地大，王亦大，域中有四大，而王居其一焉"。河上公注中，把域改成"八極"，所以可以訓為"界"，指宇宙空間而言；一說"或"即如"道"一樣，是一種不可確定的或然性存在，所以是一切的原初狀態。又，龐樸《〈恒先〉試讀》(《中國思想史研究通訊》第二期，第 21 頁)把"或作"解釋為"某個區域在躁動"。

[5] 這一句，龐樸讀為"異生異，畏生畏，韋生韋，悲生悲，哀生哀"。

[6] 自復，指自己複製自己。萬物都是在不斷循環，週而復始。

[7] 這一段，表達了一個宇宙生成過程，即不確定的原初存在（或）產生確定性的存在萬有（有），萬有（有）產生了生命（生），生命（生）發出聲音（音），聲音（音）構成語言（言），語言（言）產生了概念（名），而概念（名）則構成萬事萬物（事）。在中國古代思想中，這種邏輯過去未曾見到。

[8] 《公孫龍子·名實論》中說："夫名，實謂也。知此之非此也，知此之不在此也，為不謂也。知彼之非彼也，知彼之不在彼也，則不謂也"。這一說法，大體上是為了區分詞和物（或者按照現在流行的新詞即"能指"和"所指"），指出這個詞只是概念（能指），不是物（所指），不要以為物（所指）就是詞（能指）。比如第一句，就是"如果知道原本的'或'不是所說的'或'，就不必一定要稱之為'或'"。

【參考】

董珊：《楚簡〈恒先〉初探》，收入《簡帛文獻考釋論叢》，上海古籍出版社，2014 年。

《魏書‧釋老志》與佛教史研究

第三講

引言：從《魏書·釋老志》的研究史說起

這裏要討論的，是北齊魏收所撰《魏書》中的《釋老志》，我想通過這篇文獻，和各位進一步討論一下初期中國佛教史的研究方法。

《魏書·釋老志》不僅本身是非常重要的佛教史和道教史文獻，而且對於它的研究史也值得一提，因為中外一連串的重量級學者都和它有關係。它不僅被中國學者關注，法國著名的伯希和（Paul Pelliot，1878－1945 年），在很早以前就敏感地注意到了它的重要性。到了 1930 年代，哈佛大學的魏楷（James R.Ware）[1] 在歐洲學習的時候，在伯希和的指導和梅迪生的幫助下，進行《魏書·釋老志》的研究，後來在《通報》（*T'oung Pao*）上發表了他的博士論文 *Wei Shu on Buddhism*，對《魏書·釋老志》的佛教部分做了注釋和解說，[2] 大家知道，《通報》是歐洲漢學界最重要也是歷史最長的權威刊物。但是，沒想到的是，這篇譯文一出來，就受到周一良的嚴厲批評，周先生指出，魏譯"往往誤會原文而錯譯，偶爾還有脫漏"，書評中指出他的十五個錯誤和四個遺漏，比如把佛教當時常常説"出"某經的"出"字（即"翻譯"），誤譯作 edit，變成了"編輯"，這可是常識性的錯誤；又比如，魏楷把"微言隱義，未之能究"一句的後四

---

1 魏楷的漢名又為魏魯南，曾任哈佛大學東亞系主任，翻譯過《論語》《孟子》和《莊子》等，著有《公元 320 年中國的煉丹術、醫學與宗教》（*Alchemy, Medicine and Religion in the China of AD 320*, MIT Press, 1967）。

2 *T'oung Pao*, Vol. XXX, pp.100-181.

個字，乾脆漏掉未譯等，可見問題還很多。[3] 日本著名的佛教史學者塚本善隆，則在周一良先生之後，也寫了一篇長文批評魏楷的譯文，不但指出他對"常樂我淨"、大小阿毗曇、"摩訶衍"等有理解上的錯誤，也指出他對於中國佛教文獻的參考比較薄弱。[4] 所以，隨後他自己做了一個《魏書·釋老志》的日文譯注稿。這個譯注稿，他自己認為並不算很完善，但是，卻被當時在日本留學的留學生Leon Hurvitz 翻譯成英文，並且在 1956 年作為水野精一、長廣敏雄編《雲岡石窟》一書的附錄發表出來。[5] 次年，即 1957 年，哈佛大學教授楊聯陞就在《哈佛亞洲研究雜誌》上發表了書評[6]，指出其中的一些問題（順便說一句，楊聯陞博士論文《晉書·食貨志譯注》的指導教師就是魏楷）。於是，塚本善隆就在大加修改以後，在 1961 年由京都大學人文科學研究所出版了《魏書·釋老志譯注》。應當注意，經過若干年的檢驗，這部《魏書·釋老志譯注》已經普遍被學界承認是一部名著，所以，後來不僅收在《塚本善隆著作集》第一卷裏，而且還作為平凡社著名的精選書《東洋文庫》之一，出版了文庫本，

3　周一良：《評魏楷英譯魏書·釋老志》，載《史學年報》第二卷第四期（總九期）。按：此文不知為何，未收錄在遼寧教育出版社的《周一良集》中，感謝復旦大學的陳文彬博士，他在復旦圖書館為我複製了這一文章。

4　塚本善隆文見《羽田博士頌壽紀念東洋史論叢》，京都大學東洋史研究會，1950 年，第635－662 頁。

5　水野精一、長廣敏雄編：《雲岡石窟》，京都大學人文科學研究所，1956 年。

6　Leon Hurvitz: Wei Shou, Treatise on Buddhism and Taoism, An English Translation of the Original Chinese Text of Wei-shu CXIV and the Japanese Annotation of Tsukamoto Zenryu, Harvard Journal of Asiatic Studies, Vol.20, No. 182 (June, 1957), pp. 362-382.

流行很廣。

那麼，《魏書‧釋老志》的重要性是甚麼呢？為甚麼這麼多學者都關注它呢？它對佛教史研究有甚麼意義呢？如果要理解它，要從甚麼地方入手呢？我們不妨從魏晉南北朝佛教的狀況開始說起。首先我們來討論一下，魏晉以後佛教興盛的狀況和原因。

一、魏晉以後佛教興盛之原因

關於魏晉以後佛教在中國越來越興盛的原因，中國佛教的現代研究者中，最早像梁啟超等都有一些討論，梁啟超在《中國佛法興衰沿革說略》裏面說[7]，佛教最初傳進來的時候，是藉助了一些巫術就是所謂“咒法神通”之力，比如佛圖澄為了證明佛有靈驗，曾經取器燒香唸咒，生出蓮花來；又像菩提流支，能夠咒水往上涌。這是普遍現象，就像古代甚麼太平道、白蓮教、明教，現在的各種民間信仰和新興宗教一樣，都要先用這種技術來吸引信仰者。當然，佛教徒比較高明一些，像菩提流支還公開說明這是“術法”，讓大家“勿妄褒賞”，就是提醒觀眾不要糊裏糊塗地光看這些魔術，要真的從心裏理解佛教信仰。

梁啟超說，這個時代“佛教只有宗教的意味，絕無學術的意

7　梁啟超：《佛學研究十八篇》，中華書局重印本，1989 年。

味”，這話不太對。當然，佛教首先就是宗教，不是學術，光是學術能夠吸引多少人呢？能讓民眾如癡如醉地信仰嗎？不過，他也說到，這個時代佛教信仰大為興盛的原因：第一是玄學。玄學引起思想界處在“縹緲彷徨，若無歸宿之時”，這個時候佛教進來，所以“群趨之，若水歸壑。”第二是戰亂。他說，東漢末的混亂以後，又加上五胡亂華，民眾生活艱難，希望有救苦救難的宗教，而上層也在這個時代“處此翻雲覆雨之局，亦未嘗不自怵禍害”，所以容易相信因果報應。

這個分析有很對的地方，但是，這樣的分析還是稍嫌一般化。因為第一，很多時代都有這樣的社會背景，從這樣的社會背景可以說明佛教興盛的部分原因，但是並不能說明特別的原因。中國古代這樣的混亂時代很多，為甚麼偏偏這個時代佛教興盛，為甚麼這個時代別的宗教不興盛，卻偏偏是佛教興盛？第二，梁啟超還是拿了習慣性的從北方到南方，從釋道安到慧遠這一路士大夫佛教為中心來思考的。他提出來兩個問題，一是為甚麼大乘興盛而小乘不興盛？二是為甚麼中國人會有自己的格義、撰疏，從而形成中國佛教？可是，大家注意，這些問題的背後說明，他看的都是士大夫上層人的佛教，都是在玄學背景下來看佛教，所以，並不能真的全面地說明問題所在。但是，稍後湯用彤的解釋，就深入很多了。在《漢魏兩晉南北朝佛教史》第八章裏面討論釋道安的時候，他專門寫了一節叫“綜論魏晉佛法興盛之原因”，指出大體有以下幾方面：方術的力量，胡人政治泯滅華夷界限，禍福報應深入人心。

這比梁啟超的解釋更進一步。我基本上同意他的分析，不過，在這裏我希望把問題說得更加深入細緻一些：

（一）佛教最初進入中國，確實是依傍了傳統方技數術，也就是民間巫術的力量

這有一點兒像漢末道教的"符水治病"和現代的"氣功治病"，林富士有一冊書講道教醫學，就叫《疾病終結者》[8]，對於古代人來說，能夠治病、能夠解除生活上無可奈何的困頓，是很重要的。所以，佛教開始也是搞這一套，《牟子理惑論》裏面就說，在當時人的印象裏面，佛陀好像是神通廣大的神仙，而佛教好像是可以讓人長生不死的仙術[9]，而且他們也搞甚麼齋戒、祠祀，到了西晉的時候，佛教在洛陽的寺廟就有四十二所了。

為了吸引信仰者，很多從中亞和西域來的佛教僧人都用一些魔術招數[10]，大家知道，中國的魔術，過去主要就是從那邊來的，我舉幾個有名的高僧為例：(1) 三國吳的支謙，是從大月氏來的，他為了消除孫權對佛教的疑惑，就承諾可以得到舍利珠，據說他齋戒沐浴在靜室，把一個銅瓶供在几案上，燒香禮拜了三七二十一天，瓶子裏面發出響聲，果然有舍利珠，他給孫權

8　林富士：《疾病終結者——中國早期道教醫學》，（台北）三民書局，2001年。

9　《理惑論》，載《弘明集》卷一，《大正藏》第五十二卷，第2–3頁。

10　很多早期到中國來的佛教傳播者，其實出身不正，而且知識都很雜，比如，中天竺人曇柯迦羅，先學四吠陀及風雲星宿、圖讖等；天竺人維祇難"世奉異道，以火祠為正"，又學了小乘佛教。見《高僧傳》卷一，湯用彤校注本，中華書局，1992年，第12、21頁。

看，有五色光芒照耀，而且很神，這些舍利珠一倒在銅盤上，銅盤就破碎了，拿大鐵砧錘它，一用力，鐵砧就破了，可是舍利沒有一絲一毫的損壞，就像武俠小說裏面說的屠龍刀倚天劍一樣。[11]
（2）西晉建康建初寺的帛尸梨蜜（？－342 年），是西域帛國人，據說他特別善於咒術，非常靈驗，最初江南地方沒有咒術，是他翻譯了《孔雀王經》，又傳授給他的學生，所以佛教的咒術才像傳統漢族的咒法一樣流傳開來。[12]（3）另有一個大大有名的鳩摩羅什，他是歷史上最重要的翻譯家，但他不僅僅有學術也有技術。一個姓張的人有病，有一個"外國道人羅叉"謊稱可以治病，可是鳩摩羅什覺得這個人的病不能治了，如果能治好，那可能是羅叉的魔術，所以他就來管這事兒，也變了一個小小的戲法，用火來燒五色絲繩，燒完以後，扔在水裏，再次取出來的時候，還是好好的一根五色絲繩。結果大家對他就佩服崇拜得一塌糊塗。[13]
（4）另外，再晚一些的曇無讖，就是一個大咒術師，他有好多故事，說他"明解咒術，所向皆驗，西域號為大咒師"，據說他能咒出水來。他曾經嚇唬北涼的國王沮渠蒙遜說，有疫鬼，要靠他的咒法來祓除，後來果然沮渠蒙遜很相信他，"王悅其道術，深加寵優。"[14]（5）劉宋時代的求那跋陀羅，也是著名的翻譯家，可是在

11　《高僧傳》卷一《魏吳建業建初寺康僧會傳附支謙》，第 16 頁。

12　《高僧傳》卷一《晉建康建初寺帛尸梨蜜》，第 30 頁。

13　《高僧傳》卷二《晉長安鳩摩羅什》，第 51 頁。

14　《高僧傳》卷二《晉河西曇無讖》，第 76－77 頁。

大明六年（462），也曾經主持了求雨的法事。[15]（6）特別是著名的佛圖澄，他會用麻油雜胭脂塗掌，靠手掌看見千里以外，可以聽鈴聲預言未來的事情，能夠唸神咒役使鬼物，還可以在水盆裏面唸咒唸出蓮花來。[16]

這有甚麼意義呢？意義就是讓貴族和民眾信仰他。像佛圖澄，就很讓石勒佩服，後來石虎雖然廢掉了石勒的兒子石弘，自己當了皇帝，並且把首都遷到鄴這個地方，但是還是特別崇拜佛圖澄，說他是"國之大寶"。我們知道有一句話，是佛教自己說的，叫做"不依國主，法事不立"，這話很對，而佛圖澄呢，一方面用魔術唬住石勒、石虎，一方面也給他們講一些"不殺"的道理，也是對民眾有一些用處的。據說，因為佛圖澄的緣故，當時"民多奉佛，皆營造寺廟，相競出家"，傳說他有幾百個學生，門徒前前後後有一萬，而且建造的寺院有 893 所之多。這恐怕確實是佛教得以興盛的原因之一，梁啟超和湯用彤都說到了的。

(二) 佛教興盛的另一個原因，是這個外來宗教和當時異族入主中原有關

西晉以後，大家都知道，有所謂"五胡亂華"的說法。漢人和胡人，在上層那裏也許還可以分辨得清楚，像江統寫的《徙戎論》一樣，希望在空間上分開胡漢，可是，在很多地方胡人和漢

15　《高僧傳》卷三《宋京師中興寺求那跋陀羅》，第 133—134 頁。

16　《高僧傳》卷九《晉鄴中竺佛圖澄》，第 345 頁。

人已經混成一團了。特別是胡人成為統治者，這使得傳統的"華夷之辨"，就不能成為傳播外來宗教的障礙了。例如，在北方信仰佛教的統治者裏面，就有這樣一些人，他們與佛教徒的關係就很重要：

後趙石勒（319—333 年在位，羯族）、石虎（334—349 年在位，羯族）——信任佛圖澄。

前秦苻堅（357—385 年在位，氐族）——在當政時，曾有鳩摩羅什、道安。

後涼呂光（386—399 年在位，氐族）——386 年時有鳩摩羅什。

後秦姚興（394—416 年在位，羌族）——在他當政的時候，有鳩摩羅什（401 年）、弗若多羅（404 年）以及道融、曇影、道恒、道標、僧叡、僧肇，甚至遠召南方的慧遠。他曾養三千多僧人在宮廷中。

北涼沮渠蒙遜（401—433 年在位，盧水胡人）——在涼州，有曇無讖（414 年）。

接下去，就是大家都熟悉的鮮卑人拓跋氏建立的北魏（除了短暫的滅佛運動外），以及東魏和渤海蓨人高氏建立的北齊、西魏和鮮卑人宇文氏建立的北周，他們都是所謂的"胡人"，他們對於信仰一個所謂的"胡教"，好像並沒有甚麼特別的忌諱和顧慮。

據說，很長一段時間裏面，漢人是不能出家的，上層人士也多數是不信胡教的，在王謐回覆桓玄的信裏就說，過去，晉人沒有信仰佛教的，和尚們都是胡人，而且帝王也不和佛教發生交道。[17]確實，漢族的帝王是否要信仰佛教，是有一些傳統和倫理的障礙。可是，在石虎的時候就不一樣了，那時王度、王波都上疏，站在漢族中國人的傳統立場上說，佛教出自西域，是外國的東西（佛出西域，外國之神），不是"天子諸華所應祠奉"，所以，漢、魏都只允許"西域人得立寺都邑，以奉其神，其漢人皆不得出家，魏承漢制，亦修前軌。"從這話中可見，到後趙的時候，出家者已經有漢人了，否則他不會感到已經有麻煩，要上疏文說這件事兒，所以他們建議"國家可斷趙人，悉不聽詣寺燒香禮拜，以遵典禮，其百辟卿士，下逮眾隸，例皆禁之。其有犯者，與淫祀同罪，其趙人為沙門者，還從四民之服。"可是，這個建議並不被最高統治者接受，為甚麼？你看看石虎的回答就明白了，他說，我自己就來自"邊壤"，當然應當遵守"本俗"，而"佛是戎神，正所應奉"，這個意思很清楚，我是胡人，所以要奉胡神。[18]這種想法漸漸在漢人士大夫那裏也有了，因為有的士大夫相信了佛教，就要為它想合法性在哪裏，像東晉的琅邪王司馬瑛給一個西域和尚帛尸梨蜜寫序，就說，華夷之分本是因為文明和野蠻，不是因為地域和種族，所以有這樣一段話："卓世挺秀，時生於彼，逸群之才，或侔乎茲。故知天授英偉，豈俟於華戎？"[19]

這段話很有意思。他用了一個"天"字來強調，這是上天賦予

17　《全晉文》卷二十："曩者，晉人略無奉佛，沙門徒眾，皆是諸胡，且王者不與之接。"

18　《高僧傳》卷九《晉鄴中竺佛圖澄》，第352頁。

19　《高僧傳》卷一《晉建康建初寺帛尸梨蜜》，第31頁。

的平等，用現代的話講，就好像是天賦人權的意思，它證明文明和野蠻才是真正的界限，而不是區分華夏族和異族，有文明的就是華夏，這樣，下面的問題就是證明佛教本身就是一種文明。所以佛教信仰的合法性、合理性都有了，信仰的禁令一旦解除，那麼信仰者就多起來了，而佛圖澄那些有神通的佛教徒就很容易打開局面了。

（三）佛教傳播迅速，也因為有切身的淺顯道理和高明的宣傳手段

佛教對於民眾的宣傳，最有效也是最重要的，是它的禍福報應的道理，這個道理看起來很淺薄，可是影響人最深的道理就是淺顯的道理，那些深奧的東西，普通世界是接受不了的，所以他們有他們的辦法。

首先，它的道理是切身利害，又講得通俗簡明。這個關鍵點，佛教自己很清楚，像三國時候的康僧會，面對吳主孫皓時，孫皓質問說，既然道理周公、孔子已經說清楚了，要佛教有甚麼用？康僧會就說了一番語重心長的話，他說，周公、孔子所說的那些，只是簡單地給民眾顯示一下粗略淺近的道理。可是佛教呢？卻是給大家講更遠更深的道理。甚麼道理？就是善惡報應，"行惡則有地獄長苦，修善則有天宮永樂。" [20] 善有善報，惡有惡報，這個道理既有威脅又有勸導，很厲害。東晉末年的佛教徒道恒寫了一

20　《高僧傳》卷一《魏吳建業建初寺康僧會》，第 17 頁。

篇《釋駁論》，裏面記載有人說世上有"五橫"，佛教徒就是其中之一。為甚麼它這麼"橫"？因為他們勢力很大，而且本事也大，一方面是誘惑，一方面是威脅。它說到人作惡，就說他一定有沒完沒了的災禍，如果一個人行善，就會有無窮無盡的好處；說到罪過，就說冥冥之間會有鬼神悄悄監視着你；說到福祉，就說到處都有神靈保佑。[21] 這段話裏面，"累劫"和"無窮"，就是世世代代的報應，"幽冥"和"神明"就是報應的主宰。

其次，它抓住普通民眾和女性信仰者。也許，這種宣傳對上層知識界可能意義不算很大，可對於需要精神安慰的普通民眾卻很有吸引力。《高僧傳》裏面說："入道必以智慧為本，智慧必以福德為基。譬猶鳥備二翼，倏舉千尋；車足兩輪，一馳千里。"[22] 意思就是理解（這是智慧）和信仰（這是因果）必須兼而有之，而且信仰是基礎，對士大夫來說，你是要用智慧理解道理，可是，對於民眾來說，你要讓他信仰，就要靠因果報應，這是鳥的兩個翅膀，車的兩隻輪子。其中，女性又特別容易相信這些，這並不是對女性的歧視或偏見，這是一種觀察的結果。《高僧傳》裏面也說："達量君子，未曾迴適，尼眾易從，初稟其化。"為甚麼？因為他們覺得"女人理教難愜，事跡易翻，聞因果則悠然扈背，見變術則奔波傾飲，墮墮之義，即斯謂也。"好像後來一般民間

---

21 "云行惡必有累劫之殃，修善便有無窮之慶，論罪則有幽冥之伺，語福則有神明之佑。"
釋道恒《釋駁論》，載《弘明集》卷六，《大正藏》第五十二卷，第35頁。

22 《高僧傳》卷十三《興福篇論》，第496頁。

信仰也好，佛教、道教也好，確實普通民眾容易信，女性追隨者比較多。[23]

再次，他們的宣傳方式很有娛樂性，也很有感染力。當時佛教的兩個主要的宣傳方式，一個叫做"轉讀"，一個叫做"唱導"。轉讀是經師的職責，是用抑揚頓挫的聲音讀佛教的書，講佛教道理，據說佛教特別會變化聲調，這對於聽眾來說就特別有感染力，也吸引人；而唱導就是用散文和韻文交替，說唱結合，說佛教的故事，後來的變文就是這類東西。這對聽眾尤其是沒有文化的信仰者更有極大的吸引力，又有莊嚴的儀式，讓你進入一種氣氛中間，又有音樂對你進行感染，還有種種引人入勝的故事，讓你不知不覺就接受佛教的道理。大家看《高僧傳》卷十三《唱導論》裏面說，當鐘聲敲響的時候，四座都驚心動魄，當講座開始的時候，聽者就漸漸歡喜雀躍。他們針對不同的聽眾，有不同的策略：如果是為出家人講，就講生死無常的道理，讓他懺悔；如果是對君主和有地位的長者宣傳，那麼一定要多引世俗典籍，讓大家有親切感；為山野的民眾講，他們就會講得很通俗而且專門講因果報應。他們知道，這樣才能達到效果，"談無常，則令心形戰慄，語地獄，則使怖淚交零，"於是"闔眾傾心，舉堂惻愴，五體輸席，碎首陳哀，各各彈指，人人唱佛。"

---

23 《高僧傳》卷三《譯經下·論》，第142頁。

（四）佛教信仰從星散的到系統的傳播，以及佛教的組織化

其實，最早佛教傳來，很多外來和尚各自建立寺廟，各自依傍帝王來發展，沒有甚麼組織性的活動。像佛圖澄靠的就是石勒、石虎。他們深知，如果不依靠帝王，事情就辦不成。《世說新語》裏面有一個故事就很有趣，東晉南渡，和尚們也紛紛南下，可是他們並沒有組織，所以，還是要依靠政治人物和帝王將相，所以有六家七宗，各自想怎樣"辦食"，就是找飯吃，因此會嘔心瀝血地琢磨，佛教的道理怎麼講才能有聽眾，這也是佛教道理漸漸受中國人聽眾心理興趣的反影響而逐漸中國化的一個原因。可是，你從"辦食"兩個字來看，他沒有依靠的組織，只好自己找飯吃。我們知道，宗教必然要有組織的，可是靠甚麼組織呢？首先要有紀律和制度，沒有規矩不成方圓，就是一盤散沙；第二是要有儀式；第三是有得到當局認可的合法性教團。這是一個很漫長的過程，三國時代的曇柯迦羅，在魏嘉平年間（249—254 年）到洛陽的時候，看到的就是亂七八糟，"於時魏境雖有佛法，而道風訛替"，一是沒有戒律，二是大搞迷信，這就不能真正服眾，也不能吸引有文化有權勢的人。他來了以後，就確立了戒律，而且很適應當時的情況，他覺得印度的律藏太煩瑣，所以，只翻譯了《僧祇戒心》，"止備朝夕"，還請了洋和尚（梵僧）來授戒，這樣，佛教的戒律規矩，漸漸建立起來了。[24] 這樣的組織化過程，南方北

---

24 《高僧傳》卷一《魏洛陽曇柯迦羅》，第 12 頁。

方都有，其中最引人矚目的是道安，他是著名的僧人。他懂得了
"不依國主，則法事難立，又教化之體，宜令廣佈。"所以，他制
定《僧尼軌範》，規定了三個最主要的組織性活動，第一，行香定
座上（講）經上講之法；第二，六時行道飲食唱時法；第三，布
薩差使悔過法。據説，"佛法憲章，條為三例"，"天下寺舍，遂則
而從之"。這樣，它開始了有組織有區域的傳播，信仰者有了制
度和規矩，也得到了政府的支持，到這個時候，佛教真正成了大
教團。

　　特別是這以後，由於戰亂，道安的四處行走，又逐漸把這一
套帶到了整個中國。公元 349 年，石虎的養子冉閔滅掉了後趙建
魏，大殺胡人，接着鮮卑人慕容儁又滅掉魏建前燕，北方亂得一
塌糊塗。道安在這個時候，先到了山西太行，365 年又率領諸弟
子躲避戰亂，到新野去謀生。這樣，他的眾多弟子門生，就開始
四處走，大概有這樣幾支：(1) 竺法汰與弟子曇一、曇二四十餘
人沿江東下，到東晉的建康，和慧遠聯手批駁道恒的"心無義"，
和有名的官僚郗超論"本無義"；(2) 慧遠率領弟子幾十人，到荊
州，上廬山，和劉遺民、雷次宗、宗炳、周續之等結了蓮社；(3)
法和到了四川；(4) 道安本人在襄陽，後來又被崛起的前秦苻堅
帶回了長安。這樣，這一支就分佈到了最重要的地區，也使南京
為中心的江南、長安為中心的北方、襄陽為中心的西部，成為佛
教的核心地帶。

　　這是一個大轉折，從此，佛教成了"有組織的合法宗教"。

二、《魏書・釋老志》的背景解說

《魏書・釋老志》是北齊魏收（506－572年）編寫，並於天保五年（554）奏進的，上距道安時代已經過了一百多年。這個時候的社會和政治怎麼樣了呢？在塚本善隆的《魏書・釋老志譯注》序文裏面，他把魏收那個時代的背景說得很清楚，這個時代是佛教氣氛很濃的時代（魏收的小名叫佛助，由此可見佛教氛圍之一斑），如果我們大體了解一下這個背景，就對《釋老志》有一個理解。那個時代背景，有幾方面需要特別說明。

首先，是那個時代太亂了。在六世紀上半葉，曾經強盛一時的北魏開始衰落。公元528年，北魏權臣爾朱榮因為不滿胡太后立三歲幼主元釗為帝，就進攻洛陽，把太后、皇帝、皇親國戚、文武大臣兩千人統統殺掉，政治氣氛異常恐怖。爾朱榮覺得自己稱帝時機不成熟，就擁立長樂王元子攸為莊帝，結果惹得已經逃往南朝的北海王元顥，領了江淮兵來攻打洛陽，佔領洛陽後自己當皇帝，可是當了皇帝的他，又頂不住爾朱榮的反攻，匆忙逃跑中被捉住殺掉了。但是，被爾朱榮扶持的莊帝，又覺得當傀儡的日子不好過，於是，想方設法把爾朱榮騙進宮來殺了，但這下惹翻了爾朱榮的屬下，爾朱兆再次攻進洛陽，大肆搶掠燒殺，並把莊帝捉到晉陽，關在三級寺裏面，大冬天的不給他避寒的衣服，生生地折磨死，另外搞了一個元恭當皇帝。不久，渤海人高歡又把爾朱氏打敗，收復了洛陽，平定了并州，基本控制了中原，在532年另立了元修為皇帝。這個元修也不能忍受當傀儡的生活，於是，在 534 年逃到鮮卑人宇文氏控制的長安，高歡便另立了一個孝靜帝元善見，並且放棄了被殺掠得千瘡百孔的洛陽，遷都到了鄴城，於是形成了所謂"東魏"和"西魏"，這才算稍稍安定下來。

這就是魏收剛剛走上仕途時代的狀況。也許，正是這樣的時代，信仰宗教或者説需要宗教的人越來越多了吧。

其次，出家的佛教徒越來越多，寺廟也越來越多。據説，正光（520－525 年）以後，因為戰亂，官方徵兵很頻繁，可是，因為皇帝崇尚佛教，佛教徒有豁免權，所以"所在編民，相與入道，假慕沙門，實避調役。"據《釋老志》的説法，承明元年（476），北方僧尼大概是 77350 人；到興和二年（540），已經有 200 萬之多。以洛陽為例，洛陽當時有 109000 戶人家，竟有佛寺 1367 座，平均八十多戶一座寺廟，如果一個寺廟五十個僧尼，那麼平均一戶就養一個僧尼。這還不算南方，"南朝四百八十寺，多少樓台煙雨中"，當時南方的佛教徒數量恐怕不比這個少。這對於以賦税支持的國家來説，負擔很重，後來好多滅佛事件，都和這一點有關。

出家人多了，寺廟當然就越來越多。據統計，承明二年（476）是 6478 座寺廟；到了延昌二年（513）也就是過了差不多四十年，數量就翻了一番，達到 12727 座；二十年後的興和二年（540），又翻了一番多，有 30000 座了。[25] 以前大家都覺得中國沒有宗教

25　《魏書・釋老志》的統計。

很狂熱的時代，其實不見得。你想想，如果沒有，那些壯觀的石窟、巨大的寺廟、特別龐大的佛像是怎麼來的？尤其是在那個胡人佔據帝王之位的時代，中國也是有過宗教時代的！有興趣的人可以看《洛陽伽藍記》，這部書很有價值，所以好多前輩學者都很仔細地對它進行過研究，其中卷四說到，北魏的後期，王公貴族的宅第，好多都成了寺廟，為甚麼？因為有的崇拜佛教，就捐出來做寺廟，有的死掉了，也變成了佛寺，所以當時是"壽丘里閭，列剎相望"。比如河間寺，據說看上去就像"蓬萊仙室"，昭曦寺是宦官建的，有錢呀，所以是"積金滿堂"，一佛二菩薩，據說塑工非常精緻，長秋寺也是宦官建的，據說金光閃閃，滿城都看得見。裏面熱鬧得很，有舉行法會的，有變戲法魔術的，民眾踏青的時候，正好是浴佛的前後，熱鬧得不得了。僅僅是建陽里一個里，就有瓔珞、慈善、暉和、通覺、暉玄、宗聖、魏昌、熙平、崇真、因果十座寺，一共 2000 多戶人家，家家都信仰佛教供養僧人。[26]

最後，那個時候的佛教，基本上經典和理論建設都已經很成熟了。《釋老志》說，那個時候佛經已經"大集中國"，基本典籍已經都翻譯了，據說已經有 415 部，1919 卷，在北方，大、小乘佛教都有傳播。不過，最值得注意的是，當時鳩摩羅什翻譯的各種大乘經典開始流行，其中最流行的是《維摩詰經》和《金剛般若》兩部。

---

26 《洛陽伽藍記》卷四。

魏收那個時候最有名的佛教徒是道弁，稍後是靈弁、曇無最等。按照塚本善隆的説法，那個時代除了《維摩詰經》之外，《勝鬘經》也開始盛行，江南引進的《華嚴經》也開始流行，逐漸形成了三個取向：一個是大乘壓倒小乘的趨勢（小乘逐漸邊緣化，或者融入禪學）；一個是形成了"義學"就是學術和義理為重的佛學風氣（排斥實踐和苦行的宗教風氣）；一個是佛教貴族化的趨向（大寺廟與名僧人的權勢高漲）。但是，正因為佛教有了權力和利益，也產生了奢華和腐化的狀況，而且由於有了利益和權勢，佛教内部的矛盾也就開始了。這不僅僅是在魏收的時代，更早就已經有了。比如，早些時候佛馱跋陀羅在長安很紅火，牛皮可能吹得厲害了，就引起守舊的一批和尚大為不滿，覺得他們侵佔了地盤，當地的佛教傳統僧人道恒等等，就攻擊他們，嚇得很多信仰者都四散，佛馱跋陀羅也只好帶了弟子慧觀等四十餘人南下廬山，就連當時的皇帝姚興試圖挽回都沒有辦法。[27] 又比如說，在西秦乞伏熾磐佔據涼州的時候，河南來了兩個僧人，特別得到崇信，所以權力很大，但是他們沒有佛教學問，對於有學問的和尚，就迫害得很厲害，比如就趕走了曇無毗和玄高，直到後來，長安的曇弘法師到涼州解釋，當權者才幡

27　《高僧傳》卷二《晉京師道場寺佛馱跋陀羅》記載，"關中舊僧，咸以為顯異惑眾"，"大被謗瀆，將有不測之禍。於是徒眾或藏名潛去，或逾牆夜走，半日之中，眾散殆盡"。第71—72頁。又，《出三藏記集》卷十四《佛大（一作馱）跋陀傳》："外人關中舊僧道恒等，以為顯異惑眾，（佛陀跋陀）乃與三千等擯遣。"《大正藏》第五十五卷，第103頁。

然悔悟。[28] 其實，這一類事情很多，像禪宗的達摩，曾經被人六次下毒，惠可，被守舊的道恒和縣令翟仲達迫害到死。這都是宗教內部衝突的故事，可是為甚麼會衝突？俗話說："可以同患難，不可以同享福"，這是慣例，所以，可見那個時候佛教已經很興盛很熱鬧了。

《續高僧傳》裏面有一段話說，那個時代是佛教的中興時代，當時的鄴都，"都下大寺，略計四千，見住僧尼，僅將八萬。講席相距，二百有餘，在眾常聽，出過一萬。"[29] 我以前多次去過日本的京都，京都據說有一千多座寺廟，已經讓我大開眼界了。如果《續高僧傳》說的是真的，那麼，當時的鄴都看來比京都的佛教氣氛還要濃厚。魏收，就是在這裏生活的人，他之所以寫《釋老志》，就是因為那個時候，佛教確實是社會和歷史上不得不大書一筆的現象。其實，比魏收更早的魏孝文帝時代，有一個叫陽尼的人就向皇帝建議，修史書的時候，"佛道宜在史錄"，[30] 而魏收就是看到這種現象，把《漢書》中原來有的《河渠志》和《藝文志》取消了，加上了《釋老志》和《官氏志》，他在上表中特意申明，"時移世易，理不刻船"，就是說，不能刻舟求劍而應當與時俱進，歷史著作的內容要隨着記載時代特徵的變化而變化。

28 《高僧傳》卷十一《宋偽魏平城釋玄高》："時河南有二僧，雖形為沙門，而權侔偽相。恣情乖律，頗忌學僧，疊無畏既西返舍夷，二僧乃向河南王世子曼讒構玄高，云蓄聚徒眾，將為國災。曼信讒便欲加害，其父不許，乃擯高往河北林楊堂山。"第 410 頁。

29 《續高僧傳》卷十《釋靖嵩傳》，《大正藏》第五十卷，第 501 頁。

30 《魏書》卷七十二，第 1601 頁。

三、《魏書・釋老志》佛教部分之意義

在佛教研究上面，《魏書・釋老志》有特別重要的價值，除了它是最早的關於佛教歷史和思想的全面記載之外，有一些特別的史料價值。比如日本的塚本善隆、我國台灣的藍吉富都已經指出：（一）對於中國佛教制度，它記載的元魏僧官制度就很重要。它記載，這是皇始年間（396—398年，就是道武帝時代），趙郡沙門法果戒行精至，所以太祖請他到京師來，任命他當"道人統"，就是後來的僧統，這是佛教在中國政治上取得合法性的一個重要事件。（二）北魏政治和佛教的微妙關係，《釋老志》也是很重要的資料來源。比如北魏為甚麼滅佛，崔浩和寇謙之有甚麼作用，都在這裏可以找到資料，以前陳寅恪就寫過這個問題的論文。（三）在二十世紀上半葉，經濟史很熱鬧，其中關於佛教寺院經濟也是大熱門，陶希聖、何茲全，還有後來的謝和耐，都研究過這個課題。而寺院之外呢？當時又有所謂"僧祇戶""佛圖戶"，其實都和當時國家賦稅、宗教豁免權、政治衝突等等大問題有關。看《釋老志》就知道當時曇曜建議，民眾如果歲輸六十斛粟給僧曹的，就可以成為僧祇戶，而這些糧食就是僧祇粟，到了饑荒的時候，把這些糧食賑濟災民；同時，他又建議如果有民眾犯重罪入為官奴的，可以成為佛圖戶，給佛寺打掃衛生、種地。這個建議在佛教得勢的時候得到批准，結果是"僧祇戶粟，及寺戶遍於州鎮矣。"可是，這麼一來，掌握豐收和饑荒年代糧食調劑的權力、吸收各種人口和勞動力的權力，統統歸了佛教了，這不引起衝突才怪呢,所以這是大事件,而這個大事件的最初記載就在《釋老志》裏面。[31] 當然,《魏書‧釋老志》也有很多問題,比如塚本善隆就指出,因為魏收是北齊的史官,以東魏、北齊為接續的正統王朝,所以它的記載多集中在鄴城為中心的佛教和道教,對於以長安為中心的西魏佛教道教,卻記載不足,因此"作為東西魏分立時代的華北宗教資料,是不完整的。"[32]

不過,對於思想史方面來説,我的看法是,《釋老志》特別值得注意的,一是反映一般佛教常識世界,二是表現早期教外士人的佛教知識。通常,講佛教史,寫佛教史,都是注意精英階層和高僧階層。我們看各種各樣的佛教史,大體上關於早期佛教,有這樣幾個重心:第一是譯經。安世高和支婁迦讖到中國來,翻譯的小乘禪學經典如《安般守意經》,大乘般若經典如《般若道行經》,分別開闢了中國佛教的兩大走向,而他們以及後來的譯經僧人翻譯的《般舟三昧經》《問地獄事經》,則影響了民眾的生活世界和生死觀念。第二是格義和合本子注。陳寅恪的《支愍度學説考》和湯用彤的《説格義》[33] 都是在講這一點,因為這是從單純的接受型的"翻譯"到"理解",這很重要,是佛教中國化的重要過程。第三,般若學的六家七宗也是重點(心無宗、本無宗與無異

31　參見藍吉富:《聽雨僧廬佛學雜集》,(台北)現代禪,2003 年。

32　塚本善隆:《魏書‧釋老志》,平凡社,"東洋文庫"本,第 24 頁。

33　陳寅恪:《支愍度學説考》,收入其《金明館叢稿初編》;湯用彤:《説格義》,收入其《理學、佛學、玄學》;又可以參考錢鍾書的《管錐編》第四冊第一六一節,也引述了很多關於格義的文獻。中華書局,1981 年,第 1261 頁。

宗、幻化宗、識含宗、緣會宗、色宗）。比如，所有的佛教史著作都會討論支道林（遁，約 313－366 年）結合《莊子》的"即色遊玄"思想，因為這種思想有道家意味，就是漸近自然了。第四，接下來就會討論道安（312－385 年）的翻譯經典和傳授弟子。南方的慧遠（334－416 年）在廬山和桓玄爭辯"沙門不敬王者"，傳播唸佛三昧法門，開始傳播的"神不滅"和"三世"思想；北方的鳩摩羅什（344－413 年）的翻譯佛經和他門下的各個傑出弟子，比如竺道生（一闡提有佛性）、僧肇（肇論）、道融、僧叡等等，漸漸形成南方義學興盛，新義很多，北方實踐很流行，比較守舊的傳統。這是佛教史的基本脈絡和大致內容。

可是，如果你換個角度去關注《釋老志》，你可以看到在這種"概論"式的敍述下面，傳達的是一般民眾的佛教信仰和一般階層的佛教知識，當時人的水平到底是怎樣的？你可以看，（一）對於佛教的基本道理，他們了解的是"業緣"、"三世"、修行的必要、歸依三寶的重要，甚麼是六道，甚麼是五戒等等，最多是"四諦""六度""十二因緣"，而不是甚麼"空""真如""涅槃""如來藏"等等。他們關心的是自己所生活的這個世界究竟是如何，為甚麼要有佛教的信仰，按照佛教說的來修行有甚麼好處，而不是佛性論等抽象問題，儘管這些問題也和實踐有關。（二）有關出家（剃髮、辭家、持戒）和在家（優婆塞、優婆夷）的種種規定和結果；在社會生活中，為甚麼要和光六道、同塵萬類，這種平等觀念的目的是甚麼？這也是很實際的規定宗教信仰者的理念和準則，它符合普通人的倫理嗎？如果遵守這些準則，它的結果會不會有損於自己的利益？（三）關於佛陀的故事，甚麼是"真身"，甚麼是"應身"，他是一個甚麼樣的偉大人物？為甚麼要對他頂禮膜拜？這是宗教的必需，佛教信仰必須要有崇拜對象，因為它並不只是一個單純的信心和理念。（四）佛教的歷史是怎樣的？當然，《釋老志》的介紹是詳近略遠，並不很特別去追溯本來的"教旨"和原來的"先知"，也沒有特別區分出甚麼派別的譜系。

這就是六世紀中葉一般有文化的人的佛教基礎。[34] 我要給大家講明的是，其實，精英的經典的思想水平，實在太高明了，太超越了，我們不能用這些人的想法，來估量當時一般人的思想世界和生活世界，否則你根本就不能理解，為甚麼這麼多人像瘋了一樣去捨宅造寺、開鑿石窟、刺血寫經、捐造像碑。其實，普通人的想法離精英和經典的那些道理很遠很遠，可是，就是這些想法才真的影響生活和社會，也正是這樣的觀念和行為，讓精英不得不去想辦法回應，想辦法抵抗，想辦法改造，這樣才有了精英思想和經典文化。

可是你也許會問，那麼怎麼找這樣的資料呢？我要說，《釋老

34　關於漢魏南北朝時代世俗信眾中的佛教知識，還可以參考《弘明集》卷一三所載的東晉郗超《奉法要》，在這篇較早期佛教信仰者的論文中，很全面地歸納了當時關於佛教的基本教義。其中包括"三歸"（即後來的歸依三寶），"五戒"（戒除：殺、盜、淫、欺、飲酒），"修齋"（包括每年正月、五月、九月三次長達半月的齋，及每月八、十四、十五、二十三、二十九、三十日六次齋），"行善"（遵守身、口、意的種種禁戒）；也包括佛教為世間救贖而設置的各種基本知識，如三界五道（天、人、畜生、餓鬼、地獄），五陰（色、痛癢、思想、生死、識），五蓋（貪、嗔、癡、邪見、調戲），六情，因果報應，四非常（無常、苦、空、非身），六度（施、戒、忍辱、精進、一心、智慧）等等。

志》就是這類材料，因為這份資料，第一，它是一般思想、概論和常識，而不是專精佛教的人特意的精心的論述；第二，它是教外的，而不是教內的人撰寫的，所以，這類資料沒有"有意的偽裝"，也沒有"有意的提升"，倒是"無意識"的東西。

四、佛教百年：

《魏書·釋老志》與《隋書·經籍志》
中有關佛教史論述的比較

《魏書》成書是在公元六世紀中葉。可是，再過一百年呢？下面我們就要看《隋書》了。《隋書》是長孫無忌等人在唐太宗貞觀十五年（645）完成，唐高宗顯慶元年（656）進上的，和《魏書》剛好差了一世紀，而這一世紀中，佛教已經有大變化了，人們對佛教的理解也有了大變化了。有甚麼變化呢？由於《隋書·經籍志》也有佛教部分，也是一個大概的、簡單的概論，而且有些是抄錄和改編自《釋老志》的，因此，可以看成是一個脈絡中的兩份不同時代的文獻。可是如果細看，就會發現它和《釋老志》有不少差異。[35] 以涉及佛教理論和歷史的部分為例。

第一，《魏志》根據支謙譯《太子瑞應本起經》卷上，及竺大

35　以下引用《隋志》，均見《隋書》卷三十五《經籍四》，第1094—1099頁。

力、康孟詳譯《修行本起經》卷上，説佛陀"本號釋迦文者，譯言能仁，謂德充道備，堪濟萬物"，這種解説在《隋志》中被刪去。

第二，《魏志》講佛陀的相貌，"既生，姿相超異者三十二種，天降嘉瑞以應之，亦三十二"，這也是支謙譯《太子瑞應本起經》中的話，[36] 但是，《隋志》則用了《牟子理惑論》和《過去現在因果經》的説法，"姿貌奇異，有三十二相，八十二好"，不再有"瑞應"之説。[37]

第三，《隋志》刪去了《魏志》中關於佛陀出生的時候，是"《春秋》魯莊公七年夏四月，恆星不見，夜明是也"一段。因為一方面這是比附中國史書和祥瑞，[38] 論述上有些問題，比如辛卯是四月五日，和後來説的佛誕不合，有些説法又有些比附祥瑞，令人生疑。而且到了唐初，佛教再以中國史書為依據，就有些不合適了。[39]

第四，《魏志》"識神常不滅"，《隋志》作"至於精神，則恆不滅"。

第五，《魏志》裏面，沒有用到"末劫"的時間説法，也沒有"三千大千世界"的空間觀念，但是，在《隋志》中，則一開始就敍述：(1) 神不滅，有無量身，表示時間的永恆和輪迴的永恆；(2) 用了《雜阿含經》、《大智度論》卷七的説法，"天地之外，四維上

36　支謙譯《太子瑞應本起經》，載《大正藏》第三卷，第 473 頁。

37　見《牟子理惑論》，《大正藏》第五十二卷，第 1 頁；劉宋求那跋陀譯《過去現在因果經》，《大正藏》第三卷，第 625 頁。

38　《左傳》莊公七年"經：夏四月，辛卯，夜，恆星不見，夜中，星隕如雨。"

39　當然，唐初的佛教徒法琳與傅奕辯論時，還説到春秋魯莊公七年恆星不現，夜明如日，即佛誕日。見《廣弘明集》卷十一《辯惑篇》第二之七。釋明概也説到這一點，見同上卷十二《謹奏決破傅奕謗佛毀僧事》。

下，更有天地，亦無終極"；[40]（3）用了《法華經》的說法，講成敗無量劫；（4）用《法華經》的說法，把時間按照佛教想象的人類社會史，分為正法、像法和末法時代；[41]（5）這裏更用了《大智度論》卷三八的說法，形容末法時代的恐怖和輪迴之無可逃遁。[42]由此可見，到了唐代初期，《法華經》《大智度論》呈現出它在一般佛教知識界的重要性。

第六，《魏志》沒有提到"外道"，而《隋志》提到"外道"，並說他們"並事水火毒龍，而善諸變幻"，又提到邪道來侵擾佛心，而不能得逞的故事。

第七，《魏志》和《隋志》雖然都提到在家俗人信仰佛法者，要遵守的五戒（去殺、盜、淫、妄言、飲酒），但是，《魏志》比附儒家的"仁、義、禮、智、信"，認為儒、佛在這一方面的說法，只是名稱不同，又說"三歸依"就是君子的"三畏"，然而，《隋志》卻沒有這些用儒家經典來支持合法性和合理性的比附說法。

第八，關於佛的滅度，《魏志》有"香木焚尸，靈骨分碎，大小如粒，擊之不壞，焚亦不焦"，而《隋志》就只是簡單提到，並無上述字樣。

第九，在佛教傳播的歷史上面，《魏志》的大體說法是（1）西漢秦景憲受大月氏王使者伊存口授浮屠經（前 2 年）；（2）東漢蔡

40　見《大智度論》卷七，《大正藏》第二十五卷，第 113 頁。

41　《法華經》，見《大正藏》第九卷，第 50 頁。

42　《大智度論》卷三八，《大正藏》第七卷，第 339 頁。

憎、秦景到天竺寫浮屠遺範，與攝摩騰、竺法蘭回到洛陽（58—75年），有《四十二章經》和白馬寺；（3）曇柯迦羅入洛陽宣誡律；（4）晉元康年間（292—299年），支恭明譯《維摩》《法華經》《本起》等等；（5）然後講到石勒時代的佛圖澄、道安、慧遠，以及鳩摩羅什和僧肇等等，然後就講到了北魏的佛教史（太祖時的法果、世祖時的惠始，滅佛、高宗時代恢復佛教，以及師賢、曇曜等等）。而《隋志》呢？卻有很大的不同，可能是佛教史學這個時候已經相當發展，也許是後來的描述已經遮蓋了前面的敘述，它的敘述多與後來的佛教史相合，最明顯的是，比起《魏志》來，《隋志》多出了（1）漢桓帝時（147—167年）的安世高（安清）和靈帝時（168—189年）的支讖（支婁迦讖）—— 這也許是為了凸現譯經的意義；（2）多出了三國吳的康僧會（建初寺與說服吳主）、朱士行（往西域于闐）、竺法護（《放光般若》的譯出）；（3）多出了齊、梁、陳的宣譯和寶唱的《目錄》，如"齊梁及陳，並有外國沙門。……梁武大崇佛法，於華林園中，總集釋氏經典，凡五千四百卷，沙門寶唱，撰經目錄。"

那麼，在這些差異中，最值得注意的是甚麼呢？

第一，它刪去《魏志》在佛陀誕生日比附《春秋》，刪去五戒比附仁義禮智信、三皈依比附君子三畏，刪去佛陀去世後"香木焚尸"等等，可以看出它有意與儒家劃清界限，走出依附中國資源，漸漸獨立的趨勢。這種區分自我和他者的做法，常常是一個宗教成熟的象徵性指標。而同時，我們也可以看出，士大夫對於佛教的知識也在漸漸增長中，他們也漸漸走出了依靠中國知識來想象佛教的水平。其中特別是刪去"五戒"比附"五常"的一段值得格外重視，因為這個比附，是來自北魏曇靖的一部偽經《波利提謂經》。而這個時候，一方面大概偽經漸漸被揭發出來，另一方面佛教的教理也漸漸為人理解，所以不再用這個説法了。

第二，從最後關於歷史方面的記載中可以看出，一方面，《隋志》比起《魏志》來，更像是一個全景的、統一文明體的立場的敍述，更加全面和完整；但是另一方面也可以看出，它的歷史敍述，私底下是漸漸偏向了南方佛教，它從源頭為南方佛教追溯，也多敍述南朝的佛教偏向即"般若"系統。歷史學界，從陳寅恪到唐長孺，常常有文化史上的"南朝化"的看法，這是否就是其中之一面呢？

第三，佛教知識已經越來越豐富了，從《魏志》到《隋志》所引用的佛教經典，可以看到不同，這一點，如果看塚本善隆對《魏志》的注釋，與章宗源、姚振宗到興膳宏等對於《隋志》的注釋，就可以從他們各自引用的經典上比對出來。

這是不是佛教一百年變化的一個側面呢？當然，關於這一百多年的佛教史嬗變軌跡，並不是僅僅靠這麼簡單的文獻對比就能説明的，還需要尋找很多證據和資料，但是從這樣的文獻對比閲讀中，也許可以提示給我們一些啟發的思路和粗線條的脈絡。

【參考論著】

1. 梁啟超：《佛學研究十八篇》，中華書局重印本，1989 年。
2. 呂澂：《中國佛學源流略講》，中華書局，1979 年。
3. 湯用彤：《漢魏兩晉南北朝佛教史》，中華書局重印本，1983 年。
4. 鐮田茂雄：《簡明中國佛教史》，鄭彭年譯，上海譯文出版社，1986 年。
5. 白化文：《佛光的折射》，香港中華書局，1988 年。
6. 許理和：《佛教征服中國》，李四龍、裴勇等譯，江蘇人民出版社，1998 年。
7. 釋慧皎：《高僧傳》，湯用彤校注，中華書局，1992 年。

【閱讀文獻】

1.《魏書》卷一一四《釋老志》（中華書局校點本）

（漢武帝）及開西域，遣張騫使大夏[1]還，傳其旁有身毒國，一名天竺，始聞有浮屠之教[2]。哀帝元壽元年，博士弟子秦景憲受大月氏王使伊存口授浮屠經[3]，中土聞之，未之信了也。后孝明帝夜夢金人，項有日光，飛行殿庭，乃訪群臣[4]。傅毅始以佛對[5]。帝遣郎中蔡愔、博士弟子秦景等使於天竺，寫浮屠遺範，愔仍與沙門攝摩騰、竺法蘭東還洛陽[6]，中國有沙門及跪拜之法，自此始也[7]。

【注釋】

[1] 張騫（前167？－前114年）奉漢武帝之命出使西域在建元三年（前138），經歷各種磨難到達大夏，並在那裏滯留一年多，元朔三年（前126）回到長安，《史記》卷一二三《大宛列傳》曾經記載他聽到的關於身毒的見聞，"臣在大夏時，見邛竹杖、蜀布，問曰：安得此？大夏國人曰：吾賈人往市之身毒。身毒在大夏東南可數千里，其俗土著，大與大夏同，而卑濕暑熱云。其人民乘象以戰，其國臨大水焉。"

[2] "始聞有浮屠之教"，據學者的研究，在《史記》《漢書》關於張騫出使西域的記載中，並

沒有佛教的見聞，這應當是《魏書》的撰者魏收加進去的。浮屠，這是佛教傳入中國初期，對佛教創始人釋迦牟尼的漢文譯名之一，又作浮圖、佛圖、浮陀等，皆為 Buddha 的音譯，意為覺者。

[3] 關於哀帝元壽元年（前 2）秦景憲受浮屠經一事，最先見於《三國志》卷三十《烏丸鮮卑東夷傳》裴松之注引《魏略・西戎傳》，但"秦景憲"記為"景盧"。這一記載也有人懷疑，如日本的白鳥庫吉就認為，貴霜王朝前兩代不信佛教，大月氏在貴霜之前，是否有佛教流傳，很有疑問，特別是傳經的人身份如果是王的使者，那麼這只有在佛教成為官方宗教才有可能，所以這一記載的可靠性值得懷疑。但是，也有人認為這一記載很可靠，如湯用彤就說："最初佛教傳入中國之記載，其無可疑者，即為大月氏王使伊存授《浮屠經》事"，因為自張騫通西域以來，"蔥嶺以西諸國皆頗有使者東來，則大月氏是時有使人至中國，亦可信也。"而且《三國志》裴注和《世說》劉孝標注引文相同，年代也比較早，所以這是可靠的記載。

[4] 漢明帝夜夢金人的故事，約在永平七年（64），最早見於《牟子理惑論》，後來成為佛教傳入中國的象徵性傳說。關於此故事的討論與考證，見梁啟超《佛教之初輸入》附錄一《漢明求法說辨偽》，載《佛學研究十八篇》第 21─23 頁。但是呂澂卻從中看出問題的另一面，即從這一傳說中可以推想"首先傳來中國的不是佛經，而是佛像……（因為）永平八年正當貴霜王朝，其時受到希臘人畫像的影響，開始創製佛像了。"見《中國佛學源流略講》第一講《佛學的初傳》第 20 頁。

[5] 傅毅，字武仲，扶風人。漢章帝建初年間為蘭台令史，拜郎中，曾與班固、賈逵一道掌管校書，傳見《後漢書》卷八十上《文苑傳》。

[6] 攝摩騰，據《高僧傳》卷一，他是中天竺人，曾經往天竺的附屬小國講《金光明經》。竺法蘭，據《高僧傳》卷一，也是中天竺人，能誦經論數萬章，"為天竺學者之師"。但是這一記載是否可信，還有待推敲。

[7] 關於佛教在中國傳播之始的這一傳說，塚本善隆《魏書・釋老志譯注》指出，在《釋老志》之前，已經有《牟子理惑論》（《弘明集》卷一）、《四十二章經序》（《出三藏記集》卷六）、東晉袁宏《後漢紀》卷十、宋范曄《後漢書》卷一八一、梁慧皎《高僧傳》卷一等等的記載，在魏收撰《魏書・釋老志》的時候，已經是普遍的說法了，但是他認為這不一定是史實，因為在漢明帝時代（57─75 年）不僅關於佛教的知識已經在洛陽的朝廷和知識人中間存在，連皇帝的異母兄弟楚王劉英一家都是奉佛者，這一點據皇帝給楚王的詔書可以證明，而且當時已經有了沙門、優婆塞等語詞，大概這也是尊敬和供養那些在漢族文化區域傳教的若干外來佛教僧人的漢人對他們的稱呼。

2.《魏書》卷一一四《釋老志》(中華書局校點本)

　　凡其經旨，大抵言生生之類[1]，皆因行業而起[2]。有過去、當今、未來，歷三世，識神常不滅[3]。凡為善惡，必有報應[4]。漸積勝業，陶冶粗鄙，經無數形[5]，澡練神明[6]，乃致無生而得佛道[7]。其間階次心行，等級非一[8]，皆緣淺以至深，藉微而為著。率在於積仁順，蠲嗜慾，習虛靜而成通照也[9]。故其始修心則依佛、法、僧，謂之三歸[10]，若君子之三畏也。又有五戒，去殺、盜、淫、妄言、飲酒[11]，大意與仁、義、禮、智、信同，名為異耳[12]。云奉持之，則生天人勝處，虧犯則墜鬼畜諸苦。又善惡生處，凡有六道焉[13]。

【注釋】

[1]　生，梵語揭諦，指流轉輪迴、生生不息的普通生命。

[2]　十二因緣之一，又名行支，指能夠招致罪福因果報應的身、口、意諸業，用現代語言來說，就是由於具有了身體、語言、意識能力，招致了種種慾念、行為和渴求，於是落入了"因果"的流程。

[3]　識神，指人的精神或魂靈，即佛教所說"薪盡火傳"的"火"。

[4]　報應，雖然古代中國也有"應"，但主要指"承負"，即下一代人承受上一代人的罪過或善行，所謂"積善之家必有餘慶"，但因為不直接對本人的行為負責，所以，對人的道德約束力卻很低，只能為現世命運做一個消極的解釋，並不能刺激行善的決心。古代中國雖然也講"報"，但是那是後人對先人的祭祀和奉獻，像殷商就有對先王的"報"(如"報甲""報丁"等)。直到佛教才有這種明確的報應說法。

[5]　"形"指人的肉體，它一直流轉循環，轉世成人，經歷了無數身軀，所以佛教說身體是"臭皮囊""背個死屍路上行""軀殼"等等。一本此句作"經無數劫"，"劫"指極為久遠的時間。婆羅門教一劫等於大梵天一天，一千時，人間的四十三億二千萬年。佛教指宇宙的成、住、壞、空的一個循環。據說，人在劫初，從每世十歲，每百年增至一歲，增至每世八萬四千歲，又從每百年減一歲，又減到每世十歲，這是一個中劫，二十個中劫為"成、住、壞、空"一個環節，合四個環節為一大劫。主要是形容時間的久遠和漫長。

[6]　澡，即清洗、磨煉、陶冶，使之純粹。束皙《讀書賦》"澡練精神吸清虛"。

［7］ 無生，佛教名詞，是對人之存在的終極境界的稱呼，與宇宙本原中的“實相”“法性”，宗教修煉中的“涅槃”一樣。佛教認為，人之生存，有生死者都是因果緣起的幻相，是虛假不實的，但是人沒有意識到時，就以為是真實，總在慾望和想象中掙扎，無法超越生死輪迴和虛幻假相，而真正能夠破除幻想，了達生死只是虛妄，便可以達到“無生”“無死”的超越境界。

［8］ 指佛教修行的不同階段與深淺等級，《十地經論》裏面講有人天、聲聞、緣覺、菩薩等不同。後來，佛教的“教相判釋”就是從這裏引申開去，來區分各個流派的不同經典、不同方法、不同境界和不同結果，論證不同教派也有等級差異。

［9］ 積仁順，即積善之意。佛教也用了傳統中國的“仁”和“順”象徵一切善行。習虛靜，用了道家語言比喻佛教追求的絕對空明境界，注意“虛靜”和“空”的不同。通照，澄澈透明、無慾無念的心靈境界。

［10］ 三歸，又叫三歸依、三歸戒。是信仰佛教的所有信徒必須遵循與接受的最基本戒律，見曇無讖譯《優婆塞戒經》。

［11］ 五戒，守五戒才可以成為“優婆塞”即清信士，即在家男居士，又叫“伊蒲塞”。又，出家者授“具足戒”，即大戒，與小沙彌比起來更加完足，故稱具足。中國佛教依四分律受戒，比丘戒二百五十條，比丘尼戒三百四十八條，年二十，受此方正式為僧、尼。

［12］ 名為異耳，《顏氏家訓》的《歸心篇》裏說：“仁者不殺之禁也，義者不盜之禁也，禮者不邪之禁也，智者不酒之禁也，信者不妄之禁也”，也說佛典和儒書的說法相同。

［13］ 六道，指佛教所說人輪迴的六種情況，即地獄、餓鬼、畜生、阿修羅、人間、天上。

3.《隋書》卷三十五《經籍志》（中華書局校點本，第 1095 頁）

其所說云：人身雖有生死之異，至於精神，則恒不滅[1]，此身之前，則經無量身矣。積而修習，精神清淨，則成佛道。天地之外，四維上下，更有天地，亦無終極[2]。然皆有成有敗，一成一敗，謂之一劫。自此天地已前，則有無量劫矣。每劫必有諸佛得道，出世教化，其數不同。今此劫中，當有千佛。自初至於釋迦，已七佛矣[3]。其次當有彌勒出世[4]，必經三會，演說法藏，開度眾生[5]。由其道者，有四等之果：一曰須陀洹，二曰斯陀含，三曰阿那含，四曰阿羅漢[6]。至羅漢者，則出入生死，去來隱顯，而不為累。阿羅漢已上，至菩薩者，深見佛性，以至成道[7]。每佛滅度，遺法相傳，有正、象、末三等淳漓之異[8]。年歲遠近，亦各不同，末法已後，眾生愚鈍，無復佛教，而業行轉惡，年壽漸短，經數百千載間，乃至朝生夕死，然後有大水、大火、大風之災，一切除去之，而更立生人，又歸淳樸，謂之小劫，每一小劫，則一佛出世。

【注釋】

[1] 這就是著名的"神不滅論"，中國的佛教信仰者中，最早對此有所闡述的是傳說為漢末的《牟子理惑論》，"魂神固不滅矣，但身自朽爛耳。身譬如五穀之根葉，魂神如五穀之種實，根葉生，必當死，種實豈有終已？得道身滅耳。"六朝時最著名的思想爭論之一，就是圍繞着"魂神"或者"識神"是否消滅的問題而展開的。

[2] 這裏說的是佛教想象所謂"三千大千世界"，也是關於宇宙存在無限的空間和時間。據《大智度論》卷七說，雖然有一千日月，一千須彌山，一千個四天王處，一千個三十三天等等，也只是一千小世界，一千個小世界，叫做二千中世界，一千個中世界，才叫做三千大千世界。

[3] 七佛：指毘婆尸佛、尸棄佛、毘舍浮佛、拘那孫佛、拘那含牟尼佛、迦葉佛以及當下的釋迦牟尼佛。

[4] 彌勒佛，是佛教傳說的未來佛。據說它出生於婆羅門家庭，後為佛陀的弟子，先於佛入滅，經過五十六億七千萬年以後，將降生人間。

[5] 三會，鳩摩羅什譯《彌勒下生成佛經》說，彌勒降生人間以後，將在華林園說法三次，稱作三會，初會將有九十六億人得阿羅漢，二會將有九十四億人得阿羅漢，三會將有九十二億人得阿羅漢。

[6] 四等之果，指小乘佛教所說的修習佛教者的四種不同階次和等級。《雜阿含經》卷二四："爾時世尊告諸比丘，於四念處多修習，當得四果，四種福利。"一曰須陀洹，即"預流"，指正在斷除見惑並開始趨向正道的修行階段。二曰斯陀含，又譯"一來"，指較預流更進一步，正在斷除修惑的修行階段。三曰阿那含，又譯"不還"，指較一來更進一步，正在斷除慾界修惑的修行階段。四曰阿羅漢，這是小乘佛教修行的最高階段，據說修習到這一階段的佛教者，可以破一切煩惱，得一切世間諸天人供養，不再進入生死輪迴。

[7] 菩薩，又作"菩提薩埵"，意譯為"覺有情""道眾生"，還被稱為"大士"等。按照大乘佛教的說法，這是位於阿羅漢以上的佛教修行者，是修行大乘佛法，求無上智慧，能利益

眾生，於未來成就佛果的修行者，佛典中常可見到的菩薩有觀世音、文殊、普賢、龍樹、世親等等。

[8]　正、像、末，佛教認為釋迦之後，佛法日益衰落，分為正法、像法、末法三個時期。尚具備教（教說）、行（修行）、證（證悟）三者的時代為"正法時"，即正確的佛法時代；只有教、行二者，是"像法時"，即還大致像佛法的時代；只剩下教，而無行無證，就到了"末法時"即佛法的末期。關於正、像、末的時限有各種說法，有人說正法只有五百年，像法一千年，末法一萬年。見窺基《大乘法苑義林章》卷六。

第四講

關於《老子想爾注》
的文獻學研究

引言：我想討論的問題

今天我們講《老子想爾注》。不過，我並不想只圍繞這部道教著作來討論，而是想通過這部書的研究和考證，來討論一下有關學術史的幾個問題。第一，關於道教經典考證中的敦煌資料問題，敦煌資料是否特別重要？第二，關於道教文獻年代、真偽、成書等等問題的考證方法裏，有甚麼值得注意的陷阱，現在我們應當怎樣反省這些傳統方法的局限性？第三，在研究道教文獻方面，有沒有甚麼比較特別一點兒的方法？

我從《老子想爾注》的再發現講起。

一、關於《想爾注》
—— 敦煌文書中道教文獻的意義

《想爾注》是一本對《老子》做解釋的書。這部書本來已經亡佚了，連《隋書‧經籍志》、新舊《唐書》都沒有記載，只是在一些文獻裏面，曾經零星提起過。舉幾個例子：(一) 隋代陸德明《經典釋文‧敘錄》就提到它；(二) 道教的《三洞珠囊》引用過它，可以肯定是唐以前人撰寫的道教文獻《傳授經戒儀注訣‧序次經法第一》也提到它；(三) 題為紫微夫人撰的早期道教文獻《洞真太上太霄琅書》卷四提到過它；(四) 唐代初期大醫學家，也算是道教中人孫思邈《攝養枕中方》也引用《想爾》"勿與人爭曲直"；

（五）唐高宗、武則天時代道士孟安排的《道教義樞》卷二引到它；

（六）唐代末年的《道德真經廣聖義‧序》等，都提到或者引述了它。[1] 但有點兒麻煩的是，提到它的時候，有的叫"想爾注"，有的叫"想爾戒"，有的叫"想爾訓"，而且是東鱗西爪一星半點，所以，誰也搞不清楚它的具體內容。

很湊巧的是，這部失傳很久的文獻，居然在二十世紀又重新被發現了。在敦煌發現的卷子中，竟然有這本千年不見的古籍，這個卷子現存大英博物館，斯坦因編號 S.6825。它大概長三十英尺（9.144 米），現存部分從第三章（"不尚賢，使民不爭"）的注文"則民不爭，亦不盜"開始，到三十七章"無慾以靜"一節的注文"王者法道行誡，臣下悉皆自正矣"，共 580 行。末尾的題識是"老子道經上，想爾"。

順便說一句，這一卷背後抄寫的是佛經，像《大毗婆沙論》《廣百論》等，據陳世驤先生的判斷，應當是唐代以前的寫卷。為甚麼呢？他說，因為第一，不避初唐皇帝的名諱；第二，字體有六朝碑風；第三，如漢魏時代的情況，多用歧體字，所以是"敦煌老經寫卷最早之一"。[2]

大家要注意的是，敦煌文書可是我們一個大寶藏，千萬要學會使用它。道教史上的一些重要文獻，有的本來已經佚失，有的

1　參見饒宗頤：《老子想爾注校證》，上海古籍出版社，1991 年。

2　陳世驤：《想爾老子道經敦煌殘卷論證》，《清華學報》（新竹）新第一卷第二期（1957），第 41–62 頁。

現在已經不大了解它的時代，有的內容有殘缺，很多這方面的問題，都是得到敦煌文書發現的幫助，才重新得以解決的。我舉一些例子。

首先，我們看《化胡經》和《無上秘要》。《化胡經》是早期佛教和道教爭論最重要的文本，由於歷史上反覆被禁，到元代差不多就消失了，但在敦煌卻發現了不少，包括序文。因為敦煌文書大多是唐五代以前的，這樣可以使我們重新來考察當時的佛教和道教爭論。又如《無上秘要》，這是道教最重要的大類書，北周時代的，很有價值。可是，傳世的本子比如"《道藏》本"缺了好多，但是有了敦煌本 P.2861，這是開元六年（718）敦煌神泉觀道士馬處幽和他的姪子馬抱一抄寫的，有了這一份敦煌寫本，就可以給這部道教大類書補很多內容，連全書的內在邏輯（因為目錄中有立品的解釋）都可以知道了。

其次，比如說靈寶經，過去很多人對靈寶經有興趣，很多研究道教史的學者，包括歐美日本的，也包括國內的，都對靈寶經典特別重視。可是，如果沒有敦煌本的一些靈寶經，很多這一經典系統的問題，可能都解決不了。敦煌發現的古靈寶經有 76 份，其中包括《太上洞玄靈寶五篇真文赤書》（S.5733）等《道藏》中有的，也有《太上洞玄靈寶金錄簡文三元威儀自然真經》（擬名，P.3148、3663）、《太上洞玄靈寶真文度人本行妙經》（P.3022）、《太上洞玄靈寶淨土生神經》（P.2383）、《太上洞玄靈寶天尊名》（P.3755，列 18）等《道藏》中沒有的。以前，日本的大淵忍爾、小林正美等人研究靈寶經，就得靠敦煌資料，美國的柏夷（S. R.

Bokenkamp）研究靈寶經，也要靠敦煌資料，北京的劉屹、廣東的王承文等研究靈寶經，研究得很細緻很深入，但他們依據的資料，主要也得靠敦煌。[3]

再次，比如說《真一本際經》，這是唐代皇帝最推崇的道經，在盛唐的時候，它曾經是官方要求誦讀的經典。同時，它也是受到佛教影響較大的一種文獻，像裏面的"無常""不淨""至道常住""清淨"等，就是佛教的思想和概念。雖然這部經典在《道藏》裏面也有收錄，但還看不出來它在盛唐巨大的影響。可是，它在敦煌道教文獻中居然有 103 份之多，佔了大淵忍爾《敦煌道經·目錄編》所收錄的敦煌道教文書 493 份的 21%，你就知道它在盛唐的厲害了。[4] 也就了解這部據說是隋朝道士劉進喜所造，唐代道士李仲卿續成的十卷道經，當時是何等的有影響了，所以，研究唐代道教史，不能輕易放過它。

又比如說，道教有一部《太上洞淵神咒經》，是很重要的一部經典，以前很多人研究它，覺得它可能是東晉時代的作品。我記得好像有一篇很專門很長的考證文章，是發表在著名的刊物《文史》上的。當時的作者如果看到敦煌本 P.3233 等各個抄本，其實，這

3　參見王承文：《敦煌古靈寶經與晉唐道教》，中華書局，2002 年；王承文：《漢晉道教儀式與古靈寶經研究》，中國社會科學出版社，2017 年；劉屹：《六朝道教古靈寶經的歷史學研究》，上海古籍出版社，2018 年。

4　大淵忍爾《敦煌道經·目錄編》（福武書店，1978 年）；當然，大淵忍爾目錄之後，敦煌有關道教的文獻發現更多了，王卡《敦煌道教文獻研究：綜述、目錄、索引》（中國社會科學出版社，2004 年）中，他收集的敦煌道經數量已經超出大淵忍爾目錄將近一倍。

個年代的問題很容易解決的。為甚麼呢？因為《道藏》本這部經的《誓魔品第一》裏面，有一段是"大晉之世，世欲末時，人民無淳，苗胤生起，統領天下，人民先有多苦……"，看到"大晉"兩個字，又看到很亂，當然會以為是東晉。但是，在敦煌本的42-47行，是這樣寫的"大晉之世，世欲末時，宋人多有好道之心，奉承四方，吾先化胡作道人，習仙道者，中國流行，還及劉氏"，這個"劉氏"，不就是接着晉以後的劉宋麼。不僅僅有這一處，在62-67行，敦煌本又有"乃至劉氏五世子孫……至甲午之年，劉氏還往中國，長安開霸"等，可以作為考證的依據。可是，在現存的《道藏》裏那一本卻不同，改過了。不過後來的版本，沒有把痕跡改盡，仍然有頭一句，只是把後一個"劉氏"改成了"人氏"。因此，你要是看敦煌本，就清楚了。它所預言的"甲午之年"，大概就是宋孝武帝劉駿孝建元年 (454)，你想想，這不是劉宋時代的著作，還會是甚麼時候的呢？

最後一個例子。特別要提到的是，道教史上最早的經典之一《太平經》，當年王明做《合校》，沒有用到敦煌本，就引起了國外學者的批評。當然王明是因為條件所限，看不到，但是現在你再研究道教史，研究道教典籍，不用敦煌資料，大概是眼界太窄了。

所以，敦煌文獻很重要。好在現在，敦煌文書比較容易看到了，台灣黃永武編的《敦煌寶藏》雖然模糊一些，可是各大圖書館的膠卷還是清楚的，特別是近些年來，上海古籍出版社陸續出版各國所藏的敦煌文獻，包括法、俄以及國內各圖書館的，就很好用了。甚至國內還有人編了《敦煌道藏》幾大冊，就更方便了。[5]
此外，如果你還會用日本人大淵忍爾編的《敦煌道經·目錄編》
（另外他還有《圖錄編》），還會用王卡的《敦煌道教文獻研究：綜
述、目錄、索引》，事情就更好辦了。如果有心要了解這方面材
料的，我還要請你看看日本人編的《敦煌と中國道教》，是日本大
東出版社出版的《講座敦煌》的第四本，這部書也很有用。[6]

言歸正傳，關於《想爾注》，最重要的研究成果是 1956 年饒
宗頤的《老子想爾注校證》，當時和後來陸續參加討論的人，有陳
世驤、嚴靈峰、楊聯陞、唐長孺、大淵忍爾、福井康順、楠山春
樹、柳存仁等[7]。其中，討論最熱烈的問題是兩個，一是時代，不
要說是"年代"，因為準確的年代誰也說不清楚，所以只是說"時
代"；二是內容，就是它是否應當是道家向道教轉化，或者說是道
教創造性地運用了老子作為資源的一個例證。這兩個問題是互相
有關聯的，如果時代早，那麼它在道教轉變史上的意義可能就非
同小可，如果時代晚，晚到六朝，如劉宋時代，那麼，這個時候
道教的書已經有很多了，它的意義和價值就沒有那麼重要了。所
以，首先要確定的就是它的成書時代。

5　李德範編：《敦煌道藏》，中華全國圖書館文獻縮微複製中心，1999 年，共五冊。

6　大淵忍爾：《敦煌道經·目錄編》；大淵忍爾：《敦煌道經·圖錄編》；王卡：《敦煌道教文
　　獻研究：綜述、目錄、索引》；《敦煌と中國道教》（《講座敦煌》之四，大東出版社）。

7　參見講義後所附的"參考論著"。

二、考證古書年代和真偽的原則及其問題

關於古書成書時代的研究，從古代以來就有很多中國式的方法。大家都知道，清代考據學中間一個很大的成就，就是給古書重新確定年代。其中最通行的方法，就是梁啟超總結的一套，這一套是傳統的方法，積累了多少代學者的經驗，在梁啟超《中國近三百年學術史》和《古書真偽及其年代》裏面總結的這樣幾種方法，現在看來，大體上還是可行的。[8]

不過，我們也要特別提醒大家，這套方法在現在，也要有一些修正。第一，從著錄上檢查。因為古代中國的歷史書和目錄學相當發達，有名的著作大體上都在各種正史經籍志、藝文志，各種公私圖書目錄上有記載，或者從各種其他的著作中能夠找到它的痕跡。梁啟超說，如果突然發現一本書，"向來無人經見，其中定有蹊蹺"，比如先秦書不見於《漢志》，漢人書不見於《隋志》，唐以前的書不見於《崇文總目》，就十有八九靠不住。這裏所謂真和假，其實也就是一個年代的問題，《漢志》上有，當然就應當早於西漢末期到東漢中期，也就是劉向和班固著書的時代，如果《漢志》上沒有，那當然就可能晚於這個時代。同樣的理由，著錄是檢查年代的第一個標誌。當然，這是一般規律，要注意的是，現在考古發現卻常常打破這一規律，像馬王堆到上博楚簡，就多

8　參見梁啟超：《中國近三百年學術史》（朱維錚校注《梁啟超論清學史二種》），復旦大學出版社，1985 年，第 385–388 頁。

是不見於《漢書・藝文志》的，你能説他是假的麽？ 現在，大家非常看重余嘉錫的《古書通例》，爲甚麽？因爲裏面説到了很多過去不注意，現在被出土文獻發現所證實的現象，比如余嘉錫就説過，歷代求書編目，不見得搜集得全，所以"諸史經籍志皆有不著録之書"，古書往往沒有作者，"不題撰人"，書名又常常有別稱，不見得都著録在目録上，更何況還有"前代已亡，後代復出"的情況。所以，這一條不可以絕對化。[9]

第二，從本書所載的事跡、制度或引書上去判斷。因爲書中的事實文句，只有後人引前人的，不會前人預引後人的，這是顯而易見的常識。這大體上是對的，不過，現代考古發現有時卻提醒我們，古人的書，並沒有著作權，徒弟改師傅的書，後人抄前人的書，沒有必要一一作注，也沒有必要一一申明。所以，古書並不能以一本書爲一個單位，來斷定它的時代，有很多書的寫作和成書年代，是重重疊疊的，一次一次地抄，一次一次地增加刪減，就出現了很多很難判斷的時代問題，要分別對待，而且要寬容對待。像《壇經》裏面提到了惠能死後二十年，有人將光大禪門的事情，那麽肯定這段話是惠能死後二十年以後，才由某人添上去的，但是能不能一下子就説死《壇經》就是惠能死後二十年才有的呢？恐怕不好説，我們只能説這一段話的時代要重新考慮，而不能簡單地對整部書的年代進行確定，整部書要另外來考慮，

9　余嘉錫：《古書通例》，見劉夢溪主編"中國現代學術經典"的《余嘉錫、楊樹達卷》，河北教育出版社，1996年，第153—256頁。

不要一棍子打死。余嘉錫也說過，古書不一定成於一手，一次又一次的疊加，有時候會有後人修訂增刪的痕跡出現在古書中的，此外，或許還有注文混入正文、批答混雜在正文裏面等等情況，你如果以為這就是書成於後代的證據，恐怕也要有問題。

第三，從文句及文體上來檢查。一般來說，一個時代有一個時代的文體，一個時代有一個時代的句式，一個時代有一個時代的詞語，讀古書較多的人會有一些感覺，像一代一代有不同的書寫習慣和字體一樣，我們現在說秦篆、漢隸、魏碑，大體是這樣的。但是，我考大家一個題，如果有書裏出現"摩登"這個詞，那麼，你如何判斷它的大體下限？不那麼容易吧。以前最有名的一個例子，是通過考證語言來論斷《列子》的時代，通過《列子》的語言、用詞、用韻來判斷，證明《列子》確實是魏晉時代人的作品。不過，要注意，這只是大體而言的，不能用這一方法下決定性的斷論，因為這種"感覺"常常是後人的歸納，歸納怎麼可能無一遺漏？所以這種感覺來自"大多數情況是這樣"，"當時大多數人有這樣的習慣"，但是，沒有辦法保證不出例外，更沒有辦法保證沒有人會精心模仿作假。特別是古書總是抄來抄去的，有時候抄的人也會改一改，讓當時人容易讀，比如司馬遷《史記》用《尚書》中的文句的時候，常常把它改成當時通行的語言，這樣一來，你怎麼辦？你能因為《史記》中有白話，說《史記》這些古代資料是假的嗎？

第四，從思想淵源上考察。梁啟超和後來很多學者都傾向於相信，各個時代有各個時代人的想法，這種說法過去很多人用在考證文獻的年代上面。比如在考證《論語》的時候，很多人包括像崔述這樣的人，就覺得《論語》後十篇常常有逃避社會的內容，像"吾與點也"等，所以就說，它可能是受了老莊影響以後的作品，老莊在他們看來是戰國時期的人，所以，後十篇就晚出一些。又比如，過去講"因果"的思想，當然就要放在佛教傳來以後，講"理""氣"的思想，常常是在宋代以後。但是，這一條恰恰後來受到批評最多，為甚麼？因為這種思想的總體傾向，也是後來歸納的，你怎麼保證一個人沒有各種思想，誰能那麼理性堅定地"一以貫之"而不說別的話呢？誰能保證一個時代沒有另外的、特出的、奇怪的思想，和那個時代不合拍呢？像過去，都說還魂再生的故事是魏晉以後的傳奇才有的，可是，放馬灘秦簡裏面的資料，卻一下子把它提前了很多年，以後看到這類故事出現在某個文獻裏，你還能說它一定是魏晉以後的東西麼？現在郭店楚簡公佈了，裏面很多講"理""性"的內容，使我們覺得到宋代才討論"性""理""氣""情"的說法，顯然有些低估了古人的思想水平，那麼，這種哲理討論一旦出現在某文獻中，你還能斷定它一定在宋代以後麼？所以，考據文獻時代的各種標準裏面，這一條是最要小心的。

第五，從組織成篇的原料上考察。這一條主要是從古代考據學傳統裏面最自豪的《古文尚書》證偽中總結出來的。按照梁啟超的總結，有人偽造古書，一定要造得像，所以常常會從各種古老的文獻中抄一些資料來，把它組織起來，讓你發現這一句在某本古書裏面有，那一句曾經被某某古人引用過。雖然這種方法很高明，但是這種造偽的人勢必不可能句句有來歷，句句有來歷，就不是偽書而是輯佚了。那麼，他總要打補丁，添些東西，但是很難"滅盡針線跡"，所以，你可以發現它的問題。但是，這一條法則也是有問題的，因為它必然是建立在有罪推定的基礎上的，就是先預設這本書是偽書，才一一找出它裏面某句某段的來歷，證明它可能就是從這些資料中抄出來拼起來的。但是我們如果反過來，先預設這本書不是假的，那麼，這些本來證明抄撮的"出處"，不就成了證明其來歷有自的"證據"了麼？我們可以說，你看，這一句曾經在某書裏面有，說明它在某書寫作的時候被參考過，這一段在某書裏面有，那麼它成書一定在這本書之前。是不是這樣呢？余嘉錫就說，古書不免有闕失，因為傳抄的時候有刪有併，校刊時又有可能出現錯誤，所以用"引用"來斷定"真偽"也要小心。

所以，現代學術中間，斷定古書年代與真偽，實在是一個相當困難的事情。當然，大體上說，斷定下限，在資料充分的時候，倒還是可以做到的。比如，除了考古發現可以作為"斷代"（也就是肯定成書下限）確定無疑的證據外，如果目錄書裏面有，也可以當作一種證據，像佛教的《出三藏記集》裏有某種佛教著作，那麼，大體上可以肯定這部佛教著作是梁代以前的；如果各種時代確定無疑的文獻中抄撮和引用過，像敦煌文書中引用過或有抄本，那麼，可以斷定是唐代至少是北宋初敦煌藏經洞封洞以前的東西；如果成書時代明確的類書中引用過，像道教的《無上秘要》、佛教的《法苑珠林》引用過，那我們也可以相信它早於這些類書。

差不多四十年前，我和湯一介先生談到道教研究時曾經說過，道教文獻的斷代，要找幾個定點的"樁"，然後把道教的書一一放在這些"樁"上考察，這樣來判斷年代。[10]

三、關於《想爾注》成書年代的各種說法

我們把話題回到《想爾注》上來，來看一看關於《想爾注》的年代的不同說法。這方面有幾種主要的意見：第一，認為它是東漢末期成書的，像饒宗頤[11]、大淵忍爾；第二，推測它出自北魏末期（約534年），如福井康順、麥谷邦夫；第三，還有一種意見和這差不多，說它最遲成立於劉宋末年，如小林正美。

關於出自漢末的說法，大概有幾條支持的原始資料。首先是元代人編的《茅山志》卷九有道教經典《登真隱訣》的一段話。《登真隱訣》是南朝的道經，不過，這段話卻不見於《道藏》本《登真隱訣》，但這段話相當重要，因為它裏面引了陶隱居（陶弘景）的話說，《老子道德經》有玄師楊真人就是楊羲手書的"張鎮南古本"，而且這一古本就是"五千文"。據陶弘景說："系師內經

10　參見葛兆光：《湯一介先生採訪記》，《中國文化》第一期，1989年，第200－202頁。

11　饒宗頤：《想爾九戒與三合義》，《清華學報》（新竹）新第四卷第二期（1964），第76－83頁；《老子想爾注續論》，《福井博士頌壽紀念東洋文化論集》（東京），1969年，第1157－1171頁。

四千九百九十九字，由來缺一，一是作‘三十輻’應作‘卅輻’，蓋從省文耳，非正體也。”張鎮南就是張魯，他投降曹操以後，受封鎮南將軍，而五斗米道是讓人誦讀五千文即《老子》的。所以，有人認為這裏所說的“張鎮南古本”就是《想爾注》，也就是五斗米道教人誦讀的那個《道德經》五千文。其次，到了南北朝的梁陳以後，道教方面陸續有直接的資料了，像梁代的《洞玄靈寶三洞奉道科戒營始》的《法次儀品》裏面列出道教傳經次序，就在《道德經》二卷、《河真人注上下》二卷後面，說到《想爾注》二卷。《奉道科戒營始》這部經典是比較可靠的，敦煌本 P.2237《三洞奉道科戒儀範》就是它，一般道教研究者都相信，它成書時代比較早，那麼，可以斷定這個時候已經有了兩卷本的《想爾注》了，而且把它排在《河上公注》之後，說明它的來歷應當很早。再次，六朝的道經《傳授經戒儀注訣·序次經法第一》中也直接說：“系師得道，化道西蜀，蜀風淺末，未曉深言，託遷《想爾》，以訓初回”；《洞真太上太霄琅書》卷四又說：“河上章句，系師想爾，始殊略同，隨因趣果。”除了道教自己的資料，在教外也有一些資料，像隋代的《經典釋文·敘錄》就說，《想余（爾）注》“不詳何人，一云張魯，或云劉表。”而唐玄宗的《道德真經疏·外傳》就直接說：“三天法師張道陵所注”。另外，再晚一些唐末的《道德真經廣聖義》，就繼承或者遵照了唐玄宗的說法（詳細的資料見於饒宗頤《老子想爾注續論·道書徵引想爾記略》、陳世驤《想爾老子道經敦煌殘卷論證》等）。

這些相當堅實的資料，使得一些學者認為，《想爾注》大體上應當出自漢末的張魯。如果它真的出自張魯，那麼，它就是五斗米道的重要資料了，大淵忍爾的《老子想爾注の成立》和《五斗米道の教法 —— 老子想爾注を中心として》，就是從這一點上，推論五斗米道的早期教法的。[12] 中國台灣的道教學者李豐楙則在他的博士論文《魏晉南北朝文士與道教之關係》第二章第二節裏也說，S.6825 應當是北朝的寫本，但是，北朝不是它的成書時代，應當推到五斗米道，所以，它成書應當是東漢末年。[13] 而 1963 年，大陸學者喻松青在《歷史研究》上發表論文《道教的起源與形成》，則認為它的作者是張道陵。任繼愈主編的《中國道教史》說它可能是張魯所作，甚至確認應當成書於東漢建安十三年，也就是 208 年，這種太精確的說法，可能有些讓人覺得有懷疑，不過，總之它也是主張《想爾注》是東漢的書。[14]

但是，這種說法從一開始就有人反對，比如嚴靈峰、福井康順、麥谷邦夫等等。[15] 嚴靈峰是從抄寫的字體、語言等來論證的，但抄本和撰成是兩回事兒，抄寫的字體如何，並不能說明甚麼，

12 大淵忍爾：《五斗米教の教法について》（上）（下），見《東洋學報》第四十九卷第三號（1966），第 40–68 頁；《東洋學報》第四十九卷第四號（1967），第 97–129 頁。

13 李豐楙：《老子想爾注的形成及其道教思想》，載《東方宗教研究》（台北）新一期（1990），第 151–180 頁。

14 任繼愈主編：《中國道教史》，中國社會科學出版社，2001 年，第 38–39、744 頁。

15 嚴靈峰：《讀老子想爾注校證書後》，《老子微旨例略‧老子眾說糾謬》，（台北）無求備齋，1956 年，第 109–123 頁；參見嚴靈峰《老子想爾注寫本殘卷質疑》，《大陸雜誌》第 31 卷第 6 期（1965）；《老子想爾注校證與五千文的來源》，《民主評論》（香港）第十五卷第十六期（1964）。福井康順：《老子想爾注考》，《早稻田大學大學院文學研究所紀要》十三，1967 年，第 1–20 頁。

倒是語言的時代特徵，確實也是一個證據，不過前面我們說過，這也不是絕對的證據。所以，日本的福井康順則比較小心，他只是懷疑說，敦煌本是北魏以後的寫本，懷疑成書應當在北魏之後，只是託名張魯而已。另一個日本學者楠山春樹《老子想爾注考》雖然沒有給出一個相當明確的年代，但認為，它的編成年代上限為六朝，而不是東漢末，它要比《河上公注》略晚一些，這篇文章後來收在他的著作《老子傳說の研究》裏面。[16]

　　反對"漢末說"最明確的是小林正美。他認為，《老子想爾注》的成書，應當是在劉宋初《三天內解經》以後，劉宋末期《大道家令戒》和《太霄琅書》以前。他主要是從此書批判"世間偽伎"這一點來考慮的，他覺得，《想爾注》的批判對象，就是劉宋三洞派道士即陸修靜、顧歡等人，既然批判劉宋的道士，那麼，就不可能太早。從這一角度出發，他認為《老子想爾注》批判的"世間偽伎"，是指他們反對五斗米道到早期天師道的各種方法，如合氣釋罪之類，而提倡的是比較高雅的，類似存想思神，也就是反思默想身內神靈之類。同時，他也考證了《想爾注》裏一些觀念，比如，作為神的"道"和老子、道真、太上老君等。[17]這種意見和柳存仁的相近，柳先生也認為，可能應當是"張魯以後，南北朝期間誦五千文某一派之撰人，依託張系師甚至張道陵而撰述之可能

16　楠山春樹：《老子想爾注考》，《老子傳說の研究》，（京都）創文社，1979 年，第239－269頁。

17　小林正美：《老子想爾注》，載氏著：《六朝道教史研究》第二編《天師道及其道典》第三章，李慶譯，四川人民出版社，2001年，第284－313頁。

性或較大。"[18]

大家可以注意一點，他們都曾經討論過《想爾注》的思想和詞匯，而且討論得很接近，可是結論卻相反。那麼，這幾種意見到底哪一個比較對呢？其實，各有各的理由，我今天並不是來下結論的，而是要和你們一起討論一下這些方法背後的方法論依據。

四、《想爾注》的內容及其成書年代的關係

《想爾注》的內容是甚麼呢？其實，判斷這部書年代的關鍵內容，是它作為《老子》的注釋，在解釋裏面究竟把老子的意思發揮和推衍了多少，這些發揮和推衍應當是甚麼時候的，這和文本的時代有關係。大家知道，古代中國常常是圍繞和藉用古典的詮釋來表達當時的思想的，這是一個中國的思想史特色，所以，詮釋中常常會有一些"時代痕跡"，這些時代痕跡也許會透露消息。至於單純文本詞語注釋的部分，在考證年代上，就不那麼要緊了，因為所有的語詞注釋，古代和今天都有可能是一樣的。

《想爾注》裏面推衍和發揮老子思想的地方，大體上可以分為以下幾類：

第一，劃出聖與俗的界限，表達長生的願望。聖與俗，在西

---

18 柳存仁：《想爾注與道教》，載氏著：《和風堂新文集》，（台北）新文豐出版公司，第281－337頁。

方宗教學家看來，是宗教最大的特徵之一，像涂爾干、伊里亞德就是這樣看的，伊里亞德有一本關於宗教本質的書，已經翻譯成中文，名字就叫《聖與俗》(*The sacred and the profane: the nature of religion*)，而"長生"又是宗教尤其是道教的中心思想。以前這裏常常提到"仙士"和"俗士"、仙事與俗事的差別，比如第二十章注中就說"仙士與俗人異"。那麼，甚麼是"仙"與"俗"的根本差異？其中，最重要的是生命的永恆與短暫，而且為了這種長生，"仙士實精以生，今人失精以死"（二十一章注），"仙士有穀食之，無則食氣"（二十章注）。大家注意，這樣一來，就開始把道家思想與道教知識劃分開了一道鴻溝。本來，《老子》第六章也講到"穀神不死"，第五十章也說到"善攝生者，陸行不遇兕虎"，五十九章還提到"長生久視之道"。不過，看起來老子還不是很在意"長生"，只是常常涉及和用作比喻。但是，《想爾注》裏面卻很明白地把這種關於生命的願望，變成最重要的追求。比如，第六章"玄牝門，天地根，綿綿若存"，通常被解釋成"微妙的母性之門，是天地的根源，連綿不斷，始終永存"，大體上還是比喻"道"與"天地"由於有根本，所以永恆。但《想爾注》卻解釋說："陰陽之道，以若結精為生……年少之時，雖有，當閒省之"，又以"龍無子，仙人無妻，玉女無夫"等來說明，這就變成了養生之道。又如《老子》第七章的原文是"天長地久。天地所以能長且久者，以其不自生，故能長生。是以聖人後其身而身先，外其身而身存。非以其無私邪？故能成其私"，但《想爾注》把"私"讀為"尸"，對"以其無尸，故能成其尸"的注釋說："不知長生之道，身皆尸行耳，非道所行，悉尸行也。道人所以得仙壽者，不行尸行，與俗別異，故能成其尸，令為仙士也。"這樣，心靈和思想中的"私"，就被解為身體的"尸"，修道和世俗兩者之間，就有了"尸行"的"俗"和"仙士"的區別，這樣就和道家的説法不同，成了宗教性的道教説法了。在這部注釋中，很多地方都與"長生"有關係，像"金玉滿室，莫之能守"，也便成了如何守"精氣滿藏中"；"富貴而驕"，也被理解為"精結成神，陽氣有餘，務當自愛"；"天地開闢"的天地，也被説成是"男女陰陽孔也"；就連"當其無，有室之用"那一段，也被説成是"道有天轂，人身有轂，專氣為柔，轂指形為管轄，又培胎練形，當如土為瓦時"（十一章注）。

第二，闡述長生與善惡道德的關係，並討論社會道德和政治。接下來，《想爾注》就討論到社會問題。它指出，你要想長生，那麼就還要注意，除了身體和精神上的修煉，還要講倫理道德上的善惡，所以説，是"欲求仙壽天福，要在信道，守誠守信，不為貳過。"比如，不要強求富貴榮華，要畏懼四鄰，"與不謝，奪不恨，不隨俗轉移。"他指出，"俗人不能積善行，死便真死，屬地官去也"（十六章注），"結志求生，務從道誡"（二十七章）。《想爾注》裏説，由於現在不用"道"，所以"人悉弊薄"（十八章"大道廢有仁義"句下注），而且"今道不用，臣皆學邪（耶）文，習權詐，隨心情，面言善，內懷惡"，所以，一方面要"畏以天威，令（惡人）自改也"（十七章注），因為無論是王者還是臣民，"不畏法律，乃畏天神，不敢為非惡"（三十二章注），一方面要帝王"專心信道戒也"（十八章注），天子王公"雖有榮觀為人所尊，務當重清淨，奉行道戒也"，"尤當畏天尊道"（二十六章注），"王者雖尊，猶常畏道，奉戒行之"（三十七章注）。它還特別強調不要用兵，除非像風后和呂望那樣不得已，因此，這叫"道設生以賞善，設死以威惡"（二十章注），提出要用道教的戒與律，超越政治權力，以規範這個世界的秩序。

第三，批判詐稱"道"的"世間偽伎"。比如（1）批判偽道士以黃帝、玄女、龔子、容成的名義，教信仰者"從女不施，思還精補腦"等（九章注）。它追問道："行《玄女經》《龔子》《容成》之法，悉欲貸，何人主當貸若者乎"（二十八章注）。同時，還批判關於"守一"附身的"世間常偽伎"。（2）它也批判把超越無形的"道"，説成是"有服色名字、狀貌、長短"（十四章注），並且禁止"祭餟禱祠"，認為"有道者不處祭餟禱祠之間也"（二十四章注）。（3）批判世間偽道，它們"不知常意，妄有指書"（十六章"不知常，妄作凶"注）。他指出，"真道藏，耶（邪）文出，世間常偽伎稱道教，皆為大偽不可用。何謂耶文？其五經半入耶，其五經以外，眾書傳記，尸人所作，悉耶耳"（十八章注），所以，它要反覆強調"絕耶學，獨守道，道必與之，耶道與耶學甚遠。道生耶死，死屬地，生屬天，故極遠。"

可是這樣一來，我們就有些麻煩了，為甚麼？因為它好像沒法給我們一個關於時代的判斷標準。如果從第一部分內容來看，好像是道教從道家思想的資源中重新解釋，漸漸呈現出宗教化趨向，那麼，説來應當是道教初期的事情，依着這一點，從思想邏輯上，大約可以把它放在東漢末。如果從第二部分來看，那麼，它還不是被一連串的政治壓力和禁令控制的時代，好像還在想象自己可以用宗教神權與政治皇權相頡頏。我以前寫過一篇《張道陵"軍將吏兵"考》，就是說，道教早期可能有軍政合一，建立超越政治的神權的取向。如果是這樣，那麼，好像這也可以作為它出現較早的證據，也許，就是三國、西晉時代？但是第三部分，似乎又是道教已經很普遍了以後，所以才出現了種種問題，比如有了神像（也有了天地水官），有了祭祀，有了男女合氣等方式，有了不少新出經典，所以，道教中人才有了自我反省的意識，從這一些跡象來看，似乎又比較晚了，至少要到道教很流行一段時間，也就是至少在東晉劉宋時代了。那麼，考據學是否可以用這些證據來斷定典籍的時代呢？大家可以討論一下。

【參考論著】

1. 饒宗頤：《老子想爾注校證》，上海古籍出版社，1991 年。

2. 嚴靈峰：《讀老子想爾注校證書後》，載《老子微旨例略・老子眾說糾謬》，（台北）無求備齋，1956 年。

3. 陳世驤：《想爾老子道經敦煌殘卷論證》，載《清華學報》（新竹）新第一卷第二期，1957 年。

4. 大淵忍爾：《五斗米教の教法について》（上）（下），《東洋學報》第四十九卷三—四號，1966、1967 年。《老子想爾注と河上公注との關係について》，《山崎先生退官紀念東洋史學論集》，（東京大安），1967 年。《老子想爾注の成立》，載《岡山史學》十九，1967 年。

5. 福井康順：《老子想爾注考》，《早稻田大學大學院文學研究所紀要》十三，1967 年。

6. 楠山春樹：《老子想爾注考》，載《老子傳說の研究》，京都：創文社，1979 年。

7. 麥谷邦夫：《老子想爾注について》，《東方學報》（京都）第 57 冊，1985 年。有李穌書中譯本《論〈老子想爾注〉》，載《早期中國史研究》第五卷第一期，2013 年，第 1—40 頁。

8. 柳存仁：《想爾注與道教》，《和風堂新文集》，（台北）新文豐出版公司，1997 年。

9. 小林正美：《老子想爾注》，載《六朝道教史研究》，李慶譯，四川人民出版社，2001 年。

【 閱 讀 文 獻 】

《老子想爾注》(選)

"天長地久。天地所以能長久者，以其不自生，故能長久。"能法道，故能自生而長久也。"是以聖人後其身而身先。"求長生者，不勞精思求財以養身，不以無功劫君取祿以榮身，不食五味以恣，衣弊履穿，不與俗爭，即為後其身也。而目此得仙壽獲福。在俗人先，即為身先。"外其身而身存。"與上同義。"以其無尸，故能成其尸。"不知長生之道，身皆尸行耳，非道所行，悉尸行也。道人所以得仙壽者，不行尸行，與俗別異，故能成其尸，令為仙士也。

"持而滿之，不若其已，揣而悦之，不可長寶。"道教人結精成神，今世間偽伎詐稱道，託黃帝、玄女、龔子、容成之文，相教從女不施。思還精補腦，心神不一，失其所守，為揣悦，不可長寶。若，如也，不如直自然如也。"金玉滿堂，莫之能守。"人之精氣滿藏中，苦無愛守之者。不肯自然閉心，而揣悦之，即大迷矣。"富貴而驕，自遺咎。"精結成神，陽氣有餘，務當自愛，閉心絕念，不可驕欺陰也。驕欺，咎即成。又外說，秉權富貴而驕世，即有咎也。"名成功遂身退，天之道。"名與功，身之仇。功名就，身即滅，故道誡之。范蠡乘舟去，道意謙信。不隱身形剃，是其效也。

"知其雄，守其雌，為天下奚。"欲令雄如雌。奚，何也，亦近要也。知要安精神，即得天下之要。"常德不離，復歸於嬰兒。"專精無為，道德常不離之，更反為嬰兒。"知其白，守其黑，為天下式。"精白與元□□同色，黑太陰中也。於人在腎，精藏之，安如不用為守黑，天下常法式也。"常德不貸，復歸於無極。"知守黑者，道德常在，不從人貸，必當償之，不如自有也。行《玄女經》、龔子、容成之法，悉欲貸，何人主當貸若者手？故令不得也。唯有自守，絕心閉念者，大無極也。"知其榮，守其辱，為天下谷。"有榮必有辱。道人畏辱，故不貪榮，但歸志於道。唯願長生，如天下谷水之欲東流歸於海也。"為天下谷，常德乃足，復歸於樸。"志道當如谷水之志欲歸海，道德常足。樸，道本氣也。人行道歸樸，與道合。"樸散為器，聖人用為官長。"為器以離道矣，不當令樸散也。聖人能不散之，故官長治人，能致太平。"是以大制無割。"道人同知俗事、高官、重祿、好衣、美食、珍寶之味耳，皆不能致長生。長生為大福，為道人欲制大，故自忍不以俗事割心情也。

禪宗的歷史學與文獻學研究：以神會為例

引言：禪宗史上的神會和尚

大家都知道，傳統的禪宗史上，南宗取代北宗成為禪門主流，通常都被認為是最大的事件，也是中國佛教史上最大的轉折，因為這是"佛教從印度到中國"的大關節點。它完成了從竺道生、謝靈運以來佛教的轉型，使得來自印度的佛教出現了一個相當"中國化"的趨向。比如，莊子式的絕對自由觀念和自然生活理想，老莊一系對於語言瓦解和偶像廢棄的策略，輕鬆愉快的頓悟的解脫方式，這引起了"道"與"佛法"的差異。對於士大夫相當有吸引力的一些思想和口號，比如所謂"直下便是，擬思則差"；"不假漸修，剎那照見"等的提出，徹底改變了印度佛教要求坐禪苦修的傳統，使佛教真正進入了中國上層士大夫精英的思想世界和生活世界。

盛唐時代的禪宗僧人神會（684—758）[1]，據説，就是其中一個關鍵性的人物。按照胡適先生的説法，神會在滑台大會上對於北宗禪思想方法的抨擊，以及後來他又籌集香水錢資助唐王朝平定安史之亂，對禪宗史上這一南北形勢逆轉，是有關鍵作用的。所以，胡適在《荷澤大師神會傳》裏説："南宗的急先鋒，北宗的毀滅者，新禪學的建立者，《壇經》的作者，—— 這就是我們的神會。在中國佛教史上，沒有第二個人有這樣偉大的功勛，永久

---

[1] 關於神會的生平，可以參看近年出土的《大唐東都荷澤寺歿故第七祖國師大德於龍門寶應寺龍首腹建身塔銘並序》，載《文物》（北京）1992 年第三期，第 67 頁。

的影響。"[2]

對於禪宗史來說，胡適對於神會的研究，挑戰了傳統的禪宗史，是有震撼力和影響力的，很長時間裏，胡適的影響都非常大，無論是讚同他的還是反對他的，其實都受他影響。更重要的是，通過他的這一研究，我們還可以看到近代中國學術轉型的一個側面。所以，今天我們用神會研究為例，看看這一研究裏面，呈現了甚麼樣的學術史。

一、關於神會的傳統禪宗文獻

在 1920 年代之前，敦煌文書裏面的禪宗文獻還沒有出來的時候，研究禪宗主要靠的是傳世的有關禪宗的文獻。比如北宋的《景德傳燈錄》《宋高僧傳》，南宋的《五燈會元》，以及傳世的史書像《新唐書》和《舊唐書》，還有一些佛典和唐人文集裏面的零星資料。比如 1920 年代出版的忽滑谷快天著《禪學思想史》，以及胡適在 1924 年寫下的禪宗史手稿，大體上都只能用這些傳世文獻。這些文獻裏面，雖然也有一些關於神會的資料，但對於神會，大都平平淡淡地記載，並沒有特別突出他的歷史地位。以《景德傳燈錄》為例，裏面僅僅記載神會對南北宗之爭有貢獻，著有《顯宗

2　胡適：《荷澤大師神會傳》，《胡適文集》第五冊，北京大學出版社，1998 年，第 199—236 頁。

記》。尤其在中唐，禪宗的石頭和馬祖分派以後，各種禪宗燈錄，更是只濃墨重彩地凸顯兩家和五宗，並不特別注意神會的意義。

比如，在北宋的《景德傳燈錄》裏面，關於禪宗史上最關鍵的南北之爭，神會究竟起了甚麼作用，只有短短的一段："祖（惠能）滅後二十年間，曹溪頓旨沈廢於荊吳，嵩嶽漸門盛行於秦洛。（神會）乃入京。天寶四年，方定兩宗（南能頓宗北秀漸教）。乃著《顯宗記》，盛行於世。"所以，雖然沈曾植《海日樓札叢》已經很敏感地注意到，神會可能在禪宗史上有極為重要的作用，但是他也只是直覺。而像忽滑谷快天《禪學思想史》第六章《荷澤神會與南北二宗之爭》，也只能根據這些有限的傳世資料，盡力做出這樣一個敍述：

（一）神會的生平，主要說明的是《壇經》《景德傳燈錄》《宋高僧傳》記載有不同。

（二）南北二宗的對抗中，神會有重要作用，《宋高僧傳》和《圓覺經大疏鈔》記載，神會受到盧奕迫害，離開長安，陸續遷到荊州。《禪門師資承襲圖》記載，中唐貞元十二年（796）定禪宗宗旨，立為七祖。

（三）根據《景德傳燈錄》敍述神會的《顯宗記》，說它"與《法寶壇經·定慧第四》符合"，他的學說宗旨是"力說真空，以無念為宗。"[3]

3　忽滑谷快天：《中國禪學思想史》第三編《禪機時代》第六章，朱謙之譯，上海古籍出版社，2002年，第159頁以下。

忽滑谷快天把神會的一節排在牛頭、青原行思、馬祖道一、永嘉玄覺的後面，在南陽慧忠、大珠慧海、百丈懷海、南泉普願和西堂智藏等之前，並沒有顯示出他有甚麼特別突出的地位。

那麼，在當時有沒有新發現的禪宗文獻呢？也有，在1930年代前後。比如收藏在韓國海印寺的五代末期的禪宗史書《祖堂集》，收藏在日本的中唐時代的《六祖惠能大師傳》，分別在中國和日本發現的中唐禪宗史書《寶林傳》。這些文獻雖然很寶貴，但是，由於它們都撰寫在九世紀馬祖禪籠罩以後，歷史敍述不免受到後來禪宗"攀龍附鳳"的影響。這些文獻主要突出的，還是惠能之後，南嶽懷讓到馬祖道一和青原行思到石頭希遷這兩大系統，所以，並不能改變原來傳世的燈錄留下來的歷史脈絡，神會在禪宗史上，雖然總是有那麼一些記載，但地位和作用仍然並不那麼彰顯。

簡單地說，在後來禪宗史的歷史記載中，禪宗史就是從神秀的"北宗"到惠能的"南宗"，而六祖惠能的南宗，後來又主要是青原行思到石頭希遷一支，和南嶽懷讓到馬祖道一一支的歷史。據各種傳燈錄記載說，馬祖道一門下，以百丈懷海、南泉普願、大珠慧海為首，其中尤以百丈一脈為盛，後世衍生出溈仰、臨濟二宗；石頭希遷門下，以天皇道悟、藥山惟儼、丹霞天然最為著名，天皇、藥山之後，分出雲門、法眼、曹洞三宗。這就是所謂南宗禪史上的兩派和五宗，叫做"一花開五葉"。這裏基本上沒有太多神會的位置。

這是歷史一種常態。文獻的層層遮蔽，不僅僅是神會，還有五祖門下的法如（見《法如行狀》和《傳法寶記》）、神會門下的慧堅（見《慧堅碑》）等，這樣的事情歷史上很多很多。

二、敦煌文獻的發現及其啟迪

十九世紀末二十世紀初，敦煌文書被發現，是一件對中國學術影響很大的事情，關於敦煌文書的意義，我們在另外的地方會仔細講，這裏主要針對禪宗史研究來講，敦煌文書怎樣改變了禪宗歷史的研究。

首先，我們要說，敦煌文獻中，除了最重要的《壇經》寫本之外，涉及禪宗的資料還有很多，這一發現，至少要部分歸功於胡適。胡適對敦煌卷子的注意很早，我們知道，1914 年在美國留學的時候，他就給英國刊物寫文章，指出大英博物館敦煌文書目錄的問題。[4] 到了 1926 年，他恰好有機會到歐洲參加庚子賠款問題的會議，他利用這個機會去巴黎和倫敦看敦煌卷子，帶着自己對禪宗史的關注，就發現了禪宗史上前人很少接觸的新資料。敦煌的這些資料對胡適的禪宗史觀念影響很大，這以後幾年，他開始對禪宗史進行研究。1927 年夏天，他在上海美國學校"中國學暑

4　胡適為英國《皇家亞細亞學會會刊》（*Journal of the Royal Asiatic Society*）撰文，批評 1914 年卷第 3 期上翟理斯（Herbert Allen Giles）編撰的《敦煌錄：關於敦煌地區的記錄》（第 703－728 頁），指出其錯誤。見王冀青：《胡適與敦煌錄》，《文史知識》2010 年第 7 期。

期講習會"講了四次《中國禪宗小史》，1928 年，他寫了《禪學古史考》，同年又與湯用彤討論禪宗史，[5] 可以看出，這個時候已經基本形成了他的禪宗史基本脈絡和評價立場。於是，從 1929 年起到 1934 年，他陸續發表了好幾篇關於禪宗的研究論文，範圍涉及了早期禪宗系譜、中古禪宗史、南宗的神會，以及《壇經》作者、惠能與神會之後的南宗禪等，一時引起學界極大關注。後來的禪宗史研究，就發生了很大的變化，這些都有賴於胡適發現的，當然還有其他學者發現的敦煌禪宗資料。

那麼，敦煌發現的禪宗文獻有哪些呢？下面我略舉一些例子：

1. 早期禪宗的資料，如《二入四行論》（相傳為曇林記載達摩之說，這是早期楞伽宗的資料，存 S.2715、3375、7159 和 P.2923 等八件，現已收入柳田聖山《達摩的語錄〈二入四行論〉》，此文敦煌還有藏文傳本，見 P.116、821）；又如《澄心論》（相傳為四祖道信的學說，存 S.2669、3558，P.3777 等七件）；又如《入道安心要方便門》（傳為四祖道信的法要，存 S.2054、4272 等八件）；再如《修心要論》（又名《最上乘論》，傳為弘忍所說，存 S.2669 等九件）等。

2. 南北分立時代的禪宗資料，比如《傳法寶記》（P.2634、

5　1928 年 7 月 21 日他和湯用彤的書信討論，即《論禪宗史的綱領》，共十三條。其中有幾個最重要的關節，一是印度禪與中國禪，中國禪受道家自然主義影響的成分最多；二是菩提達摩一派當時叫"楞伽宗"，敦煌有《楞伽師資記》；三是惠能的革命和神會的作用；四是八世紀下半葉出現了很多有關禪宗系譜的偽史；五是八世紀下半葉到九世紀上半葉，禪宗的分派要參考宗密的著作和敦煌的資料；六是神會一派不久衰微，馬祖道一成為正統，"中國禪至此始完全成立"。以上這些論述，基本上構成了六至九世紀禪宗史的大體框架。

3858/3559，唐杜朏撰，早期北宗的歷史系譜）、《楞伽師資記》（這也是北宗系統的歷史系譜）；又比如《心海集》（S.2295、3016，有 155 首禪詩，分為“菩提篇”“執迷篇”“解悟篇”“勤苦篇”以及“修道”等類，一般認為是北宗系統的思想文學作品）、《大乘無生方便門》（又名《大乘五方便》，S.2503、7961，P.2058、2270，一般認為是神秀弟子的作品，為北宗的綱領性思想資料，其中 S.2503 已經收入《大正藏》第八十五卷，鈴木大拙有匯校本）以及《觀心論》（傳為神秀的作品，強調坐禪觀心，務必要體會到“本若無心”，才能超出三界，有 S.646、2595、5532，P.2460、4646）等。

3.《歷代法寶記》（又名《師資血脈記》，這是四川成都淨眾寺金和尚一系對禪宗歷史的記錄，強調禪宗正統應當是惠能之後，由淨眾寺／保唐寺系統繼承，已經收入《大正藏》第八十五卷）。

有興趣的人，可以參看一些前人的研究。比如，關於《歷代法寶記》《楞伽師資記》等，就可以看日本學者柳田聖山《初期禪宗史書の研究》的研究[6]；此外，還可以看日本學者集體編纂的《敦煌佛典と禪》，裏面也討論了各個禪宗系統和敦煌禪典籍的關係[7]。如果要了解最基本最簡單的情況，也可以參看季羨林先生主編的《敦煌學大辭典》，其中 724 頁到 729 頁簡單地介紹了敦煌禪宗文獻的基本情況。[8]

6　柳田聖山：《初期禪宗史書の研究》，（京都）禪文化研究所，1966 年。

7　《敦煌佛典と禪》（《敦煌講座》八，大東出版社，1980 年）。

8　季羨林主編：《敦煌學大辭典》，上海辭書出版社，1998 年。

好了，現在書歸正傳，說到南宗禪宗和荷澤神會。敦煌文書中有關神會的資料相當多，根據胡適、鈴木大拙、金九經等人的收集和整理，主要有(1)《南陽和尚問答雜徵義‧劉澄集》(S.6556，神會與眾多士人及佛教人士問答)；(2)《神會和尚頓教解脫禪門直了壇語》(S.2492、6977，P.2045，這是開元六年即公元718年後，在南陽龍興寺宣講佛法的記錄，批評北宗"凝心入定，住心看淨，起心外照，攝心內澄"，強調頓悟、無念、無住)；(3)《菩提達摩南宗定是非論》(P.3047、3488、2045，記錄開元二十年即732年滑台大會上，神會與崇遠法師的辯論，由神會的弟子獨孤沛記錄，是重新了解南北宗紛爭的最要資料)；(4)《頓悟無生般若頌》(S.5619、468，神會撰，胡適說就是《顯宗記》，其中提到袈裟作為傳法之憑證)。上述這些資料經過胡適、鈴木大拙、金九經的收集、整理和出版，應當說，神會的情況已經相當清楚和完整了。

那麼，從這些敦煌文獻、來自非禪宗派系的僧傳、各種史書以及碑刻文獻等等綜合考察中，我們可以看到甚麼呢？有甚麼和過去傳統燈錄構造的禪宗史不一樣的地方呢？

我們先補充說一點兒宏觀情況。現在我們知道，在初盛唐時代，佛教僧人仍然分為法師(以學習、宣講和著述佛經、佛理為主要信仰方式)、禪師(以修習禪定的實踐為主要信仰方式)、律師(以講究和傳授佛教戒律為主要信仰方式)三類。經過安史之亂後，在大佛寺研習經典的法師群體，受到相當嚴重的摧殘，中唐比較興盛的是後兩大類(禪、律)，法師一系有些沒落。而中唐的禪門，則大體是六系並盛(北宗、荷澤、天台、牛頭、淨眾、洪州馬祖），在盛唐時代的北宗禪之後，南宗禪裏最先崛起的，就是荷澤神會這個系統，在貞元年間（785－805）受到宮廷的重視，促使了禪宗南宗的興盛。

關於荷澤神會這一系統的研究情況，要提到的，首先就是胡適對敦煌資料的發現。二十世紀二十年代，胡適為了作中國思想史，就開始研究禪宗，現在保存下來的"禪宗史草稿"，大概寫於1924－1925年。剛好在1926年，前面我提到，胡適到歐洲去開會，據他在《海外讀書雜記》裏說，他專門去看了藏在巴黎和倫敦的敦煌材料，發現其中有很多神會的資料。所以，後來回國後，他陸陸續續撰寫了幾篇文章，像《菩提達摩考》(1927)、《白居易時代的禪宗世系》(1928)、《荷澤大師神會傳》(1930)、《壇經考之一》(1930)、《楞伽師資記序》(1932)、《壇經考之二》(1934)、《楞伽宗考》(1935) 等（分別收入《胡適文集》第三、第五冊）。還把敦煌文書裏神會的文獻編輯了一本《神會和尚遺集》（上海：亞東圖書館，1930年）。

胡適的這些工作，等於基本上改寫了禪宗史。他特別把神會一系在禪宗史上的意義，給大大突出起來了。他在敦煌發現資料的啟發下，參考了贊寧的《宋高僧傳》、宗密的《圓覺經大疏鈔》《禪源諸詮集都序》和《中華傳心地禪門師資圖》，改變了《景德傳燈錄》以來的傳統說法，把原來禪宗燈錄中只有很一般的、蛛絲馬跡的神會一系，給發掘出來，而且給放大了。在胡適寫的《荷澤大師神會傳》和他整理的《神會和尚遺集》中，他重新確立中國禪宗史的主脈絡，是從五祖 —— 六祖惠能 —— 荷澤神會。他認為，尤其是神會最重要，所以，他說了一段著名的話：「南宗的急先鋒，北宗的毀滅者，新禪學的建立者，《壇經》的作者，──這就是我們的神會。在中國佛教史上，沒有第二個人有這樣偉大的功勛，永久的影響。」

這個觀點被不少學者接受，當然，也有學者不太同意。像印順《中國禪宗史》就認為，禪史上變化最大的是牛頭禪的老莊化，他在二十世紀七十年代寫過《神會與壇經》批評胡適，但是，他並沒有能夠推倒胡適的說法，只是強調《壇經》和神會思想是不同的而已。

胡適的結論雖然未必很對，但胡適的方法很有意義。如果我們重新看一看傳統禪宗史敘述中，很多這種改寫、湮滅、發掘、再改寫的歷史，再看看禪宗史料的地層關係，你就會發現，歷史敘述中這種一層層加碼、一層層重疊的關係，這種層層積累的歷史堆積層很厚。不光是神會系統，我們以北宗神秀繼承五祖弘忍這段歷史為例來說，就連這段歷史本身，也是一個疑雲重重的事情。

1. 弘忍原本有四大弟子，即法如、老安、玄賾、神秀，如果沒有《傳法寶記》和少林寺附近留存的《法如行狀碑》，法如就消失了，可是，他是北宗最重要的人，大家可以看我寫的《誰是六祖》這篇文章。幸好有這些資料，民初的沈曾植才察覺到法如的重要，現在的禪宗史才補上了這一環節。

2. 神秀雖然重要，但是他崛起是在法如之後，而且是受到了法如的提攜。比如龐塢圭（李元圭），這是北宗的重要和尚，他去荊州參見神秀，是奉了法如的命令。

3. 所以，敦煌文書裏《楞伽師資記》才說神秀是七祖。為甚麼？因為前面有一個法如。你去看傳世石刻文獻裏面的裴璀《少林寺碑》，特別是《龐塢圭碑》裏面的禪宗譜系，就是以法如繼承弘忍，以龐塢圭繼承法如，乾脆就沒有神秀的事情。所以你可以看到，禪宗傳法並不是一脈單傳，也不是傳統燈錄裏面說的那個五祖弘忍之下，就分為北宗神秀、南宗惠能這樣的系統。

4. 還有一個證明，就是神秀的弟子裏面，最重要的義福和普寂。他們兩個人本來就是去少林寺參見法如的，只是因為還沒見到，法如就遷化即去世了，所以，才改到荊州見神秀的，可見，神秀應該排在法如的後面才對。

5. 特別是，弘忍去世的時候，神秀在荊州而不在黃梅弘忍身邊，也不在禪門中心少林寺，他怎麼能夠直接就接上了線呢？可是法如是在少林寺的，他當上禪宗領袖是順理成章的。

所以在禪宗史裏面，有很多很多的問題。大家注意，一般來說，追求正統，塑造合法，無論是政治領域還是宗教領域，都特別重要，在沒有刀把子和槍桿子支持，只能靠神跡或符信支持的宗教領域，編造神聖歷史就更要緊，禪宗史上這麼多的編造、改寫、塗抹，其實，就是為了"攀龍附鳳"和"自我神聖"。

三、對神會在禪宗史上意義的重新發掘

讓我們再回到神會的問題上來。

請大家讀一下《宋高僧傳》和《景德傳燈錄》裏的兩篇《神會傳》。請大家注意，《景德傳燈錄》裏面說："祖（惠能）滅後二十年間，曹溪頓旨沈廢於荊吳，嵩嶽漸門盛行於秦洛。乃入京。天寶四年（745），方定兩宗（南能頓宗，北秀漸教）。乃著《顯宗記》，盛行於世。"這一段在《宋高僧傳》裏是這樣的，"開元八年（720），敕配住南陽龍興寺。續於洛陽，大行禪法，聲彩發揮。先是兩京之間，皆宗神秀。若不澹之魚鮪附沼龍也。從見（神）會明心六祖之風，蕩其漸修之道矣。南北二宗，時始判焉。致普寂之門，盈而後虛。"這兩段資料，關係到南北兩宗爭鬥的過程。要注意的是，第一，開元年間，神會從南陽到洛陽或長安，這是一個關鍵節點；第二，這裏沒有提到滑台大會，但提到天寶四年（745）神會在長安，這是一個南北兩宗轉折的關鍵；第三，由於神會的努力，使得持"漸修之道"的北宗普寂一系受到沉重的打擊，"頓宗"戰勝了"漸教"。

我們知道，《景德傳燈錄》雖然並不是神會一系的作品，但也還是寫了神會的意義，也提到了他的《顯宗記》；《宋高僧傳》更不是禪宗的史傳，但也提到過神會的意義；五代後期的《祖堂集》卷三，也提到了惠能門下有八個重要的弟子，（青原）行思、（南嶽）懷讓、（南陽）慧忠、（荷澤）神會、（司空山）本淨、玄覺（一宿覺）、崛多三藏、智策。這說明，神會也還是南宗一個重要角色。但是，因為它們只是把神會和惠能門下的其他南宗禪門僧人一起提到的，並沒有像胡適那樣單獨表彰，反而重心在突出南嶽懷讓和青原行思，所以，神會很容易被忽略。特別是，因為中唐以後南嶽懷讓下的馬祖、青原行思後的石頭這兩大系統特別興盛，徒子徒孫特別多，也特別厲害，所以，後來的禪師書寫自己的系譜，就"攀龍附鳳"，都往懷讓到馬祖，或行思到石頭這兩大系統上湊，結果弄得這兩家在禪宗史上大大的隆重，把其他的系統都淹沒掉了，佔了大多數注意力。以至於神會也好，慧忠也好，本淨也好，看上去就沒有甚麼光彩，暗淡下去了。這當然就是福科講的"話語"的"權力"，"書寫"改變了"歷史"，"歷史"隱藏了"過去"。但是，前面我說到，清末民初的沈曾植，就已經發現了神會在南北宗之爭中的意義，在《海日樓札叢》裏面提到這個問題。順便說一句，沈曾植在民初學術界的意義不可忽視，王國維、陳寅恪都非常推崇他，甚至認為他是同光以後學界的第一人。他留下的東西不多，但是很精。《海日樓札叢》裏面，關於"楞伽宗""法如""密宗壁畫與詩歌"的敏銳見解，都是有開創性的，雖然很短很簡單，但是都提示了很重要的思考方向，這就是他厲害的地方。在現代禪宗史研究領域，日本的忽滑谷快天《禪學思想史》也有專節討論神會，大體上傳世文獻中提到的，他都注意到了。中國台灣學者江燦騰曾經懷疑胡適是抄襲了忽滑谷快天，這個批評太極端了，我曾經指出過這一點。[9] 為甚麼？最簡單地說，因為在

9　江燦騰曾經質疑胡適的神會研究，是否曾經受到日本忽滑谷快天1923年、1925年出版的《禪學思想史》的啟發和影響，所以，並不算他的原創。江勇振在《捨我其誰：胡適傳》第二部《日正當中：1917−1927》（台北：聯經出版事業公司，2013年）中，一方面讚成江燦騰的意見，另一方面又指責江燦騰"只留心出版的作品，而忽略了胡適未出版的筆記和手稿"（第661−664頁）。按：胡適在禪宗史研究中討論神會的意義，是在1924−1925年，那時未必依據了忽滑谷快天的著作。雖然1926年發現敦煌神會文書時，有可能參考過忽滑谷快天的書，但胡適從敦煌文獻入手重新審視禪宗歷史，通過整體質疑禪宗系譜的書寫來重建一個可信歷史，在方法論上的意義更大，所以，不必糾纏於他是否沿襲了忽滑谷快天的書。

胡適之前，雖然有關神會在禪宗史上作用的敍述已經相當充分和完整，但公正地說，這些論述都不曾把神會當作禪宗南北之爭的關鍵（只是一般性的人物），尤其是敦煌的新資料沒有得到運用，一直到胡適的研究用了敦煌資料，突破了傳世文獻和歷史資料的"層層重疊"，這才算有了本質的改變。

我們看《胡適手稿及秘藏書信》裏的資料。1920年代，胡適對哲學史、思想史重新整理，也許就是他所謂"整理國故"的一部分。胡適的《禪宗史草稿》有關神會一段，寫於1925年3月4日，在還沒有看到敦煌文書的時候，他就批評《宋僧傳》説："這書頗能徵集原料，原料雖未必都可靠，總比後人杜撰的假史料好的多多。"又説："禪宗書往往把後世機緣話頭倒裝到古先師傳記裏去……我們所以藉神會一傳，給讀禪宗史者下一種警告。"[10] 胡適這個人好立新説，往往有新發現和新思路，特別是，他1926年見到敦煌的新材料，這促成了禪宗史研究領域出現了革命性的轉變。這一年，他用討論庚款會議的機會到了法國和英國，順便去看了敦煌卷子，在那裏他發現了神會的資料。其中，特別是他發現了滑台大會的辯論，看到了開元、天寶年間神會和人的對話，以及早期《壇經》的寫本，還看到了神會系統的《五更轉》等。所以，他大膽地推翻了傳統不那麼重視神會的舊説法，確立了他自己石破天驚的新説法。

10　胡適：《禪宗史草稿》，見《胡適全集》第九卷，安徽教育出版社，2006年，第56—57頁；按：手稿在《胡適手稿及秘藏書信》第八冊中。

這些新看法的要點是：第一，《壇經》的作者，不是惠能而是神會，這夠大膽的；第二，開元二十年（732，一說二十二年）的滑台大會，是南宗戰勝北宗的關鍵一戰；第三，在安史之亂中，神會為朝廷籌香水錢一事，得到朝廷信任和表彰，這幫助神會為南宗確立了地位；第四，神會是禪宗七祖。因此，神會改變了整個中國佛教史的走向。

應當說，這四個新發現或者新結論，構成了胡適的禪宗史系統。後來，很多人都接受了這個說法，包括日本、中國台灣、美國的學者。特別是 1990 年代神會碑銘《大唐東都荷澤寺歿故第七祖國師大德於龍門寶應寺龍首腹建身塔銘並序》在洛陽發現，李學勤先生在《文物》1992 年第 3 期上寫了文章介紹，更加支持了有關神會的這個歷史敘述。雖然關於《壇經》作者這一條，還有很多反對意見和學術爭論，但是其他方面，似乎都沒有特別的異議。

四、重新檢討的結果：方法和結論之間

我們對胡適的這四點新看法，做一個全面的檢討，看看是否正確。

第一條，關於《壇經》的作者是神會。胡適的證據之一是《壇經》和《神會語錄》裏面，很多術語和思想相近。但是，我個人覺得，這個說法並不成立，因為學生和老師之間相似是很自然的，為甚麼學生不沿襲老師呢？學生沿襲老師的說法，不是很正常嗎？何況那個時代，沒有那麼嚴格的引用制度，也沒有那麼嚴格的著作權意識。胡適的證據之二，是惠能不識字，不可能講這麼深奧的思想，但是，焉知惠能不識字是真是假？也許是禪門比附"不立文字"的一種神話？惠能真的是文盲嗎？胡適的證據之三，是中唐的《鵝湖大義禪師碑》中有說，荷澤一系的"洛者曰（神）會，得總持之印，獨曜瑩珠。習徒迷真，橘枳變體，竟成檀經傳宗"一句，胡適認為，這就證明神會炮製了《壇經》（檀經），但是，就算檀經是《壇經》，這段話也只能證明，神會一系用《壇經》作為傳授時的憑信，有這本書的是真傳，沒有這本書的不算嫡傳，如此而已，並不能證明神會就是自己撰寫了《壇經》。

胡適的論據中，比較有說服力的，是《壇經》裏面有惠能說："吾滅後二十餘年，邪法撩亂，惑我宗旨，有人出來，不惜身命，定佛教是非，豎立宗旨，即是吾正法"這一條。因為從惠能圓寂的先天二年（713）到神會在滑台與崇遠論辯的開元二十年（732），恰恰是二十年。神會在滑台大會上揭竿而起，那時惠能已經死了二十年了，死人沒有預見力，所以，這段話一定是後來與神會有關係的人的說法，為了證明真傳嫡系在神會，所以《壇經》和神會肯定有關係。

但是我覺得，也有可能是神會以及他那一系的禪宗僧人，事後對《壇經》有修改補充，而不一定是神會自己從頭到尾炮製了《壇經》。順便提一點，印順（《中國禪宗史》）和柳田聖山（《初期禪宗史書の研究》）的研究都認為，從《壇經》來看，其中思想大多來自牛頭禪一系，比如，無相受戒儀、般若三昧、七佛二十八祖的説法，都是牛頭宗的思想。而且整理《壇經》的法海，可能就是牛頭宗的鶴林玄素的弟子法海，只是後來南宗禪大盛，法海也被算到了惠能一系去了。

這種解釋可能有一定的道理，不過也還只是猜測。總之，把《壇經》的著作權完全歸於神會，恐怕證據還不足。

第二條，滑台大會對南北宗盛衰變化的意義。這是胡適的一個很重要的判斷，特別是因為敦煌文獻中發現了《菩提達摩南宗定是非論》，這是開元二十年（732）滑台大會上，神會與崇遠法師的辯論記錄。但這個判斷有問題，為甚麼？其一，滑台大雲寺並非佛教在唐帝國的中心，沒有那麼大的影響力。同時，佛教辯論會在唐代相當普及，凡是有疑義，常常就會有辯論，這一次在滑台舉行的論戰，是否特別有影響，還是有疑問的。其二，法、律、禪之分，這一定要注意，按照唐代的習慣，凡是以參禪為修行主旨的大都稱"禪師"，以持律為修行主旨的大都稱"律師"，以講論為修行主旨的大都稱"法師"。可是，與神會辯論的"崇遠法師"並不是北宗禪僧，而是義學僧人。其中記載説他"兩京名播，海外知聞……提婆之後，蓋乃有一"，顯然他是一個法師，並不是禪師。他辯論敗了，並不等於北宗敗了。要知道那個時代，北宗禪可能對神會很不屑，因為當時的北宗禪正如日中天，神秀第一代弟子裏面，義福、普寂、降魔藏等都還在世，第二代弟子也已門庭廣大，勢力籠罩了京洛，根本不會把神會放在眼裏的。

這一點，日本學者宇井伯壽早就看出來。[11] 如果據《宋高僧傳》等資料的分析，當時南北的爭論並沒有那麼厲害，南宗和北宗的關係也不很壞，真正矛盾公開化，爭奪正統成為問題，要到天寶四年（745），神會到洛陽荷澤寺的時候，他又是建惠能的真堂，又是序宗脈掛祖像，講西域諸祖和中國六祖，同時又是請兵部侍郎宋鼎寫碑，請太尉房琯作《六葉圖序》，才開始排擊北宗。《歷代法寶記》也記載，到天寶八載（749），神會在洛陽立宗旨，以如來禪破清淨禪，才影響變大的。我曾經推測，這可能是為了"搶七"，佛教的"七"非常重要，由於爭奪"七祖"的位置，神會要使用這樣的大動作。可是，當時並沒有人理會他，很快他就在政治壓力和宗教壓力下被迫離開洛陽了，據說還是被流放的。應當說，開元年間的滑台大會，實際上影響很小。所以，滑台大會的意義，可能被胡適放得太大了。

第三條，關於香水錢的作用。雖然贊寧在《宋高僧傳》已經說過這件事，但只是簡單地提了一下，並不突出。把它當作南北宗之爭的一個大關節，則是胡適《荷澤大師神會傳》才提起來的，後來，幾乎所有的禪史著作都接受了這一判斷，就連印順《中國禪宗史》也不例外。但是，這是有疑問的。我在我的《中國禪思想史》裏面，專門討論這個問題，其中有很多值得討論的可疑處。

1.《宋高僧傳》裏面記載，唐朝面對安史之亂，"用右僕射裴

11　宇井伯壽：《禪宗史研究》（岩波書店，1939 年），第五《荷澤宗の盛衰》，第 195－268 頁。

冕權計，大府各置戒壇度僧，僧税緡謂之‘香水錢’，聚是以助軍須。”那麼，每一個大府都有這種舉動，為甚麼只有神會得到格外的重視，以至於荷澤系禪宗得到格外的支持呢？從安史之亂一開始的天寶十四年十一月（755年底），唐王朝就為了籌集軍費採取了這一策略，（一）最早實施這種賣度牒以收錢緡的是太原地區，《舊唐書》卷四十八《食貨志上》、《新唐書》卷五十一《食貨志一》都記載安史之亂初期，楊國忠“遣侍御史崔眾至太原納錢度僧尼道士，旬日得百萬緡而已。”（二）唐肅宗即位後（756年底），才有御史鄭叔清與宰相裴冕建議諸道賣“空名告身”和“官勛邑號”，結果是“度道士、僧尼不可勝計”。並不只是神會一家的事情。（三）到了兩京收復時（約758年初），又在“關輔諸州，納錢度導士僧尼萬人。”那麼，神會在這種普遍的開壇度僧以換錢緡的風氣中，是否能佔了甚麼特別重要的位置呢？顯然不能這麼説。因為據我考證，當時度僧收“香水錢”的州郡至少在二十處，不僅河東（太原等地）、關輔（關中諸州）及神會所在的荊州，就連遠在西北的敦煌，都有資料表明，朝廷曾度僧收錢。僅僅説神會得到特別表彰，這是不合理的。

2.《宋高僧傳》所謂肅宗詔入內供養一事，是胡適證明神會得到特別恩寵的證據，但這事是極其可疑的。據《圓覺經大疏鈔》説，自天寶十三載（754）七月，神會被量移至荊州開元寺，至乾元元年（758）五月他去世，仍在開元寺，新發現的《塔銘》也説，神會“行邁江表之際，方有羯胡亂常”，就是説安史之亂時他一直在荊州，直到“乾元元年五月十三日荊府開元寺奄然坐化”。

可見在安史亂中，神會不可能在洛陽。既然神會在荊州，不在戰事的中心區域（而郭子儀的軍隊在今陝西鳳翔），他如何能夠以戴罪之身，籌集錢款，成為支持官軍的重要財政？如果他真的得到表彰，為甚麼不立即遷回中心地區，要等到死了以後才送骨灰回去？

3. 有關神會得到肅宗尊崇的這一記載，為甚麼既不見於《神會塔銘》，又不見於對神會做詳細介紹的《圓覺經大疏鈔》？作為一個自認荷澤傳人的後學弟子，圭峰宗密寫過神會的傳記，不至於把這等大事忘在一邊，但是他卻一字未提。

4. 其他得到朝廷恩寵的僧人也不少，比如一般被認為是神會後台的郭子儀，就舉薦過北宗普寂、廣德的弟子常超為“東京（洛陽）大德”，表奏過北宗另一支老安的弟子義琬，讓唐代宗賜諡“大演禪師”。唐肅宗時，北宗的法津禪師更得恩寵，在收復兩京後立即被賜住荷恩寺，免兩稅，還官收地廿二頃，賜給紫袈裟和金鈎。稍後的唐代宗，又曾召牛頭宗徑山國一在內殿講授，安置在大章敬寺。那麼，是不是可以說北宗、牛頭宗也都得到了朝廷的絕對支持呢？如果佛門幾家都可以得到如此的支持，那麼，神會得到的支持有甚麼特殊的意義呢？

所以說，因為香水錢而使荷澤宗或者南宗大盛的說法，顯然是不可靠的。神會一系真正的興盛，據我的判斷可能是唐代宗大歷、貞元年間的事情，尤其是他的弟子慧堅起的作用很大。宗密《圓覺經大疏鈔》卷三之下特意提到，“大歷五年（770），敕賜祖堂額，號真宗般若傳法之堂。”這一事就是慧堅的功勞，這等於使神會一系得到了朝廷的正式承認。貞元初，慧堅又被唐德宗李适召入宮中，回答太子關於"見性"的問題，而且"奉詔與諸長老辯佛法邪正，定南北兩宗。"到了貞元十二年（796），最後在這個皇太子的支持下，"楷定禪門宗旨，搜求傳法傍正"，才立神會為"七祖"。

第四條，七祖的說法很重要。胡適雖然指出神會搶到了禪宗七祖這個事情，但是並沒有指出為甚麼要"搶七"。其實，"七"是佛教的一個搶手數字，我可以證明很多佛教的宗派，都在搶這個"七"，並非只是一個神會。神會之下的禪門，從慧堅到宗密，總在這一問題上糾纏不清，投入了很多的精力，與北宗一系以普寂為七祖互相爭搶。在朝廷未承認時就自稱"七祖"，朝廷承認了就急忙建七祖堂、立七祖碑。為甚麼？圭峰宗密在《圓覺經大疏鈔》《中華傳心地禪門師資圖》中至少四五次提到，在世俗觀念中"七"很重要，比如國立七廟、七月而葬、喪服七代、福資七祖、經說七祖，甚至佛教各種儀式唸誦，都是"七"，所以他說："古來皆目七祖禪印為心地法門"，這就叫"世諦之法，多止於七"。像中唐人沈亞之在《靈光寺僧靈佑塔銘》中就說，當時佛教徒"必祖自佛，派分諸系於七祖，各承其師之傳，以為重望。"這說明，神會一系也和其他宗派一樣，是在搶"七"，並不見得他就真的被大家公認為"七祖"了。

最後補充說一下，有關禪宗"南頓北漸"的說法。現在看來有些不成立了，最近禪宗史研究中最重要的成果之一，就是在敦煌文獻中發現可以推翻這一說法的資料。這一點，我將在另一個地方再詳細討論。

　　所以，這種惠能到神會，南宗把北宗打敗了的歷史，很明顯是靠不住的。如果我們要重新考慮這一段歷史，一定要小心。研究禪宗和研究歷史其他領域一樣，都要靠發掘"沒有被污染或改寫的史料"，才能重新發現歷史。也許，我們可以挑出四份沒有被後來禪師篡改過的直接史料，來看看當時的情況。第一個，是八世紀李華為玄朗所寫《故左溪大師碑》；第二個，是韋處厚在九世紀初撰寫的《興福寺內道場供奉大德大義禪師碑銘》；第三個，是白居易在《傳法堂碑》引興善惟寬語；第四個，是九世紀時裴休為宗密所寫的《禪源諸詮集》序文。大家可以讀一讀，這都是沒有被後來勝利的南宗禪改寫或影響過的原始史料，從這裏你可以看到，八世紀後半期以來，關於佛教禪門的共識。也就是說，在當時相當多人的心目中，所謂"禪門"大體應當包括五大系，即北宗、荷澤、牛頭、天台和洪州。既不是傳統禪宗燈錄裏記載的，北宗被南宗取代，惠能之後是青原行思（石頭希遷）、南嶽懷讓（馬祖道一）兩派，也不完全是胡適考證的那樣，惠能之後是神會，由一個英雄改變了歷史，南宗也不是神會的荷澤宗一線單傳。

五、在胡適的延長線上：文獻學與歷史學

　　大家注意，並不是說"剝去偽裝"就是我們的唯一目的，其實，

"過去"已經過去，"歷史"卻還在不斷敍述。不一樣的、逐漸變化的各種"敍述"，本身就很有意思。你把這些"敍述"一層一層地剖開看，發現裏面有很多問題，"權力"建構"知識"，"話語"炮製"歷史"，在禪宗爭奪正統的過程中，歷史系譜被改寫，是很常見的事情。

雖然胡適的研究有不少可以商榷的問題，但是，正是他指出了禪宗史研究的正確路向。在他之後的幾乎半個多世紀中，中國學術界甚至日本學術界，都深受這些資料和觀點的影響。日本的入矢義高、柳田聖山，都是佛教研究中的權威，但他們在與胡適往來通信中，不僅深受影響，也很認同胡適關於禪宗史的一些説法。胡適的意義就是揭開了禪宗史上"攀龍附鳳"的現象，建立了文獻學和歷史學結合的禪宗史研究典範。

在這個"典範"中，有三點特別要肯定：

第一，是他開拓了禪宗史研究的新資料，特別是在敦煌卷子中發現了很多有關禪宗的新資料。第二，是他重新書寫了禪宗史的脈絡，提出了中古禪宗史研究的新方法。第三，正是因為他自覺地質疑禪宗史料，要在禪宗自我編造的系譜之外重新敍述禪宗史，因此，他對於"教外資料"即唐人文集、碑刻資料有特別的重視。大家如果要仔細了解這一點，可以參看我的論文《仍在胡適的延長線上》[12]。

12　葛兆光：《仍在胡適的延長線上 —— 有關中國學界中古禪史研究之反思》，載《嶺南學報》（復刊第七期），上海古籍出版社，2017年，第3-32頁。

現在我們歸納一下，在胡適的重寫禪宗史之後，很多迷霧被廓清了，逐漸清晰起來的禪宗系譜，大概是這樣的：

1. 當南宗禪還沒有取得全面壟斷地位的時候，也就是在八世紀中葉到九世紀初期，南宗禪進入朝廷之前，關於禪宗的文獻，包括敦煌文獻，對於禪門各系統的記載，大體上還是"一個禪門，各自表述"（例如：法如碑、敦煌本《傳法寶記》、王維《六祖碑》）。

2. 當九世紀禪宗南宗逐漸興盛並壟斷禪宗史敍述以後，一個從惠能與神秀的論戰、神會與普寂的爭鬥的系譜被寫出來（見於《壇經》、敦煌本各種《神會語錄》，以及《景德傳燈錄》中的《顯宗記》）。

3. 當九世紀中葉，馬祖道一的洪州宗在中唐大盛以後，惠能之後的南嶽懷讓和馬祖道一系統，開始在記載中出現並成為主流（例如圭峰宗密的一些記載）。

4. 當石頭希遷後人越來越多，逐漸壯大而要獨立的時候，禪宗的史料又開始把馬祖門下分出去一部分（如丹霞天然等），確立了青原行思到石頭希遷、南嶽懷讓到馬祖道一的系譜（如《祖堂集》）。

5. 當百丈懷海後人得勢以後，百丈系統就突出起來（宋代的《景德傳燈錄》）。

於是，"過去"不存在了，"歷史"被書寫出來。前面一個系譜被後面一個系譜掩蓋，後面一個系譜又被更後面一個系譜掩蓋，所以如果不經過層層剝皮的"知識考古"，一層一層地蛻皮，就不能發現它的由來。胡適的意義，就在於通過敦煌文書，揭開了這個經由"攀龍附鳳"而"層層積累"的過程，這個過程本身，也成了有意思的歷史，因為從這裏面，可以看到"作偽"的心情，而這些"心情"是"真實"的，它也是一個追求正統和權力的思想史。

【參考論著】

1. 胡適：《荷澤大師神會傳》，載《胡適文存》四集卷二，亞東圖書館，1930年；又載胡適編：《神會和尚遺集》卷首，胡適紀念館，1970年。
2. 印順：《中國禪宗史》(重印本)，江西人民出版社，1990年。
3. 杜繼文、魏道儒：《中國禪宗通史》，江蘇古籍出版社，1993年。
4. 葛兆光：《增訂本中國禪思想史 —— 從6世紀到10世紀》，上海古籍出版社，2007年。
5. 忽滑谷快天：《中國禪學思想史》，朱謙之譯，上海古籍出版社，2002年。
6. 宇井伯壽：《禪宗史研究》第一、第二、第三，岩波書店，1939－1943年。
7. John R. McRae（馬克瑞）：*The Northern School and the Formation of Early Ch'an Buddhism*, University of Hawai'i Press,Honolulu,1986.
8. 榮新江：《敦煌學十八講》第十二章《敦煌佛教道教文獻的價值》，北京大學出版社，2001年。
9. 田中良昭：《敦煌的禪宗燈史 —— 其出現的意義》，中譯本，載《戒幢佛學》(2002)第二卷，第145－154頁。
10. 葛兆光：《仍在胡適的延長線上 —— 有關中國學界中古禪史研究之反思》，載《嶺南學報》(復刊第七期，上海古籍出版社，2017年)，第3－32頁。

【閱讀文獻】

1.《景德傳燈錄》卷五《神會傳》(《四部叢刊》影印本、《大正藏》本，顧宏義《景德傳燈錄譯注》，上海書店出版社，2009年)

　　西京荷澤神會禪師者，襄陽人也，姓高氏。年十四為沙彌，謁六祖。祖曰："知識遠來大艱辛，將本來否？若有本，則合識主。試說看。"師曰："以無住為本，見即是主。"祖曰："遮沙彌爭合取次語。"便以杖打。師於杖下思惟曰："大善知識，歷劫難逢，今既得遇，豈惜身命。"自此給侍。

他日，祖告眾曰："吾有一物，無頭無尾，無名無字，無背無面，諸人還識否？"師乃出曰："是諸佛之本原，神會之佛性。"祖曰："向汝道無名無字，汝便喚本原佛性。"師禮拜而退。師尋往西京受戒。唐景龍中，卻歸曹溪。

祖滅後二十年間，曹溪頓旨沈廢於荊吳，嵩嶽漸門盛行於秦洛。乃入京。天寶四年，方定兩宗（南能頓宗，北秀漸教）。乃著《顯宗記》，盛行於世。

一日鄉信至，報二親亡。師入堂白槌曰："父母俱喪，請大眾唸《摩訶般若》。"眾才集，師便打槌曰："勞煩大眾。"

師於上元元年五月十三日中夜奄然而化，俗壽七十五。二年，建塔於洛京龍門。敕於塔所置寶應寺。大曆五年，賜號"真宗般若傳法之堂"，七年，又賜"般若大師之塔"。

2. 宋贊寧《宋高僧傳》卷八《唐洛京荷澤寺神會傳》（范祥雍點校本，中華書局，1987 年）

釋神會，姓高，襄陽人也。年方幼學，厥性惇明，從師傳授五經。克通幽賾。次尋莊老，靈府廓然。覽《後漢書》，知浮圖之說。由是於釋教留神，乃無仕進之意，辭親投本府國昌寺顥元法師下出家。其諷誦群經，易同反掌。全大律儀，匪貪講貫。聞嶺表曹侯溪慧能禪師盛揚法道，學者駿奔，乃敦善財南方參問。裂裳裹足，以千里為跬步之間耳。及見，能問會曰："從何所來？"答曰："無所從來。"能曰："汝不歸去。"答曰："一無所歸。"能曰："汝太茫茫。"答曰："身緣在路。"能曰："由自未到。"答曰："今已得到，且無滯留。"居曹溪數載，後遍尋名跡。

開元八年，敕配住南陽龍興寺。續於洛陽大行禪法，聲彩發揮。

先是，兩京之間皆宗神秀，若不淰之魚鮪附沼龍也。從見會明心六祖之風，蕩其漸修之道矣。南北二宗，時始判焉，致普寂之門，盈而後虛。天寶中，御史盧弈阿比於寂，誣奏會聚徒疑萌不利。玄宗召赴京，時駕幸昭應湯池，得對言理允愜。敕移往均部。二年，敕徒荊州開元寺般若院住焉。十四年，范陽安祿山舉兵內向，兩京版蕩，駕幸巴蜀。副元帥郭子儀率兵平殄，然於飛輓索然。用右僕射裴冕權計，大府各置戒壇度僧，僧稅緡謂之香水錢，聚是以助軍須。

初洛都先陷。會越在草莽。時盧弈為賊所戮，群議乃請會主其壇度。於時寺宇宮觀，鞠為灰燼。乃權創一院，悉資苫蓋，而中築方壇，所獲財帛頓支軍費。代宗、郭子儀收復兩京，會之濟用頗有力焉。肅宗皇帝詔入內供養，敕將作大匠併功齊力，為造禪宇於荷澤寺中是也。會之敷演，顯發能祖之宗風，使秀之門寂寞矣。上元元年，囑別門人，避座望空，頂禮歸方丈，其夜示滅。受生九十三歲矣。即建午月十三日也。遷塔於洛陽寶應寺，敕謚大師曰真宗，塔號般若焉。

3. 唐獨孤沛編《菩提達摩南宗定是非論》，載《神會和尚禪話錄》（楊曾文編校，中華書局，1996年）

弟子於會和上法席下見（和上）與崇遠法師論諸義，便修。從開元十八、十九、廿年，其論本並不定，為修未成，言論不同。今取廿載一本為定。後有師資血脈傳一卷，亦在世流行。

……

於開元廿年正月十五日在滑台大雲寺設無遮大會，廣資嚴飾，升獅子座，為天下學道者說……

遠法師問：“世人將秀禪師作得道果，不可思議人。今日何故不許秀禪師充為六代？”

和上答：“為忍禪師無傳授付囑在秀禪師處。縱使後得道果，亦不許充為第六代。何以故？為忍禪師無遙授記處，所以不許。」

遠法師問：「普寂禪師口稱第七代，復如何？」

和上答：「今秀禪師實非的的相傳，尚不許充為第六代，何況普寂禪師是秀禪師門徒，有何承稟充為第七代？是中嶽普寂禪師、東嶽降魔藏禪師，此二大德，口稱秀禪師是第六代，未審秀禪師將何為信，充為第六代？我韶州一門，從上已來，排其代數，皆以達摩袈裟為信。今普寂禪師在嵩山豎碑銘，立七祖堂，修《法寶記》，排七代數，以何為信？⋯⋯」

⋯⋯

遠法師問：「未審能禪師與秀禪師是同學不？」

答「是。」

又問：「既是同學，教人同不同？」

答言：「不同。」

又問：「既是同學，何故不同？」

答：「今言不同者，為秀禪師教人‘凝心入定，住心看淨，起心外照，攝心內證’。緣此不同。」

遠法師問：「何故能禪師不‘凝心入定，住心看淨，起心外照，攝心內證’？何者是能禪師行處？」

和上答：「此是調伏心。」

遠法師問：「應不凝心入定，不住心看淨，不起心外照，不攝心內證？」

和上答：「此是愚人法。離此調伏不調伏二法，即是能禪師行處。是故經云：心不在內，亦不在外，是為宴坐。如此坐者，佛即印可。從上六代以來，皆無有一人‘凝心入定，住心看淨，起心外照，攝心內證’，是以不同。」

唐・咸亨五年（674）	弘忍圓寂。門下重要的弟子有嵩山少林寺法如（637－689）、嵩山會善寺道安（老安，708 年之前）、荊州玉泉寺神秀（約 607－707）、安州壽山寺玄賾（生卒年不詳）、資州德純寺智詵（609－702）、韶州大梵寺惠能（638－713）。
唐・垂拱二年（686）	嵩山少林寺會議，推舉法如，標誌着弘忍的東山禪門進入中原。
唐・永昌元年（689）	法如圓寂。惠能出山。武則天興佛教，令各地置大雲寺。
周・天授元年（690）	武則天稱帝。
周・萬歲通天二年（697）	武則天召請智詵，於內道場供養。不久智詵辭歸資州。
周・久視元年（700）	武則天在嵩山召老安，老安推薦神秀，神秀入東都洛陽。
唐・神龍元年（705）	武則天退位，十一月死。神秀仍在東都。唐中宗召惠能入京，惠能辭不赴。
唐・神龍二年（706）	神秀圓寂。中宗令普寂"代本師統其法眾"；老安被召至長安。
唐・神龍三年（707）	老安辭歸少林寺。
唐・景龍二年（708）	老安圓寂。召玄賾。
唐・先天二年（713）	惠能圓寂。
唐・開元二十二年（734）	滑台大會。
唐・天寶四年（745）	神會入洛陽。

【附錄 2：《唐中嶽沙門釋法如禪師行狀》簡注[1]】

　　大師諱法如，姓王氏，上黨人也[1]。幼隨舅任澧陽[2]，事青布明為師[3]。年十九出家[4]，志求大法。（青布）明內隱禪智，當人見讓[5]。云：

蘄州忍禪師所行三昧，汝宜往咨受[6]。曰：敬聞命矣。其後，到彼會中，稽請畢已。祖師默辯先機，即授其道。開佛密意，頓入一乘，數緣非緣，二種都盡，到清涼池，入空寂舍。可謂不動真際，而知萬象者也。天竺相承，本無文字，入此門者，唯意相傳[7]。

故廬山遠法師《禪經序》云[8]：則是阿難，曲承音詔。遇非其人，必藏之靈府（《金石續編》錄文缺"府"字）。幽關莫辟，罕窺其庭[9]。如來泥曰未久[10]，阿難傳末田地，末田地傳舍那婆斯[11]。此三應真，冥契於昔，功在言外，經所不辯，必闇軌元匠，屢然無差。又有達節善變，出處無際，晦名寄跡，無聞無示。斯人不可以名部分別有宗明矣者，即南天竺三藏法師菩提達摩[12]，紹隆此宗[13]，武步東鄰之國[14]。傳曰：神化幽賾[15]，入魏傳可，可傳粲，粲傳信，信傳忍，忍傳如[16]。

當傳之不可言者，非曰其人，孰能傳哉[17]？

至咸亨五年，祖師滅度，始終奉侍，經十六載[18]。既淮南化掩[19]，北遊中嶽，後居少林寺，處眾三年，人不知其量[20]。所以守本全樸，棄世浮榮，廉讓之德，賢士之靈也。外藏名器，內洽玄功。庶幾之道，高遁之風也。對問辭簡，窮精入微，出有之計，解空之圍也。機智勇略，能建法城，安人之友，師者之明也[21]。垂拱二年[22]，四海標領僧眾，集少林精舍，請開禪法[23]。僉曰：始自後魏，爰降於唐，帝代有五，年將二百[24]，而命世之德，時時間出[25]。咸以無上大寶，貽諸後昆[26]。今若再振玄綱，使朝聞者，光復正化[27]。師聞請已，辭對之曰：言寂則意不亡，以智則慮未滅[28]。若順諸賢之命，用隆先勝之道，如何敢矣[29]。猶是謙退三讓，久乃許焉[30]。觀乎至人之意，廣矣大矣，深矣遠矣。今唯以一法，能令聖凡同入決定，勇猛當應諦受。如人出火，不容中斷。眾皆屈伸臂頃，便得本心。師以一印之法，密印於眾意，世界不現，則是法界。此法如空中月影，出現應度者心，子勤行之，道在其中矣。而大化既敷其事，廣博群機，隱變之度，毫釐不差。自後頻誨學人，所疑咸速發問。俄然現疾，乃先覺有徵爾。最後一夜，端坐樹下，告以遺訓，重明宗極。顧七日而為一劫，悟彈指而震大千。法無去來，延促思盡。即永昌元年歲次己丑七月二十七日午時，寂然卒世，春秋五十有二，瘞於少室之原也。諸受業沙門，北就高頂，起塔置石。優填王釋迦像，並累師之行狀，勒在佛碑。冀羞奉廟庭（《金石續編》作“廷”），觀文以自誡。曰：我師利見，動寂無方。陶均萬累，廣世為梁。登微有階，庶勤必臧。遺功周極，日月齊光。

【注釋】

[1] 上黨，今山西東南長治、晉城，古為潞州，所以《圓覺疏鈔》說法如是潞州人。

[2] 澧陽，今湖南澧縣。

[3] 青布明，即江漢沙門釋慧明，俗姓王，杭州人，師事越州法敏（579－645年）二十五年，被稱為“玄解第一”，冬夏常穿青布衣，故稱作“青布明”，後又隨蔣州（今江蘇南京）智巖禪師（577－654年）學禪十年，見《續高僧傳》（習禪篇）卷二十。

[4] 應當是656年，即唐高宗顯慶元年。柳田聖山認為，法如在慧明門下，應當是655－659年。

[5] 意思是，青布明內心懷有禪門深刻智慧，但是遇到他人卻非常謙讓。

[6] 蘄州，即今湖北蘄春縣，離黃梅很近。忍禪師即弘忍，唐代禪僧，湖北黃梅人，生於隋仁壽元年（601），唐咸亨五年（674）十月圓寂，被尊為中國禪宗第五祖，當時在黃梅的雙峰山開堂說法。三昧，指Samadhi，意思是止息雜念，進入寂靜心境的方法，又稱“正定”。

[7] 這是說禪宗在印度的傳統，是不立文字，以心傳心。因為佛教認為，文字對於深刻的意義是會產生障礙和導致誤解的。《大品般若》第七“諸字非般若波羅蜜，般若波羅蜜中無聽者，諸佛阿耨多羅三藐三菩提，無字無說。”又《楞伽經》第四“大慧，我等諸佛及諸菩薩，不說一字，不答一字，所以者何？法離文字故。”

[8] 廬山遠法師，指東晉時期著名僧人慧遠（334－416年），俗姓賈，雁門（今山西代縣）人，道安的弟子，381年到廬山，後建立著名的東林寺，著有《法性論》《沙門不敬王者論》等，是傳說中淨土宗的創始人。《禪經序》即慧遠為佛馱跋陀羅（即覺賢，359－429年）在廬山所翻譯的《達摩多羅禪經》撰寫《廬山出修行方便禪經統序》。

[9] 原文是“理玄數廣，道隱於文。則是阿難，曲承音詔，遇非其人，必藏之靈府”，意思是

佛教的道理深刻而且豐富，深藏在文字的背後。當年阿難（前 463－？年，佛陀的堂弟，是佛陀的十大弟子之一，被稱為多聞第一，佛陀生前的教誨和道理，是由他背誦出來，並在第一次結集中記錄下來的）曾恭聽佛陀親口說法，如果沒有可以真正理解的人，就只能藏在心裏，幽深的心靈如果不敞開，外面的人很難看到裏面所有真理的真相。靈府、幽關，都是指心靈。《莊子‧德充符》"不可入於靈府"，僧肇《注維摩經》"幽關難啟，聖應不同"。

[10] 泥曰，即涅槃，一般寫作"泥洹"。僧肇《涅槃無名論》中上秦主姚興表末有"僧肇言：泥曰、泥洹、涅槃，此三名前後異出，蓋是楚夏不同耳。"

[11] 末田地，阿難弟子，傳說在罽賓傳教。舍那婆斯，相傳也是阿難的弟子，又稱商那和修尊者，但是在禪宗系譜傳說中，他也是西天禪門第三祖。

[12] 菩提達摩（？－535 年），梵名 Bodhidharma。又稱菩提達摩、菩提達磨多羅、達磨多羅、菩提多羅。通稱達摩。被尊為中國禪宗初祖。相傳他原是南天竺香至國（或作婆羅門國）國王之第三子，從般若多羅學道，為西天（印度）第二十八祖。南朝宋初自海路到達中國，後住嵩山少林寺，其弟子除慧可外，較著名者另有道育、僧副（一作道副）、曇林等。

[13] 紹，繼承；隆，發揚；此宗，即指禪宗。碑文中說，禪宗一代又一代，在"天竺相承，本無文字，入此門者，唯意相傳。"

[14] 武步，就是繼承、追隨的意思。

[15] 這裏所說的"傳"，是指禪宗自己的歷史記載。神化幽賾，是指禪宗的神奇、玄妙、幽深與光明的道理。

[16] 這幾個人是指禪宗的幾代"東土祖師"，即慧可、僧粲、道信、弘忍。

[17] 這是說，必須是可以傳授的、有緣分的人，才可以傳授禪宗的深刻道理。

[18] 指法如從 659 年聽從青布門的指引，到弘忍門下，一直到咸亨五年即公元 674 年弘忍圓寂，十幾年間他都在弘忍身邊。《傳法寶紀》說他在弘忍門下"精澄十六年"，有一次在江上翻船了，"覆溺數里，心用弗動，無所撓失。及人濟出，神色如常。"

[19] 化掩，柳田聖山說是指弘忍圓寂，待考。據《傳法寶紀》說，法如是得到弘忍"密傳法印"的，在弘忍圓寂後，他才"隨方行道"。

[20] 人不知其量，指人們都不了解法如的佛法造詣。據《傳法寶紀》記載，法如是在唐高宗去世時，才得到僧眾的推薦，得到官方批准授戒剃度，住少林寺的，大概在少林寺漸漸成名，所以說是"數年人尚未惻（測），其後照求日至，猶固讓之。"

[21] 以上這幾段，是指法如深藏不露，有賢士的胸懷，有隱士的風度，有領悟玄理的知識，有善於教誨的才能。

［22］垂拱二年是686年。

［23］據《傳法寶紀》的《法如章》說："垂拱中，都城名德惠端禪師等人，咸就少林寺，累請開法。"惠端的生平不詳，可能是當時一個有地位的僧人。

［24］北魏、北齊、北周、隋、唐，共五朝，從傳說中達摩到達中國（根據《續高僧傳》卷十六《僧副傳》記載僧副於齊建武年間到南方之前，曾隨達摩學習的事情來推算，達摩來到中國應當在建武年即494−498年前，那麼，他從廣州上岸的時間應當更早。又，根據《洛陽伽藍記》卷一達摩曾看到永寧寺這一記載來推算，應當在孝昌二年即526年魏孝明帝為母親靈太后所建永寧寺焚毀之前，就已經到達洛陽），到垂拱二年（686），差不多就是二百年了。

［25］命世之德，指能夠著名於世的高僧。《孟子・公孫丑》"五百年必有王者興，其間必有名世者。"《三國志・魏・武帝紀》"天下將亂，非命世之才，不能濟也。"時時間出，指經常出現。這兩句指的是禪宗的若干代祖師。

［26］無上大寶，就是深刻的佛教真理。後昆，指後學、後人。昆，眾。

［27］如果現在要再度振興佛教，讓聆聽的人（領悟真理），（讓佛教）恢復真正正確的教化。朝聞，《論語・裏仁》"朝聞道，夕死可矣。"

［28］如果語言取消，則意義不會滅亡，要是總用智慧，則思慮不會取消。他的意思是，不必用語言傳遞玄理，如果執着於知識，則心靈始終不能進入寂靜境界。這是法如婉言謝絕領袖的託辭，所以，下面說自己不敢擔任如此重大的傳法重任，因為佛法的傳播是要用語言和知識的。柳田聖山曾引用《廣弘明集》卷二九慧命《詳玄賦》以及稍後的澄觀《華嚴經疏》中的"口欲辯而詞喪，心將緣而慮亡"對此進行解釋。

［29］如果順從各位的旨意，（作為領袖）來昌盛前人已經很偉大的事業，我怎麼敢呢？

［30］於是反覆謙讓推辭，很久才終於同意。

【附錄3：胡適有關禪宗史研究年表】
（根據《胡適之先生年譜長編初稿》中有關胡適禪宗研究資料）

1914年8月，胡適為英國《皇家亞細亞學會會刊》(*Journal of the Royal Asiatic Society*) 撰文，批評1914年卷第3期上翟理斯 (Herbert Allen Giles) 編撰的《敦煌錄：關於敦煌地區的記錄》，指出其錯誤。見王冀青《胡適與敦煌錄》(《文史知識》2010年7期)。

1922 年 4 月，《國語月刊》一卷四號發表胡適《禪宗的白話散文》。

1924 年 7－11 月間，開始寫《中國禪學史稿》，"寫到了惠能，我已經很懷疑了，寫到了神會，我不能不擱筆了。我在《高僧傳》裏發現了神會和北宗奮鬥的記載，又在宗密的書裏發現了貞元十二年敕立神會為第七祖的記載，便決心要搜求關於神會的史料。"（《跋頓悟無生般若頌》裏說他民國十四年作《禪宗史》稿本）

1925 年 1 月，寫《從譯本裏研究佛教的禪法》，見《文存》三集四卷。

1926 年 8 月，去英國參加庚款委員會並訪書，見亞東版《神會和尚遺集》自序。

9 月 4 日，在巴黎發現 P.3488，即《神會語錄》，疑為《南宗定是非論》的後半。見《神會和尚遺集》第 189－191 頁《跋神會語錄第三殘卷》。

9 月 18 日，在巴黎又發現 P.3047，後定名為《神會語錄第一殘卷》。見《神會和尚遺集》第 153－157 頁《跋神會語錄第三殘卷》（《第二殘卷》是《菩提達摩南宗定是非論》）。他在巴黎三十四天，看了十六天寫本。

9 月 23 日，回到倫敦，繼續看敦煌卷子。

約在 11 月中發現《頓悟無生般若頌》，見《神會和尚遺集》第 200 頁。

1927 年 1 月 10 日，在 American Banker 船上已經十天，寫《海外讀書雜記》，均有關敦煌文書及禪宗者。

4 月在日本，見到高楠順次郎、常盤大定、矢吹慶輝，聽說矢吹慶輝發現英藏敦煌本《壇經》，覺得很內疚，也因為在倫敦沒有發現和巴黎對應的三個神會資料，覺得失望。

夏天，在上海美國學校"中國學暑期講習會"講四次《中國禪宗小史》，見 1928 年寫的《禪學古史考》，《文存》三集四卷，基本形成他的禪宗史脈絡和立場。

8 月 21 日，《菩提達摩考》脫稿。是中古哲學史的一章（後來 1929 年有《書菩提達摩考後》，推定達摩到中國時間是南朝宋初，約 470 年）。

1928 年 3 月 24 日，有《白居易時代的禪宗世系》，從《傳法堂碑》考證傳法與心要。

7 月 21 日，與湯用彤《論禪宗史的綱領》。見《胡適書信集》上冊，第 450－453 頁。

7 月 31 日，《禪學古史考》脫稿，見《文存》三集四卷。

1929 年 5 月 20 日，覆陳寅恪信，討論頓漸。

11 月 20 日，跋《神會語錄》第三殘卷。

11 月 24 日，校畢《神會語錄》第二殘卷。

11 月 25 日，跋《神會語錄》第二殘卷寫畢。後於 1930 年 1 月 3 日修改。

12 月 6 日，三次校畢《神會語錄》第一殘卷。

1930 年 1 月 6 日，《跋頓悟無生般若頌》，認為就是《顯宗記》，故收入《神會語錄》為第四卷。把《景德傳燈錄》卷二十八的《荷澤神會大師語》收入《遺集》附錄，見第 213 頁。

4 月 10 日，有《神會和尚語錄》自序。見《文存》四集二卷。

1931 年 1 月 2 日，回金九經信，說讀了鈴木大拙的楞伽研究，對鈴木 "過信禪宗的舊史" 很有看法，並說自己擬寫《楞伽宗考》尚未成。又說到有英文《禪宗小史》，由英國人 Sauncers 翻譯，並送給了鈴木。見《胡適禪學案》第 10－11 頁。

11 月 15 日，有《楞伽師資記序》，原載《海潮音》十三卷四期，《論學近著》、《文存》四集二卷。

1932 年 5 月 19 日，其《中國中古思想史的提要》前十二章寫成，其中第十講是佛教在中國的演變，十一講是印度佛教變為中國禪學，十二講是禪學的最後期。這是胡適紀念館後來出版的，有毛子水的跋文。

1934 年 4 月 5 日，改定《壇經考之二 —— 記北宋本的六祖壇經》，是跋日本京都崛川興聖寺藏北宋惠昕本《壇經》影印本。

12 月，在北平師範大學文學院講《中國禪學的發展》四次，何貽焜、吳奔星記錄，原來發表在師大的一個刊物上。1954 年 5 月 Dr. Demartino 找到後，影印了一份給胡適。

1935 年 4 月 12 日，《楞伽宗考》寫成，《文存》四集二卷。以後由於抗戰，中斷禪宗研究達 17 年之久。

1952 年 7 月 13 日，有《朱子論禪家的方法》。

9 月 20 日，有《六祖壇經原作檀經考》（見胡適手稿七集）。【按】胡頌平在《編者附記》中說："到了四十八年 (1959) 二月二十日，先生在此文的封面上自注說'後來我看了神會的《壇經》兩個敦煌本，我也不堅持《檀經》的說法了'。"

12 月 6 日，在台大講《治學方法》第三講《方法與材料》中，又提到 1926 年到歐洲發現敦煌禪宗資料的事情，指出當時可以看到的材料"尤其是十一世紀以後的，都是經過宋人竄改過的"，又以矢吹慶輝發現的敦煌本《壇經》為例，說明擴張史料的重要。

1953 年 1 月 11 日，在蔡子民八十四歲生日紀念會上講《禪宗史的一個新看法》。原載"中央日報"1953 年 1 月 12 日，後收入演講集中。

6 月 6—7 日，寫定《宗密的神會傳略》。題下有說明"我在一九二六年十月，曾用宗密的《圓覺經大疏鈔》為底本，參用他的《圓覺經略疏鈔》同宋僧清遠的《圓覺經疏隨文要解》（嘉定六年癸酉）來參校，寫定了宗密的神會傳略。今天翻看當年的日記，我把這篇傳略抄出，留作一件史料。我當年沒有把這篇傳略收在我的《神會和尚遺集》裏作為附錄，是因為我不很信任宗密用的材料。我的論證載在我的《荷澤大師神會傳》第一章。一九五三年六月六日胡適。"

1956 年 10 月 26 日，給嚴耕望寫信，談關於"能大師碑"事。

1958 年 7 月 31 日，在《菩提達摩南宗定是非論》巴黎本照片上，對伯 3047（後半）、伯 3488、伯 2045 三個寫本進行說明。又對鈴木大拙發現的北京圖書館藏《南陽和尚頓教解脫禪門直了性壇語》及巴黎藏本（伯 2045）作了說明。見手稿七集。又，胡頌平《編者附記》引 1964 年 10 月 20 日柳田聖山致胡頌平信，有關於此材料的進一步說明。又在此期間，有未完手稿，"似是'校寫菩提達摩南宗定是非論後記'的初稿"。

8 月 4 日，寫定《唐洛京荷澤寺神會傳》，用磧沙藏影印本 542 冊第 69—70 頁，逐段詳細校勘，並有跋語，見手稿七集。

8 月 16 日，《新校定敦煌寫本神會和尚遺著兩種》中的《菩提達摩南宗定是非論》下卷校寫完畢（見《史語所集刊》第 29 本）。

8 月 17 日，《神會和尚遺集》二的末段，修正自己關於滑台大會為開元二十二年的錯誤。

8 月 24 日，《新校定敦煌寫本神會和尚遺著兩種》中的《菩提達摩南宗定是非論》上卷校寫完畢。

1959 年 2 月 12 日，馮釋吾居士來談神會和尚的佛學，被婉拒。胡適說："你們的研究和我的研究不同的，我是研究歷史的，是用歷史的方法來研究神會和尚，你們說的我不懂，我說的你們也不懂。"

2 月 18 日，與陳伯莊（1893－1960）談神會和尚的歷史。說這是他中古思想史的一部分，"我的這篇文章，中國和尚、日本和尚，都不承認我的話，因我的話是把一千年來的歷史另外寫過，他們是不懂的。"

4 月 22 日，覆入矢義高信，談他發現的 S.6557 劉澄序及《神會語錄》原名《問答雜徵義》（第 2873 頁）。4 月 27 日給楊聯陞信中也說起此事，受到入矢之啟發，5 月 4 日白天和晚上，分別寫頗長的《記日本入唐求法諸僧的目錄裏的南宗資料》筆記和《附記興福寺永超的東域傳燈目錄裏的南宗資料》筆記。

5 月 29 日，再覆入矢信談《南宗定邪正五更轉》的四個本子。

5 月 30 日，又給入矢寫信。

10 月 23 日，再入矢寫信，談 S.2669 很像《壇語》。

11 月 15 日，又給入矢寫信，回答他 11 月 11 日和 12 日的信。

11 月 19 日，寫完《北宋惟白和尚關於西天祖師偈頌來歷及"寶林傳"、"聖胄集"等書的紀載》一萬字。

11 月 24 日，有"崔令欽"筆記一條，是讀李華《徑山大師碑》中考得的。

12 月 11 日，給嚴耕望的信中談到"十宗之說，實無根據，南北宗之分，不過是神會鬥爭的口號，安史亂後，神會成功了，人人皆爭先'攀龍附鳳'，已無南北之分了，其實南宗史料大都是假造的……"

12月14日，回入矢一信，談柳田聖山關於《聖冑集》的意見。

12月27日，在中國圖書館學會年會上演講《找書的快樂》，其中提到他"有計劃找書，考證神會僧"的經歷。

1960年1月5日，有小紙條寫着"新羅諸僧中，無相為最有特色，值得詳說，當看金九經鉛印本《歷代法寶記》。"

1月6日，有《能禪師與韶州廣果寺》，引了宋之問《自衡陽至韶州謁能禪師》（【按】韻係韶之誤）和《遊韶州廣果寺》，以及日僧圓珍目錄。手稿七集。

1月15日，有回入矢義高信，談《寶林傳》，又提到鈴木大拙的功勞，收集到石井本《神會錄》、興聖寺本《壇經》、加賀大乘寺本《壇經》。

2月5日，修改新寫好的 *An Appeal for A Systematic Search in Japan for Longhidden T'ang Dynasty Source Materials of the Early History of Zen Buddhism*，為鈴木大拙九十歲紀念文集，不久刊登在《佛教與文化》上，1960年東京出版，第15—23頁（*Buddhism and Culture Essays in Honor of Daisetz Teitaro Suzuki on His 90th Birthday*; Tokyo, 1960）。

2月9日，講《禪宗史的假歷史與真歷史》，從鈴木九十歲紀念文集說起，認為他"是有雙重人格的人，他用英文寫的禪宗很多，是給外國的老太婆看的，全是胡說。但他用日文寫的禪宗，就兩樣了，因為日本還有很多研究禪宗的人，他不能不有顧忌了。"見手稿七集。

2月11日，有《全唐文裏的禪宗假史料》。手稿七集。

3月10日，寫定《神會語錄的三個本子的比勘》，收在《史語所集刊》外篇第四種，又《神會和尚遺集》。

3月11日，校定《五更轉》一首。

3月12日，給王志維寫條子問是否買《五燈會元》元刊翻宋本。

3月14日，寫定《荷澤寺神會和尚五更轉》兩首，見《神會和尚遺集》第456—463頁。

3 月 15 日，續校《南陽和尚問答雜徵義序》。

3 月 16 日，寫定《南陽和尚問答雜徵義》《荷澤寺神會和尚五更轉》及《南宗定邪正五更轉》。次日交史語所排印於《慶祝董作賓先生六十五歲論文集》。

4 月 5 日，下午補寫《北平圖書館的兩個敦煌本》。

4 月 12 日，晚上寫《校寫五更轉後記》。

4 月 17 日，給入矢義高寫信，談自己校寫神會資料的事情，又說他認定《寶林傳》卷八房琯的《三祖燦大師碑文》是真的，是神會請房氏作的，因為"碑文和銘文都根據神會最早提出的'西國以菩提達摩為第八代'的法統說。"

5 月 26 日，回入矢義高的信，談法統偽史的事情，以及《五更轉》和唐代歌曲問題。

6 月 14 日，與黃彰健寫信，談《五燈會元》版本問題。

6 月 16 日，給蔣復璁信談《五燈會元》宋寶祐本的版本，堅持認為是元翻刻本，即劉世珩依據的底本。

6 月 21 日，胡頌平用日本鷲尾順敬《菩提達摩嵩山史跡大觀》本校抄錄的《唐中嶽沙門釋法如禪師行狀》，胡適自己重校。

6 月 28 日，六月中，胡適和同仁周法高、黃彰健、屈萬里等等，一道反覆研究《五燈會元》，當時中央圖書館藏本稱為"宋寶祐本"，白口，與史語所大庫所藏同，此日寫《記中央圖書館藏的宋寶祐本五燈會元》及《試擬五燈會元的三個版本系統》。見手稿八集。

7 月 10 日，在中美學術合作會議（Sino-American conference on Intellectual Cooperation）上發表主題演講《中國的傳統與將來》（*The Chinese Tradition and Future*），有徐高阮的譯文，其中講到傳統的第五段大變化，就是禪宗。原載"中央日報"和《大陸雜誌》。

10 月 30 日（原誤為 12 月 30 日），在家看《祖堂集》的膠片。

10 月 31 日，出席中日韓三國學者會議時，演講中提到研究禪宗史和日本學者的合作。

12 月 4 日，寫成《續傳燈錄的作者居頂和尚》一文。

12 月 5 日，《記中央圖書館藏的宋寶祐本五燈會元的後記三》。8 日，又給蔣復璁和黃彰健寫信談《五燈會元》的版本。9 日寫成後記四。11 日，作文談此書的刻工。12 日，寫後記三的"後記的後記"。

1961 年 1 月 6 日，寫《金石錄裏的禪宗傳法史料》。

1 月 15 日，回柳田聖山信。同意柳田關於二十八祖最早出現於《歷代法寶記》，指出宇井伯壽不接受神會重要性的說法，"我頗感詫異，根本的不同，我想是因為他們是佛教徒，而我只是史家。"下面詳細敍述的，基本上是他的禪宗史的綱領。可以看《胡適禪學案》。

1 月 26 日，談其禪宗，説是中國佛教的一大革命，讓胡頌平看黃庭堅的《黃龍心禪師塔銘》。"這是一篇主要的佛教史料，在北宋時代，重要的寺院長老已經由政府去請大和尚主持了。那時書院的山長，縣裏的或府裏的，因為官產田產的關係，也由地方首長去請人了……所以到了南宋的五山十刹的主持，完全官署化了。"

2 月 5 日，有《佛法金湯編記朱熹與開善、道謙的關係》。

5 月 21 日，看《杭州府志》，有"關於五山十刹""再記五山十刹"的筆記。

5 月 23 日，有《衢州府有白居易傳法堂碑》讀書筆記，他在《信安縣志》中看到石刻在月果禪寺，便記下來。

7 月，本月，胡適大病，原擬給道安和尚寫的《影印續藏經緣起》，沒有寫成，只留下幾段，又有《記日本最近八十年中校印的四部大藏經》筆記。

8 月 13 日，有《慧忠與靈坦都是神會的弟子》一文約三千餘字，考訂二人同門，均為神會的弟子，見手稿七集。

8 月 16 日，寫成《跋裴休的唐故圭峰定慧禪師傳法碑》（《金石萃編》百十四、《全唐文》七四三）約五千字（9 月 28 日又修改了一次）。8 月 22 日又寫了《後記》兩千字。8 月，還寫了《白居易唐東都奉國寺禪德大師照公塔銘》《宗密自記他得圓覺經及後來作疏的始末》和《宗密記圓覺經的譯主》等筆記。

10 月 8 日，寫《記嵩山老安》三千字。手稿七集。

10 月 11 日，作《嵩山（會善寺）故大德淨藏禪師身塔銘》筆記。並寫信給陳垣請教。

10 月 15 日，作《嵩山（會善寺）故大德淨藏禪師身塔銘》的後記。

10 月 24 日，《記李朝正的"重建禪門第一祖菩提達摩大師碑陰文"》，討論《全唐文》卷九九八的這一文字。見手稿七集。

10 月 27 日（又誤作 12 月），有《沈德符野獲編二七記明朝的僧家考課》筆記。

10 月 28 日，有關於《七修類稿》中五山十剎的筆記。10 月 30 日，又寫了有關此書"六祖"的筆記，讓人知道六祖故事到明代已經成了甚麼樣子（第 3749 頁）。又有抄自黃溍《金華黃先生文集》中有關五山十剎的筆記。

10 月 31 日，又從《道園學古錄》中討論有關《晦機禪師塔銘》筆記，11 月 1 日，則有《李華左溪大師碑及鶴林寺徑山大師碑所記南北諸宗世系》筆記及討論虞集文集卷四八《大䜣（希陵）禪師塔銘》。

11 月 15 日，這個月，醫生已經禁止胡適工作，但仍有《教院五山十剎》筆記，並從宋濂文集中摘錄教寺資料。以及《鸞坡前集》中《送覺初禪師還江心序》中找到資料。

【附錄 4：胡適有關禪史的兩段論述】

胡適《禪宗史草稿》（《胡適全集》第九卷，安徽教育出版社，第 56—57 頁）有關神會一段，寫於 1925 年 3 月 4 日，批評《宋僧傳》"這書頗能徵集原料，原料雖未必都可靠，總比後人杜撰的假史料好的多多"，又説"禪宗書往往把後世機緣話頭倒裝到古先師傳記裏去……我們所以藉神會一傳，給讀禪宗史者下一種警告。"他對於禪宗史尤其是惠能以後的禪宗史，多採《宋僧傳》和各種碑銘史料。

《中國禪宗的發展》（《胡適文集》第十二冊，卷三，第 301 頁以下）批評過去研究禪學的，第一個缺陷是"大都用一種新的宗教的態度去研究，只是相信，毫不懷疑”；第二個缺陷是“缺乏歷史的眼光”；第三是“材料問題”，他認為要從日本寺廟、敦煌石室去找。他一一討論了達摩、惠能、神會的思想方法，並且在最後歸納了五種禪學的方法，一是不說破，因為自身就是佛，不必向外人求；二是懷疑，要自己去想；三是禪機，就是有意無意之間的暗示；四是行腳，到處參訪；五是悟，完全貫通覺悟。—— 徹頭徹尾就是“自得”。但是最後他又指出，禪學的革命不徹底，到了理學才真正徹底，以客觀的格物代替了主觀的心理，辨明事物的是非真偽。目標轉移了，不再是做普通人做和尚，而是要先天下之憂而憂後天下之樂而樂，進步更偉大了。

第六講

《明儒學案》以及
明代思想與社會研究

引言：明代思想史的基本脈絡及其定型

這次課討論的重心，是思想史研究怎樣重建歷史背景。

如果我們相信，歷史、政治和社會背景，對於思想、學術、文化很重要，那麼，我們一定會問：(一) 思想、學術和文化的歷史背景，究竟該如何研究？(二) 過去各種思想史著作的那種宏大背景，是否能夠說明具體的思想、學術和文化？(三) 甚麼才叫做社會史和思想史的結合，所謂思想史背後的社會史，是在"定性"式地描述社會性質，還是在具體地敘述政治事件和社會生活？像侯外廬《中國思想通史》那樣的寫法，是否就是社會史和思想史的結合了？最後 (四) 我們要用明代中葉，具體說，就是弘治、正德、嘉靖三朝王陽明之學興起的具體政治和社會背景作為例子，來看一下這種歷史背景描述，究竟應該怎麼做？

其實說到底，就是在討論思想史怎樣回到歷史裏面去。

1. 傳統歷史文獻中有關明代中葉思想的歷史背景

對於明代思想史研究影響最大的傳統文獻，當然是《明儒學案》。康熙二十九年 (1690)，黃宗羲編纂《明儒學案》，在卷五《白沙學案》裏說："有明之學，至白沙始入精微……至陽明而後大。"對於這個線索，他好像有一些疑問，他指出，陽明的弟子薛氏，在正德十四年 (1519) 的上疏裏就曾經要求以陳獻章從祀孔廟，應當是當年王學自己承認這個學脈的證據，可是，王陽明本人為甚麼閉口不提這個學術和思想的淵源呢？雖然有疑問，但他沒有再說下去。接着，他在卷十《姚江學案》裏面又一次提到，"有明學術，白沙開其端，至姚江而始大明……"，他指出，王陽明專門提出"良知"二字的重要性，他覺得這改變了"此亦一述朱耳，彼亦一述朱耳"的局面，所以才超越和延續了朱熹。

黃宗羲在《明儒學案》裏面對明代以儒家為中心的學術和思想，以地域為章節，以人物和著作為單位，進行了大體的歸納和敍述，後來很多關於明代思想史的論著，都大體上是依賴這部書的，所以它影響極大。應當說，它的敍述和分類還是很可靠和正確的，當然，它也有不足，（1）作為明代思想史的基本著作，它只涉及儒家，而不涉及佛教、道教以及其他思想如天主教；（2）因為歧視的緣故，它不收李贄等異端人物，也不收受到天主教影響的一些人物；（3）分類有問題，如把受到王畿影響的浙中學者周汝登（海門）歸於泰州學派；（4）思想和著作的崇拜、門弟子的關係，有時大於地域的關係，因此完全以地域為劃分標準，是有問題的。但是，應當說它對於明代思想的脈絡的說法，大體還是有它的道理的。

從陳白沙到王陽明，尤其特立獨行的是王陽明，開創了心學，並開啟明代思想的主流[1]，這個說法被普遍接受並且書寫進歷

1　日本的岡田武彥說："王（陽明）學是通過陸學，溯源到孟子的心學而加以發展的，但陳（白沙）學則可以說是出自吳康齋（與弼）的朱子學而提倡心學的，其（陳白沙）心學是靜澄端本之學，其中具有與依靠具體的流動之心的陸學相悖的，而有與以本心之靜虛為宗的象山門人楊慈湖之學相通的地方。"（氏著《王陽明與明末儒學》第一章《序論》，吳光、錢明、屠承先譯，上海古籍出版社，2000年，第9頁）

史，加上官方的正史也是這個說法，《明史》卷二八二《儒林傳一》說，明初諸儒，像胡居仁、曹端，都謹守朱子之學，不敢越雷池半步，"守儒先之正傳，無敢改錯"，但是到了陳白沙、王陽明大變化，"嘉隆而後，篤信程朱，不遷異說者，無復幾人矣。"也就是說，明代初期的胡居仁、羅欽順、吳與弼、曹端、薛瑄都守程朱的規矩，在思想史上沒有變化，但是吳與弼的學生裏面（《崇仁學案》），胡居仁之外，出了一個陳獻章（陳白沙），就開始有了變化了。

儘管黃宗羲的立場和《明史》修纂者的立場不同，但是，基本上他們都是把程朱和陸王分開，算是儒學內部的兩脈，所以，根本上說都是從理學內部的學風差異，來敘述明代思想史。但是，這種說法只能用"陌生化"來解釋思想的變化，卻說不清以下這幾點：其一，為甚麼會變化？僅僅是圖新鮮、去熟悉的衝動嗎？這僅僅注意到內在背景，而沒有關注社會和政治的外部背景。其二，這種思想內部變化以追求新穎和超越的解釋，可以適用於任何時代的思想史，就像《影響的焦慮》裏面說的，是一種比賽和較量，可是並不能解釋為甚麼在明代一定變化。其三，也不能解釋清楚，為甚麼學術和思想會朝着這一方向（就是從天理走向人心）變化，而不是朝另一方向變化。

2. 近代主義與唯物史觀關於明代中葉思想的歷史背景的分析

1930 年代以後，隨着（1）以歐洲近代歷史為普遍歷史範式的新學說傳入，（2）以馬克思主義和唯物史觀為解釋基礎的背景分析流行，(3) 社會（性質）史論戰興起後的刺激，對於明代思想背景，出現了新的歷史解釋。其中，容肇祖《明代思想史》（原序稱，本書寫於 1935 年，序寫於 1940 年，齊魯書社重印本，1992 年）、嵇文甫《左派王學》（開明書店，1934 年）、《晚明思想史論》（1943年，東方出版社重印本，1996 年），可以算是典型的代表。

容肇祖《明代思想史》第三章《陸學的復活與陳獻章學派》開始討論明代學術變化的社會和政治背景。他說，明初官方尊崇朱子之學，考試制度和《五經大全》已經把"讀書人的思想，統治在程朱學之下……"，由於朱學獨霸正統，那種本來的博學致知傳統漸漸衰落，走向煩瑣、拘守、實踐，"為有天才的人所厭棄"。因此，"（理學的墮落）引起本身革命"（第 33－35 頁）。他特別突出了李贄（1527－1602 年）、焦竑（1540－1620 年）、何心隱（1517－1579 年）為近代自由的追求者的一面。從思想史的內在脈絡上看，基本上還是《明儒學案》的說法，但是，它包裝上了一個社會政治的外衣，值得注意的是，這種解釋的背後實際上是"五四"精神，還有一個走出中世紀的神學控制，就是明代心學走出宋代理學系統控制的意思，所以，實際上是歐洲歷史背景下的中國思想史脈絡。

影響更大的，是嵇文甫的《左派王學》和《晚明思想史論》，他更明確地在"五四"新文化運動的延長線上，用了文藝復興的背景，他把王畿（1498－1583 年）、王艮（1483－1540 年）稱為"左派"，說他們是自由解放。而《晚明思想史論》中他進一步討論說，宋代理學是古代中國意識形態主流，八股是約束人自由的枷鎖，那麼，明代王陽明"無論是從'致良知'上或'知行合一'上，處處可以看出一種自由解放的精神，處處是反對八股化道學，打破道學的陳舊格套。"在他的書裏，好多地方你可以看到"自由主義傾向"，"道學的馬丁‧路德"，"滲入新時代的成分"，"摧毀傳統思想的權威，替新時代做一種掃除工作"這樣的話（第13—14頁）。不過，按照他的敍述，更加近代性的，是明代王學以後，因為從明代到清代，又表現了這樣的傾向：一、從悟到修，二、從思到學，三、從體到用，四、從理到氣。總的來說，就是從超現實主義到現實主義，從神學到哲學，從唯心的到唯物的，從超越的到現實的，所以，中國當時也是像西方一樣，逐漸趨向"近代"。[2]

可是，你仔細看，雖然他們一方面在外在歷史和社會上，用了西方文藝復興歷史做背景，接受了走向近代的歷史脈絡，但是，另一方面在內在的邏輯和理路上，他們實際上還是在傳統的所謂"反程朱"的脈絡裏面。只是過去"反程朱"的說法，是把理學內部的變化，看成是明人對宋人的超越和批判，是儒學內部的事情；他們把程朱看成是"八股化""煩瑣""正統""陳舊格套"，認為明代超越宋代，是自我為中心的進步思潮"心學"，批判天理為中心的反動神學"道學"。這就像歐洲中世紀宗教一樣，需要一

2　在這一脈絡上，最容易突顯和論述的是李贄，比較早的論述，可能是吳虞《明李卓吾評傳》（1921 年以前），接着有容肇祖《李卓吾評傳》（1937）、吳澤《儒教叛徒李卓吾》（1949），以及朱謙之《李贄——十六世紀中國反封建思想的先驅者》（湖北人民出版社，1956 年）。

個馬丁・路德的改革，使真理變成每一個人心中"因信稱義"的體悟，所以，王學強調的"心"也就成了和西方近代提倡的精神相通的東西，是"活潑"的、"自由"的、"解放"的，所以有近代意義。這，就和西方近代所謂的進步歷史畫上等號了。

這一說法在日本也有很大的勢力，很多人都注意到，日本的山井涌、山下龍二、島田虔次等學者，雖然立場各有差異，但是，那種把王陽明學說放在"近代"也就是歐洲近代歷史背景下，肯定其"走出中世紀"意義的說法，都差不多，其實是受到容、嵇等人的影響和啟發的。島田的《中國における近代思維の挫折》一書是一部名著[3]，他是把明代中葉的王陽明到李贄，看成是近代中國思想發展的萌芽，而這個時代，恰恰是"明代文化的爛熟期"。[4]為甚麼他們的思想有"走出中世紀"的意義？他提出的標誌性證據是：

(1) 這個思潮，和西洋近代思想一樣，具有人的觀念、自主

---

[3] 狹間直樹在島田的《中國思想史の研究》(京都大學出版會，2002年)一書《解說》中說到此書的意義是：(一)明確了從朱子學到陽明學的產生過程，是儒家史內在的展開，王陽明作為朱子學的門徒出發，為探究聖人之學而漸漸走向朱子學的反面，這正是朱子學的正常而重要的成果。(二)對王陽明歷史地位的確定，作為京都學派的繼承者，對於自己所繼承的清代考據學的反面明代學問，進行了正面評價。(三)對於與西洋思想同質的，具有人的觀念、自我意識、理性精神的明代王學的形成與展開，進行了分析，使中國與歐洲的精神史在同一層次上得到成功把握。(四)用"挫折"這一詞，使傳統與現代的中國思想連接起來。第645—646頁。

[4] 他在《王陽明集・解說》中指出，王陽明之後，正好是嘉靖萬曆時代，而這個時代，恰恰是"明代文化的爛熟期"，是"庶民文化，商人，《水滸》《金瓶梅》等口語小說盛行，出版文化異常發展的時代，也是才子、狂士、異人橫行，政治弛緩，道德頹廢的時代。"見其《中國の傳統思想》，みすず書房，2002年。

意識和理性精神。因為它特別突出了"心"的自主性，所以有自我意識的凸顯和個人精神的確立。所以他覺得，王學使得人性和自由得到了凸顯。他說："心學的根本問題是人和人性的問題"，而人的問題可以分為兩個部分，一是人作為內在的人的概念，這是"心靈精神"的層面，一是人之所以為人的外在實踐，就是心靈決定的外在"社會行為"。[5] 島田認為，人終究是社會的人，所謂實踐終究是社會的實踐，而這裏說的社會，即作為對象的古代中國，由於古代中國的基礎是由士大夫組成的，所以，士大夫的任何傾向的變化，都將是社會性質的變化，所以，他認定這個時代和社會，是一個具有新傾向的時代和社會。

(2) 個人的精神或者心靈世界，是否能夠成為自由，和外在社會有密切的關係。宋代是在"天理"，也就是依靠外在於內心的他力約束，來規定人心的範圍的。可這個天理究竟是甚麼？顯然，天理的合理性是一個超越人心之上的神聖性存在，它與包弼德所說唐以前的"自然"雖然不同，但仍然是不需論證的外在力量。而明代心學則把它轉向了"心靈"的自力約束，就是說，人的心靈和行為是否合理，判斷標準來自我的內心，它的判斷，是依靠良知來實現的。這是一個很大的差別，因為這裏背後涉及一個如何處理社會與秩序以及自由和個人的問題。

(3) 陽明心學已經到了儒家的極限，再走一步，就走向了儒

5　《中國における近代思維の挫折》序，第2頁。

家的另一面，就是強調個人、自由、平等等價值的近代了。[6]

　　這是日本戰後很普遍的看法，一直到 1971 年，岡田武彥出版的《王陽明與明末儒學》還是這一看法，他的第一章《序論》開篇就說："一言以蔽之，由二元論到一元論，由理性主義到抒情主義，從思想史看就是從宋代到明代的展開。在明代，以'情'為中心比以'理'為中心更突出的理情一致主義；興趣比技巧更受重視的感興主義；性情自然比理智規範更受尊重的自然主義；主觀比客觀更受強調的主觀主義；提倡反傳統並高喊從傳統中解放出來的自由主義，都相當的盛行，甚至還出現了近代革新思想的萌芽。"這裏一連用了"理情一致主義""感興主義""自然主義""主觀主義""自由主義"五個詞，說起來就是一個從"理"到"心"，從社會性倫理規範到個人自由精神，其實也是接續了這一說法。[7]

　　因此，他們一定會強調這樣的社會背景：（1）明代初期以來嚴厲的程朱學說和科舉制度的約束及其反抗；（2）明代中葉社會

6　這種思路和觀念，可能受到中國學術界的影響，1931 年嵇文甫寫成《十七世紀中國思想史概論》（此書未出版，據《嵇文甫文集》整理者說，是他在 1931 年北京中國大學的講義，其中第四章 1932 年發表於《百科雜誌》一卷一期，第一章則為 1934 年《左派王學》一書的附錄。參見《嵇文甫文集》，河南人民出版社，1985 年，第 131 頁）；1934 年他出版《左派王學》（1944 年又出版《晚明思想史論》），基本上是把王學和左派王學與"五四"聯繫起來，構成近代性的資源。他和侯外廬都是這一觀念，覺得明代中後期有思想解放思潮。吳震指出，先是後藤基己（1915—1977）在 1942 年的論文《清初政治思想的成立過程》中採用了左派王學的說法，後來島田也用了這一觀點，並在書中特意介紹嵇文甫的說法。見《十六世紀中國儒學思想的近代意涵 —— 以日本學者島田虔次、溝口雄三的相關討論為中心》，載《東亞文明研究學刊》第一卷第 2 期，台大東亞文明研究中心，2004 年。

7　岡田武彥：《王陽明與明末儒學》（吳光等譯，上海古籍出版社，2000 年）第一章《序論》，第 1 頁。

的動盪和危機；(3) 明代中葉城市和市民的崛起。其中，特別是1949 年以後的一些著作，如朱謙之在討論李贄的時候，就一定要說到嘉靖萬曆時代東南的新貿易與封建地主的約束，說到新興商人階層的崛起，說到城市和貨幣經濟，說到地主與商人的矛盾等等，然後把程朱學與陽明學與這些矛盾和衝突的階層對應起來。但是，我有三個疑問：

其一，和歐洲中世紀並不一樣的明帝國，產生這樣的思潮的具體社會背景和政治背景是甚麼呢？為甚麼程朱理學在這個時候而不是另外的時候被超越和反抗，為甚麼社會的動盪會產生強調"心靈"和"良知"的王學？城市和平民真的像歐洲一樣可以產生自由空間和個人主義嗎？它們為甚麼會刺激出王學這樣的"自由"思潮？

其二，這種"自由"的王學是和歐洲"自由主義"一樣的民主思潮嗎？這些精神上的相似是真的，還是後來比附和想象出來的？

其三，是否時代越近就一定會"進步"到新時代呢？這會不會落入"目的論"的窠臼，好像歷史一定會朝着歐洲近代一樣的方向前進？

3. 侯外廬《中國思想通史》論明代中葉思想的歷史背景

這種解釋在侯外廬那裏發展得很極端。但是有一個問題，就是王陽明和他的後學，是否是一樣具有進步意義？在前面的幾部著作裏面，這一點是比較含糊的，大體上是把王陽明和弟子劃在一起說的。可是，1960年代出齊的《中國思想通史》四卷下冊二十章，題目叫《王陽明的唯心主義思想》。按照馬列主義通常的認識：（一）唯心主義不可能是進步的，也不可能是新興階級的；（二）王陽明反農民起義，所以是反動的和落後階級的；（三）因為蔣介石鼓吹王陽明學說，梁漱溟讚揚王學“向內用力”，賀麟把王學和新黑格爾主義結合，所以他必然是應當受到批判的。這個預設就把王陽明“定性”了。所以，侯外盧認為，王陽明一生都在做兩件事，“破山中賊”和“破心中賊”。前一個當然是指他的“事功”（即平定瑤叛和宸亂），後一個則是說他的“思想”——“階級意義上的‘賊’還原為抽象的觀念，即破‘人慾’”（第875頁），而促使這種思想學說產生的社會背景，也就當然有了需要另外尋找的方向。

侯氏的思想史，常常被稱為是社會史和思想史的結合，但是，這個社會史有兩個問題，一是總在為社會性質和社會階層定性，然後規定某個思想家和思想屬於甚麼社會甚麼階級；二是常常先有某種性質的認定，然後再按圖索驥地尋找可以用來說明的社會史證據。所以，侯外盧在分析王學背景的時候，就說到了當時社會的動盪，比如正德年間（1516）的農民起義，王陽明等人的建團練，當時為穩定社會秩序而行的十家牌法和宣傳告諭等等。這樣，好像就建立了一個社會史的背景，也證明了站在農民階級對立面的思想觀念的“反動性”，證明了屬於“主觀唯心”的思想的必然落後。他的結論是“王陽明要人在良知上用功，以期消解社會矛盾而統一於心靈的‘無對’，則起着一種反個性鬥爭的麻痺人們頭腦而甘於妥協的奴婢作用"（第 905 頁），認為這和朱熹學說沒有本質的不同。但是，他沒有辦法來證明和解釋：（一）為甚麼這種反動的意圖可以和"致良知"相關，農民也沒有可能相信或接受"致良知"這樣的觀念？（二）為甚麼王學要改變朱學的取向？難道說重建封建秩序只能與主觀唯心主義相關？可是，為甚麼客觀唯心主義在當時就不能起到重建秩序的作用？（三）如果王學是反動的、唯心的，那麼何以後來竟開啟了進步、啟蒙的思想？

最後這個問題，在島田虔次給日本編的《王陽明集》的《解説》裏面也提出過，這個問題對於當時要堅持社會史和思想史兩面通貫的侯氏來說是很棘手的，因為按照一種歷史觀，"時間的推移必然引起時代的變化"，中國即使沒有西方的衝擊，也是要走向近代的，因為有資本主義萌芽，有城市市民階級的興起，而且只有證明"走向近代"在世界各個地區的普遍性，你才能夠說，這種走向近代的趨勢是一個普遍規律。按照容肇祖和嵇文甫的說法，明代出現了這麼強烈的具有近代意味的思想，剛剛好證明走向近代的趨勢，可是，按照侯外廬的說法，明代出現了這麼厲害的反動和落後思潮，那麼怎麼能夠走向近代呢？在《十六世紀中國進步哲學思潮概述》（《歷史研究》1959 年第 10 期，收入《侯外廬史學論文集》下冊，人民出版社，1988 年）裏面，他是這麼解釋的：

（1）十六世紀中葉，中國社會雖然開始出現資本主義萌芽，封建社會有危機了，但是總的說來還是封建社會，新興階級難以成長。

（2）進步思想是"城市中等階級反對派異端"，這種城市平民為中心的異端思想和理論，因為不能超越他們的階級局限，所以不能徹底。

（3）明代中葉，進步思想是在和程朱理學、地主階級做鬥爭中表現出來的唯物主義、平民主義，其表現為四種：一是啟蒙者的先驅，如王廷相、呂坤等人的反道學；二是泰州學派反封建的異端，如王艮、何心隱、李贄；三是東林黨人關於社會政治和人道主義的思潮；四是在自然科學裏面表現出來的相關的唯物主義，如方以智等等。

這種說法基本上是用歐洲近代歷史為尺度，對中國歷史做解釋的。大體上他們判斷歷史的基礎是（一）唯物主義即科學，（二）自由精神與人性，（三）表現為對慾望的肯定和對天理的否定，（四）肯定慾望是市民階層的表現，強調天理是地主階級的表現，因此有進步與反動之分。

他們按照這樣的標準對明代中後期思潮做切割，但是，並不能解釋和實證的是，（1）這些思想何以來自城市平民階級，為何反對大地主階級？（2）這些本身就是官僚或士紳的人，為何反封建反專制？（3）這些思想真的是有意識的唯物主義嗎？唯物主義就一定是進步階級的思想嗎？（4）那些關於心性理氣的爭論，怎麼就成了"平民"思想和"地主"思想的鬥爭？那些關於"情慾"和"天理"的爭論為甚麼是近代啟蒙的思潮與落後封建的思潮的衝突？（5）特別是，本來反動的、落後的、唯心的王學，如何就因此轉化成了進步的、人性的思潮？

可是很長時間裏面，這種簡單化的、貼標籤的、唯物唯心、進步落後的兩個對子論述，始終是大陸學術界的主流。比如，1960年代出版影響最大的任繼愈《中國哲學史》，在第三冊第十章《王守仁的主觀唯心主義哲學思想》中大體上也是這樣分析的，他提出的也是一方面有社會危機（土地兼併、農民痛苦、起義不斷），一方面有國家危機（北方胡族威脅和內部宗室鬥爭），要維護腐朽的明代政權，鎮壓少數民族和宗室叛亂，但是程朱理學不靈光了，所以會有王陽明思想的出現。這成了大陸哲學史和思想史關於明代思想最標準的背景分析和思想解釋，一直到北京大學哲學系最新修訂的教科書《中國哲學史》第八章《王守仁》，還是這樣分析的（第323頁）。

這種所謂的思想史的社會背景分析，看似把社會與思想結合，實際上是拼合，因為社會史說明不了思想史"為甚麼如此這般"，而思想史也說明不了"何以這樣回應社會"，所以需要重新尋找背景分析的途徑。

一、明代思想史的背景（一）
—— 道德成為制度、政治作為理想與歷史成為記憶

我總覺得，如果想要真切地理解"歷史的感受"和"思想的動機"，要分析這個時代思想的歷史背景，恐怕要對"背景"研究得

更加仔細，要回到歷史場景，而且要有大、中、小背景，用一個美術的比喻來說，就是這個背景分析要有遠景、中景和近景等不同層次。

1. 從典範到規範（宋到明初）

這裏用"從典範到規範"來比喻政治社會史變化，是藉用了現在已經在賓州大學教書的學者費絲言女士的台大碩士論文的題目。

加拿大的卜正民（Timothy Brook）在《縱樂的困惑》裏面討論"明代的商業與文化"，本來是要從嘉靖、隆慶、萬曆（1522—1620）開始的，但是他一開頭卻引用了一個 1560 年才出生的，叫做張濤的明代人的回憶，去討論明代初期那種平靜而有秩序的生活，說那時候特別好，一是家給人足，人人有田耕，有柴砍；二是沒有盜賊，沒有富豪，沒有競爭的商業市場，沒有生活糜爛的城市，大家都按照規矩過日子；三是社會安定，沒有爾虞我詐的風氣 —— 這有一點兒像我們現在很多大陸的人懷念二十世紀五十年代。在回憶裏面，那個時代是個公平的、安定的、滿足的，甚至有點兒麻木的社會 —— 我們發現，從明武宗正德年間開始，也就是王陽明的時代，這種回憶就開始成了風氣了，那麼，明代初期真的是那麼好的社會嗎？為甚麼人人都要這樣回憶和想象那個時代？關鍵不在那個被回憶的時代，而是這個產生回憶的時代，就是說，這種回憶和想象的背景是甚麼？這才是找到王陽明學說產生的時代背景。

懷舊常常是一種無可奈何的情緒，因為"舊"已經消失，而

"新"又不能讓人滿意。尤其是對於"秩序"有極大興趣的讀書人來說，懷舊常常是他們的習慣或者專利，因為已經消失的"舊"，總會通過後來人的歷史想象，來複製它的一個虛幻形象，讓讀歷史的人在讀這個歷史回憶的時候，以為"過去"真的就是這樣。可是實際上呢？大家看看明代初期真實的情況，這一點，五十歲以上的中國人可能比較有經驗，二十世紀五十年代的中國，剛剛從戰爭和混亂中走出來，一個依靠理想主義（合理性）和集中權力（合法性），兩方面合力建立起來的制度，確實好像在實現儒家傳統理想中的秩序社會，可是實際上呢？並不是這樣的，這只是一個由海市蜃樓式的理想和極其高度集中的權力建構的暫時秩序。明代初期也是這樣。

（1）明初，對外在生活和制度的嚴厲化規定 —— 規定了社會不同等級的位置、待遇、權利 —— 也許這是對元代城市生活繁榮、漢族禮儀崩潰的批判和挽救。元代是蒙古人統治，它在一定程度上破壞了漢族家族、社會和鄉村秩序。可是明代初期，尤其是朱元璋，強制地規定了官員的等級和相應的房舍、服飾、鞍轡、器皿、喪葬制度，這種身份等級制度，對於重建秩序有很大的作用。[8]

（2）依靠官方的權力，把理學的那些真理高調化，以極高的標準要求人，使人無顏以對似的，自慚形穢，從而遵守，並強行

8　可以集中看《皇明制書》中的資料。

規定了絕對真理與政治權力的一致性。從洪武年間對科舉考試的反覆折騰，頒佈《大誥》《聖諭》，修《孟子節文》[9]，一直到永樂時代修纂《五經大全》《四書大全》，加上考試制度和考試內容的確定，已經有效地確立了思想的一致，這與外在社會生活秩序的同一化相配合，內在思想生活也同一化了。

（3）強行矯正風俗，納入法律軌道 —— 不僅鄉間要讀《大誥》，像跳忠字舞、唱語錄歌一樣，建立鄉老讀聖諭的習慣。一方面嚴厲整頓吏治，嚴厲要求官員遵守道德規矩；一方面把道德問題當作法律問題，把風俗習慣當作規定的規範。比如建立鄉老人宣講制度、建立不祀厲鬼壇碑，五十家設一塾，讓童蒙從讀《孝經》開始。你看柳應龍《新刊社塾啟蒙禮教類吟》裏面，就講理想的教育兒童程序是：第一，孝親、悌長、尊師、敬友；第二，讀、說、寫、立、坐、揖、行、拜的規矩，這是幼學的入門；第三，各種有關道德的歌吟，如《好學》《隆師》《齊家》《睦親》等等，就像道德律令一樣，讓它深入人心；第四，設講案、講鼓，設立教規，講《聖諭六條》《大誥》等等。[10]

可以說，儒家理想中的社會秩序和道德秩序，只是在明初才

9　朱元璋對於科舉士人其實是相當戒備的，對士大夫對抗皇權也是很警惕的，這才有所謂南北榜的事件和《孟子節文》事件（洪武三年，錢唐被貶，孟子罷配享；二十七年，劉三吾奉命修《節文》；二十八年，游義生死諫下獄；永樂九年，孫芝諫復《孟子》全文）。但是，真正把儒學和制度，思想與考試結合起來，消解了儒學與政治對抗性危機，成為彼此支持的政治制度和意識形態的，是永樂年間。美國學者艾爾曼（Benjamin Elman）在分析科舉制度時，已經說到了這一點。

10　柳應龍：《新刊社塾啟蒙禮教類吟》，《故宮珍本叢刊》476 冊。

最終短暫地形成。結果是甚麼？就是同一性社會的建立。甚麼是同一性？就是社會秩序化，道德嚴厲化，真理絕對化，這是一個泛政治化的時代，農民出身的朱元璋，藉了鄉村社會基礎上建立的儒家理想和制度化的法家政策，配合以整體的教育和宣傳，建立了一個以鄉村社會秩序為基礎的國家政治秩序。看上去好像整齊有序，但是這種整齊有序是以大多數人的自由的犧牲為代價的，也是以遏制城市商業和生活的發展為代價的。這種方式，主要依靠的是理想主義和政治權力，所以，一方面朱元璋會殺很多人，用很嚴酷的刑罰，當然另一方面也會從他自己苦出身的角度，體會民眾籲求，要求人人都恪守規範，這樣，就使得宋代理學家規定的那些本來有些陳義太高、要求太嚴的道德原則和政治主張，從只是提倡的"典範"，變成了人人必須遵循的"規範"。

大家看當時的一些資料：《明史》卷一三九《葉伯巨傳》，記載洪武九年（1376）其上書說，朝廷徵召士大夫，"有司敦迫上道，如捕重囚"，但是到了京師，"卻學非所用，用非所學"，"一有差跌，苟免誅戮，則必在屯田工役之科。"方孝孺《遜志齋集》卷十四《送祝彥芳致仕還鄉序》，講州官和縣官都必須小心翼翼，制度嚴厲到"如神明臨其庭，不敢少肆，或有毫髮出法度，悖禮義，朝按而暮罪之。"（所以方孝孺才忠心於建文帝的舒緩政策，而對同樣繼承朱元璋的朱棣有所不滿）後來的管志道在《從先維俗議》的回憶和想象中，也覺得應當恢復明初社會，一是對鄉紳、官員的等級要分明；二是宗族和祠堂、稱謂和禮節要有序；三是重提各種基本的道德，如謙忍思敬、立身謹始、忠厚正直等等；四是需要強調理學的話頭來提醒人們，遵守和服從這些真理。

2. 從規範到典範（正德以後）

道理一旦到了"規範"，說明那些很高明的道理，已經不得不靠政治力量和法律手段來推廣和落實了，換句話說，是每況愈下，不得不負隅頑抗的嘗試。可是，當這種"規範"一旦崩潰到要人懷舊和追憶，那說明是這個規範的時代再也回不來了，只好用懷舊來滿足自己的遺憾，用傳統來表示對現實的批判，而"規範"一旦到了"典範"，則說明連規定的倫理道德也崩潰到了要虛構和推崇這種"規範"的地步，就好像是本來理所當然的規矩，現在要靠獎勵"守規矩"來維持了，本來是"正常"，如今卻成了"非常"，就好像現在要用獎金來鼓勵"見義勇為"和"恪守道德"一樣。

正德、嘉靖時代，社會生活已經和過去很不一樣了。過去研究"資本主義萌芽"，曾經刺激出了很多資料，包括：地方志、經濟文書、城市生活的小說戲曲等等，被發掘出來。我們可以看到這個時代是在"變"，服飾、飲食、禮儀以及階層的地位，都在變化，簡單地說，是從樸素轉向奢華，從守成轉向放蕩，從傳統轉向激進。

城市生活方式、商人生活方式變成了"時尚"，而"時尚"則引起追隨者的瘋狂，就像現在都市裏追時髦的風氣一樣。但是，更重要的是"生活同一性""觀念共識"的瓦解，整個社會開始"分化"：皇權籠罩下明帝國的各區域的政治同一性被打破了（特別是江南與其他地區的差異尤為明顯）。城市和鄉村的文化同一性被打破了（如遊冶、誇耀、侈靡、聚斂 VS 保守的秩序；商業消費型文化 VS 農業生產型文化；日夜分明 VS 日夜顛倒）。階層和階層的價值同一性被打破（城市商賈、貴族由於富庶而產生的新的生活方式和生活取向，傳統士大夫卻期望保持原來的生活秩序的嚴肅性，以保護自己熟悉的價值）。士大夫內部的生活同一性被打破（富裕起來的人：通過仕進、經商、置產的士大夫 VS 地主型士大夫）。[11]

　　這種"分化"本來是從傳統走向近代的重要環節，可是這種"一人一義，十人十義"的多元取向，士大夫不再能夠掌握話題和解釋，過去士大夫獨享的"價值"讓位給現在城市富人的"價值"，不能看見和把握的未來變化，已經讓士大夫感到危機，而危機就讓人開始懷念和追憶，這其實是：鄉村對城市的畏懼；地主對商人的畏懼；農業對商業的畏懼；固定收入階層對貧富重新分配的畏懼；特別是，包括了恪守傳統的"公"與"私"界限的士大夫，對一切"私"被公開，被化為"公"，從而導致文化指導權失落的畏懼。所以總的來說，就是在現實裏面，南北之間、城鄉之間、貧富之間、士人之間的同一性喪失，而意識形態上，思想同一性卻依靠着皇權的需要、傳統的慣性，表面上仍然存在並控制着所有的話題和領域，但是，它是否會被現實生活中的分化所

11　比如羅倫（一峰，1431－1478 年）就是一個好例子，他在成化年間於江西永豐老家推行鄉約族規，由於他過於嚴厲，"或致人於死"，"鄉人不平，訟於官"，結果受到抵制，最終是理想受挫。邵寶評論他是"公之進言，人曰太訐，君子曰忠，公之去位，人曰太激，君子曰介"，關注世俗生活世界的人和關注理想境界的君子已經分裂了。

"撕裂"？

　　正是在這樣的背景下，產生了大量士大夫對於明初社會和政治秩序的回憶和想象。這些回憶和想象，其實是一種批判，但是需要注意：回憶只是士大夫的回憶，焦慮也只是士大夫的焦慮，士大夫對於文化指導權和文化壟斷地位的消失，秩序和未來不受控制，原有的文化規範失落的恐懼，促使儒學士大夫思想和感受發生變化。本來，這種經驗和感受，也可能是一個區域內的事情，但是，它通過士大夫的書信往來、邸報的傳播、赴京考試的口耳相傳，成為超地域和超個人的，表現為對整個明帝國秩序的焦慮，這是王陽明之學產生的大背景。但是，它還不是直接的背景。

3. 使典範再成為規範（王學崛起）

　　這就是為甚麼明代中期以後，那麼多討論"四民異業"文字出現的原因。但是，究竟為甚麼會討論"四民異業同道"呢？它的意義何在呢？[12] 其一，發現士、農、工、商穩定結構的變化；其二，承認這種變化帶來的秩序混亂，也被迫承認這種變化的合理性，但是希望引導所有階層採取"同道"；其三，試圖通過這種"道"的凸顯，使道德嚴厲化、真理內心化。在承認士農工商的平等的背後，是觀念和價值重新同一化的努力，應該在這個層面上理解王陽明。王陽明之學就是在這樣的背景下進入思想史，並成為士

12　參看余英時：《士商互動與儒學轉向》，載郝延平等編：《近世中國之傳統與蛻變：劉廣京院士七十五歲祝壽論文集》，"中研院"近代史研究所，1998 年。

大夫興趣所在。

大家看，王陽明其實並不只是重視"自由心靈"的，其實恰恰相反，可能它更重視如何收束這個"心靈自由"，重建同一性觀念和價值。你可以看到，王學士大夫還是有很多現實關懷的，也是要努力建立像明代初期那樣的理想社會秩序的，他們並不只是空談。所以王陽明：

重社學、鄉約，到處發佈告示，勸諭人們遵守道德和倫理。

對科舉出身的士大夫的批評，和對朱子作為主流意識的不信任（如"格竹子"的故事）。

試圖重建道德本體和自覺意識，"心"作為"良知"這個道德基礎的凸顯和"知行合一"的指向生活。

雖然張居正看了王艮的書，感慨他"單言孝悌，何其迂闊也"，但是大多數王門弟子，都是關懷社會，有明確制度觀念的。像王畿的弟子周海門，要人學《大明律》，羅汝芳一方面講"求諸放心"，一方面講《大明律》、講《聖諭》，主張常讀《聖諭》，並作鄉約、作會規。他們希望，使提倡的道德、倫理、良知、良能，從典範再成為"規範"，從這個背景和動機上去推測，王陽明等學者的用心，最終還是為了"重建秩序"。這是大背景，大動機。

不過，說到這裏，還是沒有能夠說明，為甚麼王陽明學說偏偏在正德、嘉靖之間盛行起來。所以，問題還是要深入到當時具體的政治和社會中去討論。

二、明代思想史的背景（二）

—— 弘治、正德、嘉靖三朝的狀況與王陽明
學說之關係

1. 明代君主與士大夫的新關係

前面我們說，明代初期是一個很嚴厲地推行秩序的時代，從朱元璋到朱棣，除了建文皇帝稍稍寬容一些之外，推行嚴格管理都很凶。這種秩序裏面，皇帝首當其衝要管束的，就是士大夫。《明史》卷九十四《刑法二》裏面說到，明太祖朱元璋在開國之初，就對士大夫訂立了很嚴厲的規則，"凡三《誥》所列凌遲、梟示、種誅者，無慮千百，棄市以下萬數"，像貴溪夏伯啟、蘇州姚潤等人不肯出來做官，就被殺頭抄家。所以，還有了一個新的制度，凡是"寰中士夫不為君用"的，就要處以罪罰。用了又怎麼樣呢？明明應該禮遇的，可是，正如前面我們引用的《明史》卷一三九記載葉伯巨的話就說："有司敦迫上道，如捕重囚"，不僅如此，還學非所用，用非所學，"一有差跌，苟免誅戮，則必在屯田工役之科"，就是說會被送去勞改。特別是思想罪更厲害，比如《國朝典故》卷四五引用楊士奇《三朝聖諭錄》的記載說，永樂二年，饒州的朱季友寫書痛批宋代理學，永樂皇帝很火大，就說他是"儒之賊"，讓周圍的李至剛、解縉、楊士奇、胡廣這批文人看，大家都只好說朱書很荒唐，朱棣就說："謗先賢，毀正道，非常之罪，治

之可拘常例耶？"意思就是説，可以不按照法律來治罪。[13]

不按法律，只憑聖意，這就使得皇權越來越大。[14] 皇帝的東廠、西廠、錦衣衛、鎮撫司獄和廷杖之刑，[15] 對士大夫是全面控制和壓迫的手段，明代知識分子的處境就在這樣的政策下，相當被動、緊張和委屈。可是，偏偏在明孝宗就是弘治年間（1488－1505 年），出現了一種相當寬容和鬆動的情況，首先，是弘治皇帝和士大夫的關係很好，在這一朝裏他用了很多士大夫，比如徐溥、劉健當了內閣大學士，著名的李東陽、丘濬、倪嶽、楊一清、楊廷和也都成了重要官員；其次，是明代逐漸形成的票擬制度，開始刺激了內閣對君主權力限制的可能性；第三，是正統年間（1436－1449 年）的土木堡事變（1449 年）之後，君權也有所減弱，雖然于謙被處死是一個悲劇，但是君主的權力由於要依靠士大夫，也多少有一些削弱。應該説，這種寬鬆的氣氛在一定程度上刺激了士大夫"得君行道"的精神，也促使議論政治的風氣和議論學問的傳統開始復活，王陽明學説就是在這種背景下開始的。

但是，弘治皇帝去世後，武宗即正德皇帝卻改變了這一切。[16] 明武宗是難得的嫡生太子，這使他避免了很多名分上的糾纏，又據説他天資很聰明，也相當英俊，但是，這種很好的條件，也導

13　《國朝典故》卷四五引楊士奇《三朝聖諭錄》上。

14　有人指出，陳獻章對出仕很有顧慮，想退隱求心靈寧靜，就是因為這個原因。

15　《明史》卷九五《刑法三》。

16　左東嶺已經指出這一點，見其書第 129 頁。

致他相當剛愎自用，從史料上看，他有三個特點，一是喜歡宦官和佞臣，比如劉瑾之類，所以司禮監很有權；二是喜歡遊冶騎射，像建豹房之類的事就是他幹的，京劇《遊龍戲鳳》就是講他的風流故事；三是脾氣很大，動不動就處罰官員。可是他的這一朝，偏偏政治又沒有那麼平靜，內有宦官佞幸專權，外有安化王和寧王的兩次叛亂，加上民變不斷。所以，有人就說這一朝"綱紀日弛，風俗日壞，小人日進，君子日偃，士氣日靡，言路日閉，賄賂日行，禮樂日廢，刑罰日濫，民財日殫，軍政日弊。"這個時候，弘治一朝激勵出來的士大夫議政精神發揮了作用，不斷有上書議論，可是偏偏又遭到這個吃喝玩樂的皇帝極其嚴厲的壓制，發生了多起貶謫、牢獄和廷杖的事情，而王陽明就是最早遭到"去衣廷杖"的人之一，正德元年（1506）為了替直言上諫的戴銑等人辯護，他便遭到這種侮辱性的處罰。過去很長時間，廷杖是不去衣的，受這種去衣廷杖的，王陽明是最早的一個。

其實從明太祖起，就有廷杖之辱，《明史》卷九五《刑法三》說，明代創造的新方法裏面，有廷杖，有東西廠，有錦衣衛，有鎮撫司之獄等四種，這是對士大夫的全面管制。可是，過去的廷杖，並不脫掉小衣，有人說，這是劉瑾的發明，目的是既要侮辱你，又要打死你。所以這種懲罰就太慘烈了，大家有興趣的話，可以看林俊的《諫廷杖疏》，你就能體會王陽明的心情了，這種心情會一直影響到他在龍場的思考。[17]

17　參看《明史》卷一九四，林俊在嘉靖年間寫的《諫廷杖疏》。

由於皇權的客觀衰落和皇權的主觀強化，明代士大夫和皇帝的關係，就在弘治到正德年間發生了這樣微妙而複雜的轉折。首先，是士大夫的政治熱情和“道統”的高揚。弘治年間，因為士大夫的議政精神和主體性被刺激起來，形成“道統”對“政統”的反擊；而正德年間，武宗的暴政，使“政統”對“道統”形成壓制，使得矛盾凸顯起來，這樣就形成了一個緊張，可是正是在這種緊張中，士大夫開始覺醒，王陽明學說開始形成。其次，在這種情況下，他們雖然也想像宋代士大夫一樣“得君行道”，但是因為嚴峻的形勢，只能把理想建立在另外的方向，甚麼方向？不是依靠中央政治權力和政治制度的掌控，而是依賴自己的努力，一個是回到內心，依靠“良知”的發掘，刺激士大夫的自覺意識，形成一種高調的道德嚴格主義，通過這種方式重建秩序；一個是走向下層，這就是余英時講的“覺民行道”，通過這種方式，使已經混亂的士農工商階層重新回到一個同一的倫理基礎上來。[18] 再次，大家不要忘記，王陽明真正學說的開始，就是在正德元年受廷杖之辱後，被發配龍場，才覺悟到的，那場奇恥大辱，使他心裏一直有一種悲涼和憤懣，他在給鄒謙之的信裏就說，“遭家多難”，就越發覺得“良知”重要，同時稱讚鄒氏《諭俗禮要》是“切近人情”，是有意“化民成俗”，這是因為良知是“人人所自有，故雖至

18　余英時：《明代理學與政治文化發微》，載氏著《宋明理學與政治文化》，廣西師範大學出版社，2006 年，第 55—56 頁。

愚下品，一提便省覺”，[19] 而對於朝廷廟堂之上的狀況，他也有些灰心。在他去世前的嘉靖六年（1527）給黃綰的幾封信裏，他的心情很不好。第一封信裏，他說自己“多病積衰，潮熱痰嗽，日甚一日”，身體不好，而且“讒構未息”，甚至連從征江西的人，都被整得“廢業傾家，身死牢獄”；第二封信又說，他覺得“百念俱息”，他說最可悲的是“群僚百司各懷讒嫉黨比之心”，尤其是“當事之老”，黨同伐異，所以一切不可為；第三封信裏他又說，“由學術不明，近來士大夫專以客氣相尚，凡所毀譽，不惟其是，而惟其多。”所以，他告訴各個學生，凡事要小心，連寫信都要謹慎，因為“京中方嚴書禁，故不敢奉啟”，這大概是他很常見的心情。[20] 在同一年的《答見山塚宰》裏也說到，他對朝廷“至今未有同寅協恭之風”深為憂慮，暗示“讒邪不遠”，而正直的人卻“不能安其位”。[21] 我想，這個遭遇一定對他的學說形成有極大的作用，加上在正德嘉靖間平定叛亂的過程中，社會狀況也一定刺激和堅定了他的這種想法，使他的思考方向，逐漸轉向內心自覺和寄希望於基層。

換句話說，就是如果依靠政治權力和制度力量已經不再可靠，那麼便轉向依靠道德力量和民眾輿論，形成道德和真理的制高點，來“重建秩序”，這可能是王陽明及其弟子的最重要的“歷

19　《王陽明全集》，第 201–204 頁。

20　《與黃宗賢》一二三（丁亥），見《王陽明全集》，第 829、830、832 頁。

21　《王陽明全集》，第 833 頁。

史背景"和"思想動機"。

2. 嘉靖年間王學的政治背景

(1) 大禮議

王陽明活動的年代，是弘治、正德、嘉靖三朝。雖然決定其思想基本格局和基本方向的，是在正德年間，但是促使他的學說成型、傳播，最終大盛的，是嘉靖一朝。

武宗當皇帝只有十六年，三十一歲就去世。他的去世，把原來遮蔽的混亂一下子都攤開了。新的皇帝嘉靖皇帝，叫朱厚熜，並不是武宗的兒子，而是武宗的兄弟輩，是憲宗成化皇帝朱見深第四子，興獻王朱祐杬的兒子，他的父親和弘治皇帝朱祐樘是平輩，他和武宗是平輩。

一個諸侯王入繼大統，好像有點兒名不正言不順，所以，有點兒弱勢的他面臨着四種勢力，一是總想行使內閣權力、代表了官僚士大夫的楊廷和，二是代表了武宗舊勛戚勢力的武宗之母張太后，三是原來掌握了大權力的司禮監領導的宦官，四是率領邊鎮軍隊進入京師的江彬等人，所以一開始他處在很艱難也很緊張的狀態。可是，對於他來說，最根本的是他自己的合法性和他是否被認同的問題。

由於他的出身和名分問題，他遇到的第一個棘手的事情，就是所謂"大禮議"。甚麼叫"大禮議"呢？就是要確定誰是"皇考"，朱厚熜的生身父親是興獻王，但是他繼承的是弘治、正德這一系的皇位，按照政治統緒來說，他應當尊弘治皇帝就是朱祐樘為"皇考"，這是繼"宗"的問題，但是按照儒家的人情和道德來說，他又不能背離他的生父，應當尊朱祐杬為"皇考"，這是忠孝的矛盾，這也是從宋代的"濮議"以來一直糾纏不清的問題。[22]他自己希望尊自己的生身父親，這樣不僅放大了自己一脈相承的譜系，也擺脫了弘治、正德一系和勢力尚存的后黨的籠罩，而武宗的母親即孝宗的皇后張太后等人，則希望尊弘治為皇考，這當然是希望延續弘治、正德的影響。當時的首輔楊廷和，曾經試圖和稀泥，引用了宋代"濮議"為依據，認為最好嘉靖皇帝雖然尊崇興獻王夫婦，但是稱為"皇伯父""皇伯母"，這樣既尊了父母，也容納了張太后等人的"政統"，"隆重正統與尊崇本生，恩禮備至，可以為萬世法"，但是，究竟是繼"統"還是繼"嗣"，還是不能調和的。楊一清反對這種說法，和張璁一道，支持嘉靖皇帝尊"本生父為皇考"，王陽明也加入其中，他的學生像方獻夫、席書、霍韜、黃宗明、黃綰等等，都捲了進去，尤其是鄒守益，曾經為此上疏被責，但是一月以後再次上疏，被"下獄拷掠"，還是不甘心，再上書，一直到他被落職。看得出來，他們試圖通過這一次爭論話題為突破口，一方面以"禮本人情"為說，宣傳以人心自然本性為依據，爭取重塑三綱五常的機會，一方面藉機爭取嘉靖，讓皇權給予王學以合法性，藉助皇權的傾斜，來反對楊廷和。大家有興趣

---

22 當時歐陽修、韓琦主張宋英宗尊生父濮安懿王為"皇考"，而王珪、司馬光主張只尊為"皇伯"，而尊前一皇帝宋仁宗為"皇考"，因此引起激烈爭論，史稱"濮議"。

的話，可以看王陽明《與霍兀崖（韜）》和《寄鄒謙之（丙戌）》。[23]

（2）嘉靖九年的孔廟爭論

本來，支持嘉靖與張璁尊興獻王為"皇考"即本生父，王陽明及其弟子們是期待在新皇帝支持下，得到學說的合法性的。但是事與願違，嘉靖初一直不解除對"偽學"的禁令，即使是在楊廷和被削籍之後，還是照舊禁止，所以王陽明對皇帝有點兒灰心，這在前面引用的嘉靖六年寫給黃綰的幾封信裏面，表達得很清楚。

在嘉靖一朝，始終沒有給王陽明機會。嘉靖七年，王陽明因病去世。這一年，還有人在朝廷控告王陽明和他的學生攻擊朱熹，"事不師古，言不稱師，欲立異以為名，則非朱熹格物致知之論，知眾論之不與，則著《朱子晚年定論》之書，號召門徒，互相唱和"，實際上是亡國的清談；並建議一方面因為他的功勞而"免奪封爵，以彰國家之大信"，一方面因為他的言論而"申禁邪說，以正天下之人心"。這一建議得到嘉靖皇帝的支持，於是再次下詔，定王陽明是"放言自肆，詆毀先儒，號召門徒，聲附虛和，用詐任情，壞人心術"，下詔都察院榜諭"天下有敢踵習邪說，果於非聖者，重責不饒。"[24]

可見嘉靖皇帝仍然對這個和主流的程朱理學對立的學說很有戒心，也許是生怕它會成為士大夫的風氣，他藉了王陽明重病時

23　《王陽明全集》，第 834 頁。

24　《明世宗實錄》卷九十八，《明實錄》，第 8035 頁。

離職的事情，大做文章，不僅不同情，而且自己下詔批評，說王陽明"擅離重任，甚非大臣事君之道，況其學術、事功，多有可議"，讓大臣們討論，討論的結果當然可想而知，結論是王陽明"欲立異以為名"，"傳習轉訛，悖謬日甚"，嘉靖皇帝看後，還加上"放言自肆，詆毀先儒，號召門徒，聲附虛和，用詐任情，壞人心術"這樣的話，[25] 等於是把王陽明從個人到學說，全面否定。嘉靖八年（1529）二月宣佈王學是偽學。正是在這個時候，嘉靖左手把楊廷和打下去之後，又用右手把王陽明也打下去，在這一輪士大夫的"道統"和皇帝的"政統"較量中，皇權贏得了全面的勝利。

兩年以後，秉承皇帝的旨意，日益得勢的內閣大學士張璁對士大夫的文化下手，提出這樣的建議：其一，孔子不稱王；其二，孔廟不立塑像而用木主，同時減少祭器；其三，更改從祀的名單；其四，大成殿改叫孔子廟。[26] 但是，傾向於王陽明學說的徐階卻堅決反對，王陽明的弟子輩，像唐愈賢、朱廷立、魏良弼、孫應奎等人，也和張璁意見不合。本來，這並不一定只是王陽明一派的心情，可能是很多士大夫共同的心情，但皇帝卻代表"政統"立場，要壓制士大夫，所以親自寫了兩篇文章，一篇叫《正孔子祀典說》，一篇叫《正孔子祀典申議》，其中最重要的一句話是"夫禮樂制度從天子出，此淳古之道也，故孔子作此言以告萬世。"皇

---

25 《明世宗實錄》卷八，嘉靖八年二月甲戌"吏部會廷臣議故新建伯王守仁功罪，言：'守仁事不師古，言不稱師，欲立異以為名，則非朱熹格物致知之論；知眾論之不與，則著朱熹晚年定論之書'"，建議"免奪封爵，以彰國家之大信，申禁邪說，以正天下之人心。"

26 《明世宗實錄》卷一〇九。參看《明史》卷五十《禮四》。

帝親自寫文章加入論戰，這簡直是罕見的事情，這麼強烈地表達皇帝高於一切的旨意，也是很少有的。而張璁則很迎合地說，這是愚蠢的人不懂得義利之別，所以應該由皇帝來獨斷，"惟皇上仁義中正，斷之以心，所謂唯聖人能知聖人者也。"因此，嘉靖便毫不猶豫地把孔子的"王"給免了，所以沈德符就說，這是"上素不樂師道與君並尊"。[27]

這一改革顯示了：一是皇權對士大夫的壓制；二是原來懷抱得到皇帝支持願望的王學，再一次失望；三是王學仍然沒有翻身機會，只好把自己的學說中心，轉移到"覺民行道"和"自我提升"的方向上來；四是有一點很重要，這也鞏固了王學作為批評精神的象徵，作為道統的力量的威望和影響。

（3）夏言的建議和王學的批評

應該說，這種政治形勢對士大夫相當不利，余珊曾經給嘉靖上疏說："乃自大禮議起，凡偶失聖意者，譴謫之，鞭笞之，流竄之，必一網盡焉而後已。"[28] 說到王學在"偽學"之名的壓制下，反而更興盛和更有人緣，以至於成為反潮流的精神力量，這和他們不斷集會、講學有關。王陽明在世的時候，他們就在浙江餘姚、紹興的佛教道教寺觀裏面集會講學，到了嘉靖年間，這種集會和

---

27 《萬曆野獲編》卷十四《祀典》。參看左東嶺《王學與中晚明士人心態》第三章，第294—295頁。

28 《明史》卷二〇八《余珊傳》。

講學活動更多，王學不斷地集會、講學、組織團體，搞得聲勢浩大，也使得皇帝和朝廷很擔心。

不過，這個嘉靖皇帝，對付起知識階層來，其實是一個很有心計也野心勃勃的人。一方面，《明史》卷一九六就說他"以製作禮樂自任"，古代中國制禮作樂，在某種意義上就是重建一個制度和秩序，他把這種大事當作自己的事業，其實是很有心的，所以你看他：第一，下令勾龍不再配社稷祭祀；第二，分祭天地；第三，對文廟從祀人名單的更改。這說明他實際上是很厲害的，想通過這些看起來是虛擬世界的事情，來試探士大夫的反應。[29] 另一方面，他用士大夫對付士大夫，他先是用張璁，張是一個"性狠愎，報復相尋，不護善類"的人。接着又用夏言，他也是一個特別能夠揣摩皇帝心情的人，他本來和張璁聯手，支持嘉靖對於祀典的改革。受重用以後，又和張璁發生矛盾，他在和張璁的衝突中，本來應該引用和張璁對立的王學吧，可是他深知皇帝對於士大夫"朋黨"一向警惕，士大夫群體是皇帝的大忌，特別是歐陽德、羅洪先先後上書建儲，得罪了一心壟斷權力的嘉靖以後，他更對王學士大夫加以壓制，在他和王學的重要分子戚賢發生糾紛後，就藉口朋黨名義，把鄒守益、戚賢、王畿等人統統貶斥下去，並且把他們叫做"偽學"。

---

29 《明史》卷一九六《張璁傳》："帝自排廷議定'大禮'，遂以製作禮樂自任。而夏言始用事，乃議皇后親蠶，議勾龍、棄配社稷，議分祭天地，議罷太宗配祀，議朝日、夕月別建東西二郊，議祀高禖，議文廟設主，更從祀諸儒，議祧德祖正太祖南向，議祈穀，議大禘，議帝社帝稷。"（第5178頁）

這個時候還有一件事很重要。嘉靖十五年（1536），針對民間宗族力量和地方士紳的壯大，夏言提出重要的建議：一是三品以上可以建廟，祭五世祖，為大宗，後世以之為祖宗；二是四品以下不可以建廟，只能主祠堂，為小宗，不可以為祖宗，因此逐漸退出祭祀名單；三是大宗、小宗構成共同體，開放各地宗族祠堂祭祀和譜系的編纂，使全國聯宗；四是這樣皇帝是一切的來源和最大的大宗。正像小島毅所說的，嘉靖年間這個建議很重要，它配合打擊各種淫祠，重新整頓了國家控制下的祭禮和制度，也實踐了丘濬《家禮儀節》《大學衍義補》裏面關於"秩序"的設想，主觀上，是想在客觀上秩序同一性瓦解的時候，強化皇帝、國家、社會的同一性。

在這種皇帝和朝廷越來越權力集中並且對異議士大夫壓制的情況下，王陽明的學生們，只好把學問的方向，轉向內心和關注下層。

三、明代思想史的背景（三）
—— 講學、結社的意義

下面要討論的是，王學包括王陽明和他的弟子們的講學、結社活動。

1. 講學是王學吸引人的原因之一

　　台灣學者呂妙芬曾經指出，王陽明之所以能夠成為學派，吸引很多人，是因為一是他很善於培養年輕的接班人，二是他的事功和實踐，給他帶來很大的力量，三是良知之學成為新的時尚。其中我覺得，第二個原因，就是事功很重要。王陽明在江西時（即1517－1519年）取得的巨大政治成功，使他具有極高的聲望，再加上他在正德十三年（1518）前後出版的《古本大學》《朱子晚年定論》等等，正如火仗風勢一樣，使人有經典文獻可以作為基礎；然而，其中特別重要的，則是他的講學活動，這種活動影響和傳播了他的學說，特別是他得到鄉紳們的支持，更如燎原之火一樣。從正德十六年到嘉靖六年，算是王陽明晚年，王陽明在浙江餘姚、紹興一帶的能仁寺、光相寺、至大寺、天妃宮講學，已經開啟了講學的風氣。

　　這個風氣很有吸引力。我們稍稍回顧一下明代的知識分子歷史就可以知道。本來，底層出身的梟雄明太祖，覺得科舉出不了人才，所以在洪武年間曾經停止科舉十年之久，洪武三十年（1397）還曾經不滿意科舉，重新閱卷另拔了六十一個人。但是，終究他也無法除去科舉選士的途徑，所以，從洪武十七年（1384）頒佈定式，規定了四書五經注本，規定了朱子之學為官學，又廣建州、府、縣學達1500所以上。這樣的結果是甚麼呢？就是一方面讀書的士人人數越來越多，都想通過這一途徑上升，但是另一方面路徑狹窄，而且考試、教材、試卷極其教條和呆板，所以引起私下裏對制度、權力和知識的不滿。到了弘治、正德、嘉靖年間，批判這種"俗學"的聲浪越來越高，王陽明及其弟子就常常批評這種世俗功利之學，很迎合時尚風氣，得到習慣於趨向新潮的年輕人的喜愛。王陽明學派裏面的中堅力量，是比王陽明小二三十歲的年輕人，即還沒有經歷科舉就受到王學影響的人。這是因為當時的時代氣氛，一是弘治年間的寬鬆政治氣氛，二是生活富裕的江南士人無須一定要走科舉之路，三是奢華風流的城市生活和新風氣的流行，四是王陽明的個人聲望的巨大影響和王學反潮流的吸引力。所以王陽明一系越來越有影響。可是一方面江南社會生活、觀念和風氣雖然已經超前了明帝國的社會秩序，一方面明帝國的整體同一性仍然控制着意識形態，拖住江南的文化觀念；一方面這裏的人們覺得科舉、理學是"俗學"，一方面又期待進入那個荊棘之門。當時每三年取約 300 進士，但全國有 60 萬生員，其中 30 名生員中有一人可中舉人，60 個舉人有一個可以中進士，所以，這個狹窄的門既引起怨懟和憤怒，又惹起了更高的豔羨和仰慕，當時的士人處於兩難的境地，一方面批判科舉，一方面依傍科舉。王陽明之學就是在這種情況下成為時尚的。

2. 王陽明之後的講學結社之風

大家要注意，這種公然集會和講學，對於朝廷是一種諷刺，在朝廷宣佈他們是"偽學"的時候，他們還這樣公然蔑視，結成團體，實際上是很厲害的。有時候，反潮流是一種很吸引人尤其是年輕人的方式。在王陽明於嘉靖七年冬天 (1529) 逝世以後，他的學生就繼承他的傳統，每年祭祀時都要"陳禮儀、懸鐘磬、歌詩、侑食"，然後"講學終月"。這在後來形成了習慣，比如嘉靖十二年（1533），由於王學弟子們在南京留都任官（《南中王門學案》講鄒守益、歐陽德、何廷仁在南京的影響），他們在國子監、雞鳴寺辦講會，另外，鄒守益在廣德的復初書院講學，王艮在泰州的安定書院講學，這裏都成為後來王學的根據地，此外還有中天閣（餘姚）、龍沙會（江西洪都）、惜陰會（江西吉安）、青原會（江西）以及《南中學案》提到的種種講學和講會。請注意這種明代出現的講學和集會，和此前的士大夫講學集會很不同，一是空間地點，不再是官方太學，而是藉用寺廟道觀，或者自己的書院；二是議論的話題更加廣泛和具有批判性；三是參加的人成分要廣泛得多，不再僅僅是太學生之類，而是加入了很多商賈、販夫和下層人士；四是最終會形成組織，形成定期的、有固定傾向的集會，這是和過去最重要的差異。

　　嘉靖三十一年（1552），在王陽明去世二十四年以後，徐階入內閣，嘉靖四十一年到隆慶二年（1562-1568），他成為首輔，這可能是王陽明學說盛行的重要契機。他曾經在嘉靖年間，以內閣大學士的身份，在北京的靈濟宮舉行大規模的講會，請了歐陽德（南野）、聶豹（雙江）、程文德主講，吸引了千人以上。大家有興趣可以看吳震和呂妙芬的書。不過，據朱鴻林的研究，[30] 在隆慶、萬曆之交，關於王陽明是否可以從祀孔廟的問題，尚有很多爭

───────────

30　朱鴻林：《王文成公全書刊行與王陽明從祀爭議的意義》，載楊聯陞等編：《國史釋論》下冊，（台北）食貨出版社，1988 年。

論，在徐階和高拱當政的時候，是很不一樣的，徐階當政的時候，把王陽明的問題正面化了，在高拱當政的隆慶三年到六年（1569－1572），還是禁止講學，打擊王學士人，但是畢竟擋不住潮流，在他罷相時，剛好《王文成公全書》刊行，從祀孔廟的提議再次擺上朝廷的桌面，這次是從王陽明的事業成就上提出來的，所以反對之聲漸小，到了萬曆二年（1574），大體上同意了王陽明從祀，到萬曆十二年（1584）正式施行。而講學之風，也就勢不可擋了。[31]

3. 天啟五年（1625）的禁令

可是，經歷了萬曆年間的興盛，萬曆以後，這種趨勢被突然打斷，這是由兩個因素決定的。一是由於形勢發生變化，形勢永遠比人強。這個時候，東邊的倭患變成了日本經由朝鮮的真正挑戰，東北的滿族人形成勢力，內部各種紛亂開始出現，所謂西賊

---

31 很多人（如陳來、呂妙芬、吳震）之所以注意到王學的講學、集會等等，雖然有其史料上的根據，但問題意識顯然受到哈貝馬斯的刺激和啟迪。哈氏在其《公共領域的結構轉型》一書裏，討論了城市裏面出現的一些談論文學和社會的咖啡館、沙龍、宴會等等，他說，這些愉快的社交和交談，常常會很快發展成為公開批評的政治場合，因為這樣的由私人集會而成的公眾活動，會形成一種領域，它們被要求成為表達對權力的意見的空間，並且迫使政治權力和宗教權力承認它的合法性，使權力"遵從理性標準和法律形式"（第33頁），這是近代社會出現的一種現象。這些空間要求：1. 具備一種平等（作為個人的平等）的社會交往方式。2. 討論限制在普遍性話題上，本來這些話題的解釋權被國家或宗教壟斷，但在這裏它像是"商品"一樣，可以被評頭論足。3. 使文化脫離權力、權威和貴族，成為大眾商品。這些公共的空間，包括（一）報紙、雜誌、各種印刷品。（二）展覽館、博物館、音樂會。（三）咖啡館、沙龍和酒吧。在近代歐洲，它們成了具有政治權力認可的批評政治權力的場合，因此，合法化的、政治化的輿論（公共領域的監督和批評），與制度化的權力產生機制（受到法律和制度約束），便是近代資本主義社會中公共領域的形成。可是，王學的講會和講學，是這種公共領域嗎？這需要好好討論。

也開始形成，朝廷不能再容忍秩序的混亂，而士大夫內部也對這種自由得有些失去控制的思潮感到恐懼，因此出現了對王學的激烈抨擊；二是朝廷挾政治權力，以國家和秩序的名義，對這種自由議論的風氣進行了大規模的壓制。天啟二年（1622）九月，朱重蒙引用傳統對於"朋黨"的偏見，對鄒元標、馮從吾在都城創建講壇進行彈劾，認為這可以"學士儒主挾之以扞文網，冠裳仕進藉之以樹黨援"，也就是說這種講學方式會造成門戶。[32] 天啟五年（1625）六月，御史李萬上疏批評說："今學者動引宋人互相標榜，日以講學為事。"[33] 八月御史張訥又建議拆毀天下的講壇，批評這種講學的風氣是："南北相距不知幾千里，而興雲吐霧，尺澤可以行天；朝野相望不知幾十輩，而後勁前矛，登高自為呼應。其人自縉紳外，宗室、武弁、舉監、儒吏、星相、山人、商賈、技藝，以至於亡命輩徒，無所不收；其事則遙制朝權，掣肘邊鎮，把持有司，武斷鄉曲，無所不為；其言凡內而彈章建白，外而舉劾條陳書揭文移，自機密重情以及詞訟細事，無所不關說。"其實，最重要的就是由於有了這種空間，士庶各種人都介入了政治，朝廷不再壟斷所有的真理話語，官方意識形態也不能控制整個輿論。

於是在這一年，皇帝下詔，決定拆毀東林、關中、江右、徽

---

32 《明熹宗實錄》卷二十六，天啟二年九月庚子，《明實錄》縮印本第 13468 頁。據說這一年倪文煥建議禁止首善書院的奏摺中，對書院講學有這樣的形容，是"聚不三不四之人，說不痛不癢之話，作不深不淺之揖，啖不冷不熱之餅。"張爾岐：《蒿庵閒話》第八十條，《蒿庵集》，齊魯書社，1991 年，第 324 頁。

33 《明熹宗實錄》卷六十，天啟五年六月戊寅，《明實錄》縮印本第 13838 頁。

州一切書院，[34] 導致這種自由風氣受到了相當大的挫折[35]（當然，真正依靠禁令來徹底禁止講學和結社，要到清代初期才真正實現，這一點可以參看小野和子、謝國楨關於黨社的書）。

四、區域研究的意義與局限

最後，我們順便討論一下區域研究的問題。

通常，在中國思想史上，兩漢經學、魏晉玄學、隋唐佛學、宋代理學、明代心學、清代考據學，都被當作主流，代表了整個的學術和思想世界。可是現在漸漸知道，主脈絡不等於全景史，現在的趨勢是，越來越注意主流之外的東西，所以，原來一些被當作全景的思想和學術，漸漸也都被認識到它可能只是一部分，你要注意這之外還有太多的其他東西在，可以發掘更多的邊緣資料。把原本邊緣的思想和學術重新放回這個思想世界和學術世界裏面，就可能改變原來的研究，因為所謂邊緣，所謂中心，不過是一個注意焦點的問題，焦點轉移，可能圖像就變化了。

34　《明熹宗實錄》卷六十二，天啟五年八月壬午，《明實錄》縮印本第 13870 頁。參見天啟六年二月庚寅徐復陽奏議，戊戌李實參周起元及聖旨，十月乙丑李魯生上言等等，《明熹宗實錄》卷六十八、卷七十七，《明實錄》縮印本第 13955、13959、14077 頁。

35　也許有學者會把這種對士人的打擊算在魏忠賢等人的頭上，但是，我以為思想史不應當過分糾纏在具體事件的具體起因上，這一事件背後，隱隱約約是皇權與士紳之間爭奪思想話語控制權的衝突。

比如艾爾曼在《從理學到樸學》裏面，對於清代考據學的界定，覺得它只是"清代江南學術共同體"，就很有啟發性，因為當時除了江南以外的很多地方，除了考據學家之外的很多士大夫，都還是以理學為中心，以科舉為目標，以符合倫理與制度為榮譽的。像北宋南宋的理學，你如果看宋代的整個資料，你也會知道，其實整個宋代，理學還是一小批精英分子的創新思想，並不是生活世界的主要觀念，你不能輕視宋代佛教、道教、民間信仰和一般士大夫的傳統學風，以及更廣大士人的觀念世界。

那麼明代王陽明學説呢？確實，這個思潮在明代雖然相當流行，但是主要還是在今天的浙江、江蘇、安徽和江西一帶，應當説，也是江南學術和思想，因為它的流行，確實也和當時江南地區的城市、商業、階層變化、生活氣氛有關。日本的學者小島毅已經指出，在日本，包括島田虔次、溝口雄三等人，在研究明代思想史的時候，太過於放大王學了，我們看現在各種明代思想史，確實除了王學之外，其他思想和人物也是微不足道的，那麼，是否把江南的王學之風太誇張了呢？明代王學之外，還有其他東西是否應該在思想史裏面多寫一些，是否整體觀察的時候，應當把王學看成是區域學術和思想？可是，這種質疑，是否對呢？這是需要我們重新來仔細研究的。

五、結語：研究方法上的問題

因此，今天我講的中心問題就是：

一個時代思想史的背景，應該如何來研究，是否需要改變過去各種思想史那種籠統的做法，對遠景、中景、近景有細緻的重建和分析？如果這樣做，是否思想史就回到歷史學和文獻學的基礎上來了？這是一個大大的問題。

另外，大家也可以想一想下面兩個話題：第一，講學、結社在王學興盛的時代，是否具有歐洲那種公共領域的性質？西洋的各種新理論，究竟應該如何與中國歷史結合？第二，區域研究和整體觀察如何協調？過去那些流行於江南的思想，為甚麼會被視為整個帝國的思想？這種把局部當作全體的看法如果不對，那麼，我們應當如何改變？

【 參考論著 】

1. 《王陽明全集》卷一至卷三《傳習錄》，上海古籍出版社，1992 年。

2. 《明儒學案》(中華書局點校本)。

3. 容肇祖：《明代思想史》，原出版於 1940 年，齊魯書社重印本，1992 年。

4. 嵇文甫：《左派王學》，開明書店，上海，1934 年。

5. 嵇文甫：《晚明思想史論》，原出版於 1943 年，東方出版社重印本，1996 年。

6. 島田虔次：《中國における近代思維の挫折》，(東京)築摩書房，1970 年。

7. 岡田武彥：《王陽明與明末儒學》，吳光、錢明、屠承先譯，上海古籍出版社，2000 年。

8. 呂妙芬：《陽明學士人群體——歷史、思想與實踐》，"中研院"近代史研究所，2003 年。

9. 陳來：《明嘉靖時期王學知識人的會講活動》，《中國學術》第四輯，2000 年。

10. 左東嶺：《王學與中晚明士人心態》，人民文學出版社，2000 年。

11. 吳震：《明代知識界講學活動繫年(1552－1602)》，學林出版社，2003 年。

12. 鄧志峰：《王學與晚明的師道復興運動》，社會科學文獻出版社，2004 年。

【 閱讀文獻 】

1.《明史》列傳第一百七十《儒林傳一》(清代張廷玉等撰)

粵自司馬遷、班固創述《儒林》，著漢興諸儒修明經藝之由，朝廷廣屬學官之路，與一代政治相表裏。後史沿其體制，士之抱遺經以相授受者，雖無他事業，率類次為篇。《宋史》判《道學》《儒林》為二，以明伊、雒淵源，上承洙、泗，儒宗統緒，莫正於是。所關於世道人心者甚巨，是以載籍雖繁，莫可廢也。

明太祖起布衣，定天下，當干戈搶攘之時，所至徵召耆儒，講論道德，修明治術，興起教化，煥乎成一代之宏規。雖天亶英姿，而諸儒之功不為無助也。制科取士，一以經義為先，網羅碩學。嗣世承平，文教特盛，大臣以文學登用者，林立朝右。而英宗之世，河東薛瑄以醇儒預機政，雖弗究於用，其清修篤學，海內宗焉。吳與弼以名儒被薦，天子修幣聘之殊禮，前席延見，想望風采，而譽隆於實，訛諄叢滋。自是積重甲科，儒風少替。白沙而後，曠典缺如。

原夫明初諸儒，皆朱子門人之支流餘裔，師承有自，矩矱秩然。曹端、胡居仁篤踐履，謹繩墨，守儒先之正傳，無敢改錯。學術之分，則自陳獻章、王守仁始。宗獻章者曰江門之學，孤行獨詣，其傳不遠。宗守仁者曰姚江之學，別立宗旨，顯與朱子背馳，門徒遍天下，流傳逾百年，其教大行，其弊滋甚。嘉、隆而後，篤信程、朱，不遷異說者，無復幾人矣。要之，有明諸儒，衍伊、雒之緒言，探性命之奧旨，錙銖或爽，遂啟歧趨，襲謬承訛，指歸彌遠。至專門經訓授受源流，則二百七十餘年間，未聞以此名家者。經學非漢、唐之精專，性理襲宋、元之糟粕，論者謂科舉盛而儒術微，殆其然乎。

今差別其人，准前史例，作《儒林傳》。有事功可見，列於正傳者，茲不復及。其先聖、先賢後裔，明代亟為表章，衍聖列爵上公，與國終始。其他簪纓逢掖，奕葉承恩，亦儒林盛事也。考其原始，別自為篇，附諸末簡，以備一代之故云。

2.《明儒學案》卷十《姚江學案》（節選）

有明學術，白沙開其端，至姚江而始大明。蓋從前習熟先儒之成說，未嘗反身理會，推見至隱。所謂"此亦一述朱，彼亦一述朱耳。"高忠憲云：薛文清、呂涇野語錄中，皆無甚透悟。亦為是也。自姚江指點出良知，人人現在一反觀而自得，便人人有個作聖之路。故無姚江，則古來之學脈絕矣。然致良知一語，發自晚年，未及與學者深究其旨。後來門下，各以意見摻和，說玄說妙，幾同射覆，非復立言之本意矣。

……

先生以聖人之學，心學也，心即理也，故於致知格物之訓，不得不言致吾心之天理於事事物物。以知識為知，則輕浮而不實，故必以力行為功夫。良知感應神速，無有等待，本心之明即知，不欺本心之明即行也，不得不言"知行合一"。此其立言之大旨。

3.《明儒學案》卷二十五《南中王門學案》(節選)

南中之名王氏學者，陽明在時，王心齋、黃五嶽、朱得之、戚南玄、周道通、馮南江，其著也。陽明歿後，緒山、龍溪，所在講學，於是涇縣有水西會，寧國有同善會，江陰有君山會，貴池有光嶽會，太平有九龍會，廣德有復初會，江北有南譙精舍，新安有程氏世廟會，泰州復有心齋講堂，幾乎比戶可封矣。而又東廓、南野、善山，先後官留都，興起者甚眾。

第七講

有關戴震研究的學術史

引言：思想史中的人物研究

上次我們討論《明儒學案・南中學案》，主要是討論思想史的歷史背景應該怎樣重建和敍述，這次我們討論戴震，想換個方式，來討論思想史中個別精英人物應當怎樣研究。過去，我曾經批評說，思想史裏面總是以人物（或著述）為單位，大的一章，小的一節，再小的幾個人合一節。這種思想史寫法的問題是：第一，在安排章節上面就顯示了價值判斷，這個人物，佔一章的很重要，佔一節的較次要，合了好幾個人才佔一節的，當然就不那麼重要。如果，過去只是一節，現在變成一章的人物，就說明他在思想史中的地位越來越重要，像王充、范縝、呂才的地位，在唯物主義歷史觀主脈絡裏面，就開始升級，這就暗示給讀者一個意思，好像評勞模等級或者學術評獎，有一二三等，表示思想史表彰的程度。第二，由於以人物為單位，淡化了"歷史"的縱（思想連續脈絡）橫（同時代人的聲音）面，即突出了個人，而忽略了環境。比如，講某人的思想意義，可能就會出現這樣的毛病，當你只看這一個的時候，好像他很了不起，"愛屋及烏"是很容易犯的毛病，好像俗話裏說的，"丈母娘看女婿，越看越歡喜。"可是，你要是把他擺在同時代歷史背景和群體活動裏面，也許他也就是作為背景的合唱團裏的一個隊員而已。第三，因為能夠上榜的都是顯赫的人物，所以作為合唱的、背景的聲音，就是丸山真男說的"執拗低音"，就容易被忽略。我一直建議要寫"一般知識思想和信仰世界"作為精英的背景和土壤，但是，這種以人物為主的寫法，很難讓我們寫好這樣的思想史著作。

不過話說回來，並不是說這樣的寫法沒有意義，對於個別人物的研究，尤其是作為思想史關鍵和樞紐的那些人物，他的生平、交往、教育經歷、思想形成與著作傳播的研究，還是很有必要的，過去像南京大學，就有以思想家人物傳記為中心的研究群體。可是，思想史裏的人物研究，究竟應當怎麼研究？現在的研究方法有沒有問題呢？

今天，我就以戴震，這是清代學術史和思想史上最重要人物的研究為例，討論一下思想史裏面人物研究的方法。

一、同時代人關於戴震的記憶和理解

我們知道戴震（1724—1777年）是清代中葉徽州籍的讀書人，也是當時最著名的學者，通常學界討論到戴震，都是把他放在乾隆時代的學術史和思想史中來看的，一般都會強調以下兩個方面。

一方面，學術史研究會把他視為乾嘉考據學潮流的中堅力量，會突出地討論他考據學的成就及其創造性的方法。大家知道，他參與整理過《四庫全書》，校過《水經注》，他是考據學裏面所謂“皖派”的領袖，影響很大。首先，他從字音求字義的小學方法影響了金壇段玉裁（有《六書音韻表》），影響了高郵王念孫、王引之父子（有《廣雅疏證》《經傳釋詞》）；其次，他對禮制的重視（他考證過“明堂”“辟雍”“靈台”，也研究過《考工記》），影響了後來的淩廷堪（如《復禮》中"以禮代理"的觀念）；再次，他對天文地理數學的研究（如他有《勾股割圓記》《續天文略》），影響了後來的焦循等人。

另一方面，思想史研究則把他放在官方以程朱理學為意識形態的思想史背景下，突出地討論他對程朱理學的批判意義。比如，我們會講他通過歷史語言學的進路，以字詞訓詁和還原古義的方式，批評宋代理學對"性命理氣"等等的解釋（如他的《原善》《孟子字義疏證》），影響了阮元（如《性命古訓》）、孫星衍（如《原性篇》）、焦循（如《性善解》）等，確認他是清代乾隆時代對於宋明理學批判的中心人物，從此開啟了後來的啟蒙思潮，並且把他的思想看成是後來有現代意義思想的來源之一。

不過，這個學術史和思想史上的"戴震"印象，究竟是怎麼來的？有哪些值得注意的變化呢？我們還是要通過重新回顧歷史的方法，或者換一個時髦說法，在"知識系譜學"的意義上，討論這個"戴震"印象的形成，這就是通常說的"戴震學"。研究清代學術史和思想史，為甚麼要重新討論"戴震"印象呢？我覺得原因有二，第一，我們現在研究戴震的時候，其實已經接受了很多前人的說法，這一層層的說法，好像是在眼睛上戴眼鏡，眼鏡上又蒙上了層層有色玻璃紙，所以，未必是原來"乾隆時代"的"戴震"的學術和思想，要真正了解他，需要一層層剝離這些玻璃紙，讓我們的眼睛盡可能直接看當時的戴震。第二，這一層層的玻璃紙是怎麼蒙上去的？它們一層層的遮蔽本身的歷史，也構成了另一種學術和思想史的資料，就是說，不同時代、不同學者、不同說法，層累地構成了“戴震學”，這本身就是在戴震研究上，所表現出來的“學術史”和“思想史”。

今天我們關於“戴震學”的討論，要簡單地討論一百多年來，王國維、劉師培、章太炎、梁啟超和胡適的研究。不過，他們這些研究和論述，無論是以民族主義立場的，還是哲學解釋的，還是啟蒙性歷史追溯的，基本上屬於“現代戴震學”。而在這些現代解釋之前，就是從戴震於乾隆四十二年（1777）去世以後，還有一個長達一百多年的同時代人和後輩學人的戴震回憶在前面，從王國維到胡適的戴震研究，用的都是他們提供的資料，顯然也會受到他們提供的戴震印象的影響。比如：

1. 洪榜（1744－1779 年）的《戴先生行狀》。[1] 這是一篇很可靠的戴震傳記，因為它是戴震去世後一個月時寫的。大家要注意，他對於戴震學術形象的描述有兩個重點，一是他有意強調，戴震年輕時就質疑過朱熹關於《大學》的說法，這是為了後面突出地強調《原善》論性理歸六經而做的鋪墊，在這裏塑造的是一個“反宋學”的漢學家形象；二是他同時強調，戴震“每一字必求其義”，因為“經之至者道也，明道者其辭也”，一方面要通過字詞訓詁理解古代經典，一方面要“綜其全而核之”，所以他很博學，包括天文、曆算、推步、鳥獸、蟲魚、草木，甚至山川、疆域、州鎮等等，就是強調考據學的博學家的意義。這是戴震同時代人對戴震的理

1　收入洪榜《初堂遺稿》中，亦收入《戴震文集》（中華書局，1980 年）“附錄”中，第 251－260 頁。

解和回憶，也是後來很多戴震印象的來源和基礎。[2]

2. 段玉裁（1735－1815年）《戴東原先生年譜》。[3] 這是一個戴震最信任的人的回憶，戴震在給他的信裏，曾說到和《與是仲明論學書》裏一樣的話，[4] 就是要想理解“道”或者“理”，一定要從字義到詞義，才能真正貫通，這是做學問的最重要途徑；而戴震在乾隆四十二年臨終前一個月（四月廿四日），又給段玉裁寫過信，明明白白告訴他，《孟子字義疏證》是他自己最重要的書，這部書是“正人心之要”，也是對禍民的“理”的批判。[5]

所以，段玉裁和洪榜一樣，在年譜裏面突出的重點，也是（一）戴震年輕時即質疑朱熹說的關於《大學》是孔子傳曾子，曾子傳門人，暗示了他的反程朱取向（第216頁），在乾隆三十一年（1766）一條裏，他比洪榜更清楚地描述了《原善》和《孟子字義疏證》，強調了它們的意義是批評宋代理學家，不是六經孔孟的正道，“所謂理者，必求諸人情之無憾而後即安，不得謂性為理”（第228頁）。而且在敍述戴震死後事時，又引其答彭紹升書，凸顯戴震反程朱、反佛教的一面（第240頁）。（二）在戴震的學術

---

2 洪榜與朱筠有一篇討論這篇《行狀》及戴震之學的書信，相當重要，收於江藩《漢學師承記》卷六《洪榜傳》內，參見漆永祥：《漢學師承記箋釋》，上海古籍出版社，2006年，第622－626頁。

3 收入《戴震文集》“附錄”中，第215－250頁。

4 《戴震文集》卷九，第139－141頁。

5 《戴震全書》（黃山書社，1995年）第六冊《與段茂堂等十一札》第十札“僕平生論述最大者，為《孟子字義疏證》一書，此正人心之要，今人無論正邪，盡以意見誤名之曰理，而禍斯民，故《疏證》不得不作。”第543頁。

方面，他也同樣強調戴震對於古代經典的看法，引用他回答姚鼐的話說，是"徵之古而靡不條貫，合諸道而不留餘議，巨細畢究，本末兼察"（第222頁）。所以，一方面要"每一字必求其義"，以《說文》之學為根基，"由字以通其辭，由辭以通其道"，一方面也強調要博學多識，說戴震對音韻、訓詁、名物、禮制無不精通，有很多著作。[6]

這確實是批判和瓦解宋代理學的途徑。但是，大家要注意，段玉裁是否真的覺得戴震是有意識地、自覺地徹底批判宋代理學的原則，要把人的慾望和情感從"理"中解放出來呢？未必。他在另外給《戴震文集》作序的時候就說到，戴震自己曾說過，《孟子字義疏證》一書最重要，因為古往今來，都把"六書九數"當作大學問，卻"誤認轎夫為轎中人"，千萬別把我當作"轎夫"，好像只會"六書九數"。這段話，章學誠《書朱陸篇後》在提及戴震《原善》的時候，反駁有人攻擊《原善》"空說義理，可以無作"的時候也引用過，說"訓詁、聲韻、天象、地理四者，如肩輿之隸"，可見是真的。但是，這並不等於戴震不講"理"，他只是覺得，用外在的、抽象的、嚴厲的"理"約束人，卻把真正的符合人性人情的"理"丟掉了，用現在的話講，就是把工具理性當作價值理性，用高調的天理去殺人。

所以，他並不一定反對宋代人所講的"理"，只是覺得，第一，

6　《戴震文集》"附錄"，特別是第216、228、240、222頁。

宋學的天理太嚴酷，不能兼容人情；第二，宋代理學缺乏知識性的基礎，需要有嚴格的字辭知識為依據；第三，真正真理的源頭，還是在古代六經。段玉裁也並不見得是真的認為，戴震在反對專制皇權的政治意識形態，而是認為，戴震是想超越宋學的籠罩，通過學術，重建這個社會的政治、倫理和思想秩序。段玉裁在嘉慶十九年（1814）的時候給大考據家陳壽祺寫了一封信，其中就說，我看現在社會上的大毛病，就是拋棄了洛、閩、關學不講，反而說這些學問是"庸腐"，可是，如果你不講這些，就沒有廉恥，氣節很差，政治也搞不好，"天下皆君子，而無真君子"，所以，他的結論是這個時代"專訂漢學，不治宋學，乃真人心世道之憂。"[7]

3. 對戴震的思想學術，和洪榜、段玉裁說法最相近的，還有王昶（1725－1806 年）的《戴東原先生墓誌銘》等。[8] 王昶說他"晚窺性與天道之傳，於老莊釋氏之說，辭而辟之。"不過，說得最清楚的，恐怕是章學誠（1738－1801 年）《文史通義》內篇卷三《朱陸》後附《書朱陸篇後》和淩廷堪（1757－1809 年）《校禮堂文集》卷三十五《戴東原先生事略狀》，[9] 他們對戴震學術與思想的解釋，溝通了批判理學和文獻考據、思想表達與知識依據兩方面，這給

7　陳壽祺：《左海文集》卷四《答段茂堂先生書》"附錄"。

8　原載王昶：《春融堂集》，亦收入《戴震文集》"附錄"，第 260－264 頁。

9　章學誠：《文史通義》卷三，葉瑛校注：《文史通義校注》，中華書局，1985 年，第 274－277 頁；淩廷堪：《戴東原先生事略狀》，載《校禮堂文集》卷三十五，中華書局，1998 年，第 312－317 頁。

梁啟超和胡適的戴震解釋提供了基礎。[10]

4. 對於戴震的理解，還有另外的一個側重的面向。這來自錢大昕（1728－1804 年）《戴先生震傳》和余廷燦（1729－1798 年）《戴先生東原事略》。[11] 錢大昕是當時最有影響和最有學問的學者，他的《戴震傳》裏面，強調的就是戴震識字、訓詁、博學、修地方誌、參加《四庫全書》編纂等等，他特別突出地表彰戴震考據學的成就，比如考證《周易》《周禮》，研究古代的明堂之制、勾股之學，校勘《水經注》等，但是，並不提他的《原善》和《孟子字義疏證》。余廷燦的《事略》也一樣，主要推崇戴震的曆算之學，考證《周禮》土圭之法、《考工記圖》、明堂、六書說和反切說，考證《水經注》等，這又凸顯了一個"作為考據學家"的戴震形象。[12]

二、漢學還是宋學，考據學家還是哲學家，
　　民族主義者還是啟蒙主義者？
　　—— 戴震的研究史

關於"戴震學"，前些年，台灣東海大學的丘為君教授寫了一

10　淩廷堪在《戴東原先生事略狀》中特意指出，人們往往把"故訓"和"義理"分開，其實這是不對的，因此戴震學術的意義，就在於"先求之於古六書九數，繼而求之於典章制度"，"既通其辭，始求其心。"《校禮堂文集》卷三十五，第 312 頁。

11　原載錢大昕《潛研堂文集》與余廷燦《存吾文集錄》，現均收入《戴震文集》"附錄"，第264－269、269－274 頁。

12　任兆麟《有竹居集》卷十《戴東原墓表》（卷八又有《戴東原制義序》）。

部很好的著作《戴震學的形成》[13]，這部書第一次從學術史上去討論"戴震學"的知識系譜，可是，我總覺得還有一點點缺憾。為甚麼有缺憾？就是因為他沒有專門和全面地清理"戴震"印象的形成史。

過去，從現代的學術與思想的角度談戴震的意義，常常認為這是從章太炎開始的。比如錢穆就說："近儒首尊戴震，自太炎始。"這個說法很被人接受，像侯外廬《近代中國思想學說史》（生活書房，1947 年）也說，自《檢論》和《訄書》中的《學隱》（1900年）、《清儒》（1904 年），開啟了研究戴震的風氣。大概丘為君教授的這部書也接受了這個說法的。但這個說法是不是對呢？恐怕一半是對的，一半是不對的。為甚麼？說他對，章太炎的戴震論述確實比較早；說他不對，因為真正現代戴震形象的塑造，卻未必是從他開始的。

我們回過頭來看一看資料。

1. 章太炎 1900 年《訄書》（初刻本）中有《學隱》，1904 年《訄書》（二刻修訂本）中增加《清儒》一篇，但這兩篇均僅對戴震的考據學做民族主義解釋。比如《學隱》中說，戴震"知中夏黝黯之不可為，為之無魚子蠁虱之勢足以藉手，士皆思偷楬祿仕久矣，……故教之漢學，絕其恢譎異謀，使（之）廢則中權，出則朝隱，如是足也。"所以，雖然戴震也是大師，但他的起點也是出於民族主義，而給無奈的士大夫找一個文獻學空間，讓士大夫有

13　丘為君：《戴震學的形成》，（台北）聯經出版事業公司，2004 年。

隱匿的場所。而 1904 年《清儒》一篇，也只是說戴震"治小學，禮經、算術、輿地，皆深通"，他教了很多門生，影響了王念孫、段玉裁等人。

應該說，這是章太炎早期對戴震的認識，顯然並沒有深入到他的觀念和思想上來，即使深入，也只是停留在民族主義的解釋上，在這個時候，戴震成了一個活在清帝國，卻始終堅持漢文化立場，用學術對抗政治的民族主義學者。

2. 真正開始以西方概念工具重新在現代哲學意義上解釋戴震的是王國維，他也是在 1904 年，寫了一篇《國朝漢學派戴阮二家之哲學說》。那個時候，王國維正好熱心於叔本華、尼采的哲學，覺得這種整體解釋宇宙和歷史的學問，很深刻也很系統。我想，這是一個來自西洋哲學世界的強烈刺激，這種刺激可以使學者對過去的資源進行"重組"，所以，他覺得清代三百年，雖然漢學發達，但是"龐雜破碎，無當於學"，找來找去，只有戴震和阮元兩個人的《原善》《孟子字義疏證》《性命古訓》才有一點"哲學"的意思。他評價說，這是"一方復活先秦古學，一方又加以新解釋"，重新討論孟子以來的"人性論"，建設心理學和倫理學。

你可以看到，這顯然是在西方哲學背景下來看中國思想的。所謂人性論、心理學、倫理學，這些原本都是西方的東西。新的概念工具，有時候看起來只是一些"詞語"，但是通過這些"詞語"去重新"命名"，會彰顯出歷史資料中另外一些過去不注意的意義。西洋哲學進入中國，就把過去的人物、著作、觀念，從"考據"與"義理"，"宋學"與"漢學"的解釋，轉移到哲學還是文獻學，傳統還是近代這個意義上來，另外給它賦予了新的意義。王國維也是要在這個新尺碼下面，來給戴震加以新解釋的，所以他特別指出，戴震和宋儒最不一樣的地方，就是對"天理"和"人慾"的解釋。首先，宋代理學家是把"理義之性"和"氣質之性"分開，前者是"理"，後者是"慾"，所以，這種"理慾二元論"漸漸就擴大了理和慾、性和情之間的對立和緊張；其次，他又指出，戴震反對這種區分，指出"慾在性中，理在慾中"，他主張理慾、性情的"一元論"，而且承認"情"發之自然，"性固兼心知（性）與血氣（情）言之"，這樣就開始承認"人"的心靈中理性和感情的合理性，換句話説，就是承認"人"的自由的合理性。[14] 這就把原來戴震同代人對戴震認識中的反"理學"那一面給突出起來，並且提升到哲學上來了。

　　毫無疑問，在 1904 年提出在西方哲學背景下重新解釋戴震思想，是一個很新的做法。我覺得，王國維在很多方面都是時代的先驅，這個時候，他使戴震成了一個"哲學家"。但是要說明，王國維這個時代，對中國哲學史還沒有一個貫通的、整體的脈絡，所以，他只是說，戴震恢復了古代北方哲學重實際的傳統，

14　王國維在《國朝漢學派戴阮二家之哲學說》特別提到《戴東原集》卷八裏面另外一篇《讀易繫辭論性》，其中說到"有人物，於是有人物之性。人與物同有慾，慾也者，性之事也；人與物同有覺，覺也者，性之能也"；又提到阮元《擎經室再續集》卷一《節性齋主人小像跋》指出，"性"一方面從"心"，包含了仁、義、禮、智，一方面從"生"，包含了味、臭、色、聲，所以應當對"性"和"情"有重新包容的觀念，這就在"性善"的基礎上，肯定了慾和覺的合理性。見《王國維全集》第一卷《靜安文集》，浙江教育出版社、廣東教育出版社，2009 年，第 96－104 頁。

但中國哲學後來被南方、印度影響，成為純理論哲學，專門討論
"幽深玄遠"的問題，並不適合中國人。所以他的結論是，戴震和
阮元"以其考證之眼，轉而攻究古代之性命道德之說，於是北方
之哲學復明，而有復活之態。"這話對不對，要分兩方面來看。
一方面，我們要明白，王國維基本上是用西洋哲學觀念來看清代
學術的，他說戴震是復活古學，這是為了說明它淵源有自的合法
性；可另一方面，王國維雖然說它是"漢學派"，但沒有特別去討
論"漢學"在論證"理""性"等等方面，有甚麼特別的知識方法，
只是籠統地說，它超越了宋學，回歸到古代。

3. 更重要的，是劉師培 1905 年所作《東原學案》。[15] 現在回頭
看，應該承認劉師培這個人很聰明也很敏感，他常常能短平快地
提出好些問題來。在戴震的認識上，他注意到戴震在學術史的"知
識方法"和思想史的"觀念表達"之間，有很深刻的貫通意義，這
是劉師培的聰明處。他說："(戴震的)《原善》《孟子字義疏證》為
最著"，甚麼原因呢？"蓋東原解'理'為'分'，確宗漢詁，復以
'理'為'同條共貫'也，故'理'字為'公例'。較宋儒以渾全解
'理'字者，迥不同矣，至謂'理'在'慾'中，亦非宋儒可及。"
這篇論文很長，其中涉及的是，(1) 以訓詁方式解釋"理"，(2)
"理"為公例，(3)"理"在"慾"中。他認為，戴震思想大致上以
這三點最為要緊。

雖然，劉師培在 1904 年 12 月在《警鐘日報》上發表的《近儒

---

15 《劉申叔遺書》下冊，江蘇古籍出版社影印本，1997 年，第 1759 頁以下。

學案書目序》中已經論述到戴震，但那個時候，對於戴震的理解和説法，大體上接近章太炎。他雖然表彰戴震"倡導實學，以漢學之性理，易宋學之空言"，但是，他還是把漢、宋對立看成是"實"和"空"的學風差異，所以，在《清儒得失論》裏面，他也還只是強調説，戴震"彰析名物，以類相求，參互考驗，而推歷審音，確與清廷立異。"看起來，這還是章太炎把漢學説成是"反清"的老調調。比如説，戴震的《聲韻考》是為了破《康熙字典》，他的門下如王念孫等反和珅、輕名利等等，都還是從政治和民族角度來看戴震的。直到1905年的《東原學案序》才超脱出來，站在更高的角度重新評價戴震，這就和王國維的評價大體一致了。而1906年作《戴震傳》，[16] 劉師培更進一步評價戴震晚年所作的《原善》和《孟子字義疏證》的重大意義，是"窮究性理之本"，全面推翻了宋儒，使儒學回歸到孔孟。

劉師培的論述，其重要意義在於，一是超越了1900、1904年章太炎式的反滿為中心的漢族民族主義解釋；二是把戴震的著述重心，突出地轉移到思想領域，而不是政治領域或學術領域；三是把戴震的意義提升到了全面超越和批判道學，重新發現孔孟傳統。這等於重新書寫了思想史。[17] 所以我要説，劉師培的論述

---

16 《劉申叔遺書》下冊，1821頁以下。

17 他説："殆及晚年，窮究性理之本原，先著《原善》三篇，以'性'為主，以仁義禮為性所生，顯之為天，明之為命，實之為化，順之為道，循之為常，曰理合此數端，斯名為善。……又作《孟子字義疏證》，以為宋儒言性言理言道言才言誠言權言仁義禮智，皆非六經孔孟之言。"

相當關鍵，可是，這也許被學術史家們忽略了。[18]

4. 這裏又要提到章太炎了，雖然很多人像錢穆、侯外廬都覺得最先表彰戴震哲學的是章氏，但是，前面我們說了，從學術史和思想史的脈絡上看，有一點誤會。其實一直要到1910年，四十三歲的章太炎寫《釋戴》，[19] 才開始討論到戴震對宋代理學的批判，不過，他依照慣性，還是要把戴震放在反抗清朝統治的立場上來。他認為，清代皇帝"亦利洛、閩，刑爵無常，益以恣雎"，生於雍正末年的戴震，一方面"自幼為賈販，轉運千里，復具知民生隱曲"，能夠體察民情，面對雍正以來官方不以法律，總是"以洛、閩儒言以相稽"，使百姓"搖手觸禁"，所以，對理學有所批評。他還分析說，戴震是從下看上，希望約束皇權，解放民眾之心靈，在這個時候，他才提出戴震的思想和荀子很像，主旨一是斥理崇法，二是批判以理殺人的正當化，三是提出理在慾中的一元論。我懷疑，這可能是受了王國維尤其是劉師培的影響，所以，在這篇文章裏面，他不再多說戴震的考據學，而是較多地討論戴震提出來的"理"的問題。不過，剛才說到，他仍然把重心轉移到反滿的民族主義論述基礎上來，凸顯戴震對"以理殺人"的批判，是對清政府的批判，譴責清廷利用宋代理學，使自己的專制控制合法化、合理化。章太炎的戴震形象，仍然不太涉及思想

18　李帆《劉師培與中西學術》(北京師範大學出版社，2003年)已經指出這一點，第177–179頁。又，參見鄭師渠：《晚清國粹派》，北京師範大學出版社，2000年，第194頁。

19　先刊於《學林》第二冊，後收入《太炎文錄初編》卷一，收入《章太炎全集》，上海人民出版社，2014年新版，第122頁。

史問題，倒是把它歸為政治史，好像在進行歷史社會學的解釋，因此還沒有進入戴震和近代"科學"和"民主"的關係的討論。

更有現代意味的學術史與思想史討論，我以為，應當是從梁啟超和胡適開始的。

三、梁啟超和胡適：1920 年代對戴震的解釋

本來，在 1904 年為《論中國學術思想變遷之大勢》補寫的"近世學術"一節裏，梁啟超（1873－1929 年）對戴震評價並不算太高，他說到戴震是考據學裏面"皖派"的開祖，主要在敍述他的考證成就，強調他"以識字為求學第一義"，雖然在末尾，他也提到了他的《孟子字義疏證》和《原善》"近於泰西近世所謂樂利主義者"，但主要還是批評他，說："二百年來學者，記誦日博而廉恥日喪，戴氏其與有罪矣。"[20] 應當說，當時梁啟超對戴震並沒有多少認識，他自己也承認，主要是根據章太炎的説法，覺得考據對人的思想自由有約束，所以，批判的意味就很重。但是，到了1920 年寫《清代學術概論》的時候，態度大變，對戴震做了很高的評價，說《孟子字義疏證》"實三百年間最有價值之奇書也"。不過，就算是這樣，梁啟超的主要重心也還是把戴震放在考據學

20　梁啟超：《論中國學術思想變遷之大勢》，《飲冰室合集》（中華書局影印本）第一冊《文集之七》，第 93 頁。

的"實事求是"的"科學脈絡"裏面講，強調的是他"不以人蔽己，不以己自蔽"，是他不僅博學，而且既有識斷又能精審。當然這時，梁啓超也討論了《孟子字義疏證》"欲建設一戴震哲學"，突出地表彰他批判宋代理學的意義"欲以情感哲學代理性哲學"。[21] 因此，1923 年 10 月在籌備紀念戴震誕辰二百周年紀念會時，五十歲的梁啓超在《戴東原生日二百年紀念會緣起》裏提出，要特別注意研究戴震的研究方法和哲學世界，並自己設計了研究戴震的八個課題，[22] 第二年也就是 1924 年初，他發表了《戴東原先生傳》和《戴東原哲學》。[23]

在這兩篇論文裏面，他提出戴震的意義有兩方面，一是考據學領域：他説戴震之學的特點是，淹博、識斷和精審，而他的領域又在三個領域即小學、測算、典章制度，梁啓超覺得這三個領域不再是傳統的經學史學，而戴震的研究方法又體現了"科學精神"，這當然是凸顯他關於清代學術就類似歐洲的"文藝復興"的説法。二是哲學領域：他認為戴震的哲學著作如《原善》《孟子字義疏證》，其寫作目的是"正人心"，也就是針對現實問題的，而他的哲學論述則涉及了五個方面，（1）客觀的理義與主觀的意見

21　梁啓超：《清代學術概論》，朱維錚：《梁啓超論清學史二種》，復旦大學出版社，1985 年，第 35 頁。

22　這八個課題是（1）戴東原在學術史上的位置，（2）戴東原的時代及其小傳，（3）音韻訓詁的戴東原，（4）算學的戴東原，（5）戴東原的治學方法，（6）東原哲學及其批評，（7）東原著述考，（8）東原師友及弟子。見《飲冰室合集》第三冊《文集之四十》，第 39 頁。

23　梁啓超：《戴東原先生傳》與《戴東原哲學》，載《飲冰室合集》第三冊《文集之四十》，第 40－51、52－77 頁。

(物理和事理)，(2) 情慾問題 (理存乎慾)，(3) 性的一元與二元，
(4) 命定與自由意志，(5) 修養與實踐。

上述兩方面的論述，都關聯了現代的歷史意識和概念工具，
無論是"文藝復興"還是"哲學"。但請大家注意，梁啟超雖然討
論了歷史和哲學兩個方面，可是，在戴震的考據成就和哲學批判
之間、治學方法和民主意識之間，還沒有一個特別貫通的解釋。

這裏就要說到胡適 (1891−1962 年)。1923 年，梁啟超發起
紀念戴震誕辰二百周年的紀念會，胡適不但答應參加，而且當年
就開始了對戴震的研究，到了 1924 年 1 月 19 日安徽會館開紀念
會的時候，胡適還擔任主席並講話。不過，要到 1925 年，他才在
《國學季刊》二卷一期上發表了《戴東原的哲學》一文。[24] 據他在文
末的附注中說，文章寫於 1923 年 12 月，如果這一點可信，那麼，
此文看來也是為紀念戴震二百周年生日而引起的寫作。[25] 這篇長
長的論文，分為"引論""戴東原的哲學""戴學的反響"三大部分，
涉及了好幾個方面的問題，讓我簡單地說：

1. 引論。從"反玄學的運動"即清代初期的學術與思想變化

24　胡適：《戴東原的哲學》，載《胡適文集》第七冊，第 239−342 頁。

25　胡適作《戴東原的哲學》一文，應該受到王國維和梁啟超的影響和啟發。1923 年 12 月 16
　　日，胡適與王國維談話，王曾告訴他"戴東原之哲學，他的弟子都不懂得，幾乎及身而
　　絕"(見《胡適日記全編》第四冊，第 131 頁)；18 日他讀焦循的書，19 日給梁啟超寫信討
　　論，寫出《戴東原在哲學史上的位置》(同上，第 137 頁)，29 日作《戴氏哲學》第一章《戴
　　東原的前鋒 —— 論顏李學派》(第 144 頁)。1924 年 1 月 14 日，與梁啟超在飯間討論，
　　1924 年 1 月 19 日戴震生日紀念在安徽會館舉行，胡適擔任主席並講話，梁啟超也做了
　　講演。

開始，論述清代初期即第一個世紀（1640－1740 年）是"反玄學的時期"，學術界出現的"注重實用"和"注重經學"的兩個趨勢。又從顏元、李塨說到實用主義與理學家空談虛理的分歧，從顧炎武代表的清代經學復興，說到注重"歷史的眼光""經學的工具""歸納的研究""注重證據"等等學風對明代理學、心學的衝擊。他指出，前者那裏產生了"新哲學"，後者那裏延伸出"新學問"，這是戴震之學產生之前的時代背景，"顏元、李塨失敗以後，直到戴震出來，方才有第二次嘗試。"[26]

2. 戴東原的哲學。胡適的論述，主要討論戴震的"兩部哲學書"即《孟子字義疏證》和《原善》。他一方面認為，從哲學淵源上，戴震受到顏元、李塨的影響（但是他也承認，除了有一個徽州人程廷祚，"找不到戴學與顏李學派有淵源關係的證據"，可見所謂顏李學派與戴震的淵源關係，只是邏輯上的推斷），有一元的唯物論宇宙觀、人性論和理的觀念，既是為破壞理學的根基，也是為建設新哲學的基礎。另一方面從社會背景上指出，戴震"生於滿清全盛之時，親見雍正朝許多慘酷的大案，常見皇帝長篇大論地用'理'來責人，受責的人雖有理，而無處可申訴，只好屈伏而死"，[27] 所以才會有感而作，對宋儒大力提倡的"理"進行批評。他指出，戴震認清了考據名物訓詁不是學問的最終目的，只是"明道"的方法。由於戴震的"道"有"天道"和"人道"，前者是自然

26　見胡適：《戴東原的哲學》，《胡適文集》第七冊，第 240、249 頁。

27　胡適：《戴東原的哲學》，《胡適文集》第七冊，第 268 頁。

主義，是陰陽五行的流行不已，生生不息，後者是血氣人性，也與自然相應，因此，"天理"並不能離開"人性"，所以戴震提出"人倫日用，聖人以通天下之情，遂天下之慾，權之而分理不爽，是謂理。"通過字義的訓詁，他提出所謂"理"不像宋儒說的那樣高高在上、不近人情，而只不過是條理分合。在知識領域，戴震雖然是精通經典而且擅長文字音韻訓詁的考據學家，但是他的人生觀，是"要人用科學家求知求理的態度與方法來應付人生問題"，因此，他在學問上既能"剖析精微"，又能"重在證實"，通過剖析精微得來的"理"，比較歸納出來的"則"，解釋一切事物和道理"靡不條貫"，所以，這是"最可以代表那個時代的科學精神"。[28]

3. 戴學的反響。胡適認為，"清朝的二百七十年中，只有學問而沒有哲學，只有學者而沒有哲學家。"只有顏元、李塨和戴震，算是有建設新哲學的意思。而戴震的想法，就是打倒程朱，是反理學，"打倒程朱，只有一條路，就是從窮理致知的路上，超過程朱，用窮理致知的結果，來反攻窮理致知的程朱。"[29] 下面，胡適比較詳細地敍述了戴震學術與思想的後世反應，從洪榜、章學誠、姚鼐、淩廷堪、焦循、阮元、方東樹等等一路敍述下來，說明後世對戴震無論是褒是貶，都證明了戴震哲學引起的巨大反響。所以，戴震是建立了新哲學，"是宋明理學的根本革命，也可以說是新理學的建設 —— 哲學的中興"。

28　胡適：《戴東原的哲學》，《胡適文集》第七冊，第 272 頁。

29　胡適：《戴東原的哲學》，《胡適文集》第七冊，第 281 頁。

在論文後面，他提出兩個"傷心的結論"，我覺得恰恰是最重要的關鍵，他說："我們生活在這個時代，對於戴學應取甚麼態度呢？戴學在今日能不能引起我們中興哲學的興趣呢？戴學能不能供給我們一個建立中國未來的哲學的基礎呢？"他又說："我們還是'好高而就易'，甘心用'內心生活''精神文明'一類的揣度影響之談來自欺欺人呢？還是決心不怕艱難，選擇那純粹理智態度的崎嶇山路，繼續九百年來致知窮理的遺風，用科學的方法來修正考證學派的方法，用科學的知識來修正顏元、戴震的結論，而努力改造一種科學的致知窮理的中國哲學呢？"[30]

在梁啟超和胡適的筆下，戴震漸漸形成了一個完整的新形象，他批判宋代程朱理學，思想與學術隱隱有"走出中世紀"的意思，他一手提倡自由和人性，一手實踐科學方法，他本人也彷彿一個啟蒙主義者。

應該說，梁啟超和胡適都受到章學誠和淩廷堪的影響。章學誠在《書朱陸篇後》中對戴震的說法非常重要，他說，戴震所學的學問，"深通訓詁，究於名物制度，而得其所以然，將以明道也。"他說當時人的風氣是推崇博學和考據，看見戴震的學問淹博，又會訓詁考證，就以為戴震的學問重心在這裏，其實是誤解。因為有誤解，所以不能理解《原善》《論性》這些著作的意義。有人覺得，這樣一個大學問家，這種著作可以不必寫，其實"是固不知

30　胡適：《戴東原的哲學》，《胡適文集》第七冊，第 342 頁。

戴學者”，因為這是“於天人理氣，實有發前人所未發者。”[31] 這一思路對胡適很有啟發，令他注意到把這兩者貫通起來說戴震，指出：（一）戴震的學術背景是重新整理“國故”，是用新手段治舊學，試圖用西學激活中學；（二）“貫通”即戴震的方法，與西方理性批判的科學方法是相通的。胡適覺得，戴震用“考據”來批判、顛覆和重建“義理”的論述，是很有近代性的。淩廷堪《戴東原先生傳》的一個說法也很重要，他說：“義理不可捨經而空憑胸臆，必求之於古經；求之古經而遺文垂絕，今古懸隔，然後求之故訓，故訓明則古經明，古經明則賢人聖人之義理明……義理非他，存乎典章制度者也。”[32] 這樣，一是把戴震（考據）和宋儒（義理）在研究方法上區分開來，二是強調理學沒有“故訓、典章、制度”的基礎，三是沒有經典文獻的支持，所以是應當批判的。胡適顯然接受了這個說法，戴震當然就是符合“近代科學”精神的先驅人物，戴震對“理”的重新解釋，應該就是宋代理學的終結。

這兩個說法影響了梁啟超和胡適。大家注意，在這裏，（一）“科學”的方法，和中國的“哲學”，是兩個關鍵，而這兩個關鍵詞是有聯繫的，沒有“科學”的態度和方法，就不可能有真的“哲學”，這樣，所謂“致知”和“窮理”被貫通了。（二）就是在這一解釋路徑裏面，戴震的訓詁考據成為瓦解理學義理的方法，而建立新哲學又成了考據的目的，考據學因此成了有意義的知識領

31　章學誠：《文史通義》卷三，第 274–277 頁。

32　淩廷堪：《戴東原先生事略狀》，《校禮堂文集》卷三十五，第 312 頁。

域。[33] 在這個時候,一個現代所需要的啟蒙主義者"戴震",就被塑造出來了,他既是哲學家又是科學家,而戴震以及他那個時代的學術和觀念,也就被這樣安置在啟蒙和近代為背景的思想史脈絡裏面了,一個新的思想史或學術史就這樣被寫出來了。

四、放回歷史背景中:重新理解戴震

要注意的是,過去有關戴震的學術史和思想史研究遺留的問題是,第一,把顏、李與戴震聯繫起來,其實是一種"邏輯的相似"而不是"歷史的證據";[34] 第二,前人並沒有提出具體文獻證據,以討論戴震學術與思想的社會背景和歷史語境。戴震在乾隆時代受到過哪些政治刺激?他的學說是針對甚麼社會背景的反應?有甚麼證據可以證明戴震"反程朱理學"是因為看到了清朝統治者"以理殺人"?這些都還不清楚。第三,還有一點疑問是,以戴震為標本突出所謂"科學"與"啟蒙",是否會把戴震過度現

---

33 余英時《論戴震與章學誠》(生活・讀書・新知三聯書店,2000 年,第 103 頁)中曾經說到,在"乾隆時代有兩個戴東原,一是領導當時學風的考證學家戴東原,另一個則是與當時學風相悖的思想家戴東原。這兩個戴東原在學術界所得到的毀譽恰好相反。"而把這兩個戴東原貫通起來成為一個,則是後來學者尤其是胡適的理解和解釋。

34 把顏元、李塨一派,與戴震聯繫起來,多少有一些牽強附會。所以,錢穆《中國近三百年學術史》(中華書局重印本,1984 年)第八章《戴東原》就不同意這個說法。第 355 頁。余英時《論戴震與章學誠》一書中討論"儒家智識主義的興起",也指出從清初到戴震的思想與學術變化,主要是從"尊德性"轉向"道問學",即經學中"由虛轉實",這是考據學風興起的脈絡。見余英時:《論戴震與章學誠》,第 18–34 頁。

代化了？可是，以往思想史中的人物研究，似乎都有這樣的問題，就是在討論人物思想之背景、淵源和影響的時候，不僅"邏輯的聯繫"大於"歷史的聯繫"，而且"籠統的推想"多於"精細的考證"，正是由於缺乏歷史學的細緻考察，所以，會順從某種簡單的和粗率的"決定論"，而忽略他和他那個群體真正生活的那個政治環境、生活環境和真實心情。

戴震是一個思想史上的人物，前面我講到，其形象在歷代學術史裏被逐漸塑造，他又在不同政治和社會背景下被解釋，在這個過程中形成了"戴震學"。因此，在研究這樣一個人物時，我們需要仔細地考察他的生平、經歷、交往和他生活的地區，因為我總覺得，對於思想史上的人物研究，一定要經由學術史（即針對他的方法、工具、手段的知識領域的討論）、思想史（即針對他的義理詮釋、微言大義、針對批判的觀念領域的研究）、社會史（針對他的知識與觀念所產生的環境條件與刺激因素的梳理）互相結合，才能真正地認識他。當然，歷史研究中總有遺憾，也許是因為資料常常不足，想要的未必能有，已有的未必能滿足，作為一個研究歷史的學者，只有盡可能搜集，在這些有限的資料中，重建那個人物的時代環境、個人經歷以及真實心情。

好在過去，也有一些學者發掘了各種資料，來考察歷史語境中的戴震，我們來看看這些資料。

第一，生平、交往與從學。戴震生活在雍正、乾隆時代，大體上說，這個時代的特點是政治嚴厲、秩序穩定。他從小生活在福建、安徽等地，他的父親是在江西南豐客居的安徽商人，安徽這個地方的商人，在明代就到處走，正像王世貞《贈程君五十敍》說的，因為新安"僻居山谿中，土地小狹民人眾，世不中兵革，故其齒日益繁，地瘠薄不給於耕，故其俗纖儉習事。大抵徽俗，人十三在邑，十七在天下，其所蓄聚，則十一在內，十九在外。"[35] 戴震年輕的時候就跟着父親在外闖蕩，但是他一直想讀書，他父親也支持他讀書，以便"填平士紳與商人身份上的溝壑"。戴震十八歲到二十歲在福建邵武教書，二十歲的時候回到家鄉徽州休寧。婚後，他的妻子朱氏承擔了全部生活事務，"米鹽淩雜身任之，俾先生專一於學。"他大約在二十歲的時候，見到徽州婺源的學者江永（1681－1762 年），向江永學習，因為他那時已經對天文、曆算、典章、禮制很有研究，甚至已經有了一些著作，他先後得到是鏡（1693－1769 年）、齊召南（1703－1768 年）、惠棟（1697－1758 年）的提攜和稱讚，而江永也非常賞識他。特別是他的同鄉學術朋友裏面，還有像金榜（1735－1801 年）這樣精通三禮，同樣師從江永的同學，還有從乾隆十四年（1749）就和戴震交往，也同樣懂得很多工藝、水利、音律等雜知識的程瑤田（1725－1814 年），那麼，大家要考慮，他在福建和徽州的時代，這種個人經歷、商人家庭和治學環境，對他的思想和學術是否有影響？最近，胡明輝、黃建中有一篇論文《青年戴震：十八世紀中國士人社會的"局外人"與儒學的新動向》，對這個話題有較深入的研

35　《弇州山人四部稿》（中國基本古籍庫所收明萬曆刻本）卷六十一，第 678 頁。

究，大家可以參看。[36]

第二，地域與生活環境。有學者指出，我們可以通過地方誌、徽州文書、筆記小說等，重新看看徽州那個地方的風俗和生活，把戴震再重新放回那個"環境"裏面去考察。日本有一個學者叫吉田純，他在一篇題為《閱微草堂筆記小論》的文章中說，戴震對宋儒"以理殺人"的抗議，也許與徽商家庭處境有關。他發掘了不少資料，指出徽商的妻子通常會面臨複雜的道德困境，由於丈夫外出，婦女背負家庭與經濟的雙重責任，面臨社會和道德的雙重壓力，如果"守節"，那麼生活現實相當艱苦，如果"逾節"，宋儒的罪名就會迫使她們走上自殺之途，這也許會刺激戴震反理學的思想。[37] 戴震是否會思考及此？我還不很清楚。不過，他個人和家庭的一個遭遇很值得注意，據說，戴震的祖墳風水很好，當地的豪族要侵佔，於是打起官司來，因為縣令收受賄賂，所以戴震無法勝訴，而且還要被治罪，於是，在乾隆十九年（1754），他連隨身衣服都沒有攜帶，就匆匆逃離家鄉，到達北京，開始了他在外地的學術生涯。這種地方社會的貧富、上下、不公平的現象，對他的反理學的思想是否會有影響？[38] 當然這值得考慮。

36　胡明輝、黃建中：《青年戴震：十八世紀中國士人社會的"局外人"與儒學的新動向》，載《清史研究》第三期，2010 年 8 月。

37　吉田純：《閱微草堂筆記小論》，載《中國：社會と文化》（東京大學）第四號，1989 年，第182－186 頁。

38　參見蔡錦芳：《戴震避仇入京等生活經歷對其理慾觀的影響》，載氏著《戴震生平與作品考論》，廣西師範大學出版社，2006 年。

第三，同時代學術世界與思想世界的交互影響。錢穆曾經指出，戴震和惠棟之間，或者吳、皖之間，並不像梁啟超説的那樣，在學術與思想上有根本的原則差異，通常説吳派"凡古皆好"而皖派是"實事求是"，其實，他們是五十步和百步。"故徽學與吳學較，則吳學實為急進，為趨新，走先一步，帶有革命之氣度；而徽學以地僻風淳，大體仍襲東林遺緒，初志尚在闢宋，尚在述朱，並不如吳學高瞻遠矚，劃分漢宋，若冀越之不同道也。"[39] 錢穆尊崇宋代學問，這是他的立場，所以，他的説法是否正確，可以姑且不論，但他指出的一點可以相信，即惠棟對於戴震確實是有影響的。戴震於 1757 年到揚州拜見惠棟，可能是一個關鍵性的轉變。錢穆曾引用 1765 年戴震寫的《題惠定宇先生授經圖》為證，[40] 説明戴震和惠棟見面，對於戴震思想的轉變是一個很重要的關鍵。[41]

　　那麼，惠棟是不是反理學呢？牟潤孫寫過一篇《反理學的惠棟》，説到惠棟"親身嘗到事事講天理的皇帝的苛酷對待，他再仔細看看這位皇帝的行事，原來口口聲聲講存天理，而骨子裏卻是在放縱自己的人慾"，所以，在《周易述》的《易微言》下卷"理"字條裏面，就曾經説："理字之義，兼兩之謂也……後人以天理人

39　錢穆：《中國近三百年學術史》第八章《戴東原》，第 321 頁。
40　戴震：《題惠定宇先生授經圖》，《戴震文集》卷十一，第 168 頁。
41　錢穆：《中國近三百年學術史》第八章《戴東原》，第 322 頁。

慾為對待，且曰天即理也，尤謬。"[42] 看上去，惠棟也是對理學深深不滿的。這種對程朱理學的不滿，據說是來自惠棟個人和家庭的經歷和經驗，這種心情導致學者對主流政治意識形態的批評。那麼，惠棟的這種思想又是怎麼來的？牟氏提到，惠棟的父親惠士奇在雍正四、五年間（1726—1727）曾被罰，不得已變賣產業來修鎮江城。他根據錢大昕給惠士奇作傳時曾極力表彰他"居官聲名好"這一點，[43] 反過來追問：為甚麼他會被皇帝懲罰？牟潤孫根據雍正六年（1728）廣東巡撫楊文乾奏摺保薦柳國勛，胤禛批語中有質疑惠士奇保薦的人"不堪下劣"，"舉動輕佻，神氣浮亂，抑且迂而多詐，毫無可取人也"等等，發現官方對惠氏的不滿，而惠家可能因此破產。正因為如此，雖然惠周惕、惠士奇都曾是翰林，但到了惠棟卻只能以授徒為生。由於他遭遇這種"毀家修城"的家庭變故，處於"飢寒困頓，甚於寒素"的窘境之中，[44] 又常常在揚州、蘇州行走，在盧見曾衙署和鹽商門下，看慣了當時的腐化和鋪張，也許就由此產生對理學的懷疑。而他的門下錢大昕，其實也是對理學有很多批判的，無論你看他對《宋史·道學傳》的質疑，還是看他的《大學論》上下篇，都可以看到這一點，

42　牟潤孫：《反理學的惠棟》，見其《注史齋叢稿》（增訂本）下冊，中華書局，2009 年，第 619—624 頁。

43　錢大昕：《惠先生士奇傳》，見《潛研堂文集》卷三十八，《嘉定錢大昕全集》第九冊，江蘇古籍出版社，第 650—654 頁。

44　錢大昕：《惠先生棟傳》，見《潛研堂文集》卷三十九，《嘉定錢大昕全集》第九冊，第 661 頁。

所以戴震和錢大昕才會有這樣深的同道交情。[45]

這樣看來，戴震的"反理學"是否也與這種交往有關呢？也許，惠棟確實是在某種程度上影響過戴震，而且從後世的解讀來看，戴震好像是更激烈地反理學。很多學者都注意到一件事情，就是後來開四庫全書館的時候，同為館臣的姚鼐（1731－1815年）曾要"屈尊"去拜見戴震，並且尊稱他是"夫子"，但遭到戴震的婉拒。這件事情被解釋為是因為兩人對理學的觀念不同，很多人都引用了姚鼐在《惜抱軒尺牘》裏，曾經痛斥戴震和考據學家，甚至搞人身攻擊，而戴學後人卻都對此沉默不言為例，說明站在宋代理學立場上的姚鼐指責有根據，戴震一系真的可能是"反宋學"的。[46]

但是，仔細體會那個時代的情況，恐怕也未必。思想史研究，應當像王梵志詩說的那樣要"翻着襪"，也就是說，看問題要透過一層看。儘管戴震反對理學尤其是"以理殺人"，儘管他也批判宋代理學的學風，但是在普遍尊崇程朱的乾隆時代，他對"理學"不一定是那麼有意識和有目的的批判，也未必是一個對"理學"有意識的整體超越。特別是應當注意到，他（也包括他的同道朋友）對朱熹常常有好評，你看他的《鄭學齋記》（1759年）、《鳳儀書院記》（1763年）、《王輯五墓誌銘》（1770年），以及更晚的《閩中師友淵源考序》（有人認為撰寫在1773年之後，所以應當是晚年定論），

45　對《宋史·道學傳》的質疑，參見錢大昕《廿二史考異》卷八十一《宋史》部分，《嘉定錢大昕全集》第三冊，第1506頁；對宋儒《大學》解釋的質疑，見《大學論》上下，載《潛研堂文集》卷二，《嘉定錢大昕全集》第九冊，第21－23頁。

46　參見戴震：《與姚孝廉姬傳書》，《戴震文集》卷九，第141－142頁。

均對朱熹稱讚有加，甚至把鄭玄和朱熹連起來，顯然對於朱子一系的"道問學"傳統很有會心。這就是很多學者指出的，他恰恰是從朱熹那裏衍生出來的，也許應當説，只是"反理學的理學"。[47]

因此，對於戴震的分析不要那麼簡單。他對於宋代理學的尖鋭批判，可能有他個人的身世感受和對社會的焦慮和關心，而他對朱熹的稱讚和認同，又可能有當時意識形態和普遍觀念的影響，至於他是否要真的走出理學的束縛，有近代意識或者有個性、自由、情慾的張揚意識？恐怕是要重新檢討的問題，歷史並不像理論，可以把枝蔓撇得那麼清楚，把證據選得那麼隨意。近年來，很多學者也很推崇"以禮代理"，覺得這是一個很了不起的變化，[48] 但是，也得看到，戴震、阮元、淩廷堪、焦循等等，雖然一方面反對以"理"殺人，用所謂的天理使道德內在化和嚴厲化，建議以"禮"建立秩序，用禮儀制度讓人得以規避無所不在的道德譴責，似乎有"解放"的意義；但是，另一方面因為立場仍然在傳統倫理規範之中，所以，對於社會倫理制度的"先後秩序"表現出極其保守的性質，在夫婦之道、父子之道、君臣關係、室女守貞等等問題上，更強調了子對父、妻對夫、臣對君的無條件服從，只是把內在道德意識的自覺，轉向外在倫理秩序的規定，而這種"道德嚴格化"加上"倫理制度化"，也許恰恰適合當時越來越呈

47　章太炎《國學講義》（海潮出版社，2007 年，第 25 頁）就説到，戴震"形似漢學，實際尚含朱子的臭味。"

48　如張壽安：《以禮代理：淩廷堪與清中葉儒學思想之轉變》，"中研院"近代史研究所，1994 年。

現危機的政治秩序。[49]

五、結語：取代顧炎武？
戴震作為新思想的典範

1923 年 10 月，梁啟超與朋友發起籌辦"戴東原生日二百年紀念會"，他還專門寫了一篇《緣起》，說明這次會議的意義。他給胡適寫了一封信，邀請他參加，11 月 13 日，胡適給梁啟超回信表示願意參加，而且還表示正在託人在徽州尋找戴震的遺像。1924 年 1 月 29 日，是舊曆的十二月二十四日，在北京召開了戴東原生日二百年紀念會，會前，梁啟超用一晝夜寫了《戴東原先生傳》，又接連三十四個鐘頭寫好了《戴東原哲學》。這一年，胡適也撰寫了《戴東原的哲學》一文，據說是為了這個會議專門寫的，但一年之後才正式發表。[50] 自此，由於梁啟超與胡適的參與和鼓動，戴震成了清代學術史和思想史上的典範，他們對於戴震的學術與思想的理解和解釋，也成了梳理清學史脈絡中的一個模式。

---

49 王汎森《明末清初的一種道德嚴格主義》已經指出這一點，載郝延平等編：《近世中國之傳統與蛻變：劉廣京院士七十五歲祝壽論文集》；可參見徐立望：《通儒抑或迂儒 —— 思想史之焦循研究》，載《浙江學刊》2007 年第 5 期，第 54–60 頁。

50 關於梁啟超與胡適在這一段時期內有關戴震的研究活動，這裏只是簡略說說，大概的情況可以參考丁文江、趙豐田：《梁啟超先生年譜長編（初稿）》（重印本），中華書局，2010 年，第 533–536 頁；有趣的是，胡頌平《胡適之先生年譜長編初稿》在這一段時間裏，卻沒有任何胡適有關戴震研究的記載。

原本，清代學術與思想的典範是清初的顧炎武。在很長時間裏，顧炎武都是清代考據學的開創者，也是知識人的人格楷模。所謂"行己有恥，博學於文"，所謂"經學即理學"，甚至《日知錄》那種札記式的學術與思想表達方式，都是清代學術思想的淵源所在。特別是道光（1821－1850）、咸豐（1851－1861）年間北京"顧祠"的舉行，在當時學界顧炎武已經是首屈一指的領袖與標杆，即所謂"漢學開山""國初儒宗"。[51] 但是，在 1923 年之後，戴震逐漸成為清代學術與思想的新典範，這個新典範一方面由於批判宋代程朱理學，而有"走出中世紀"的意義，另一方面由於溝通了考據（科學）與思想（民主）兩端，而有"啟蒙"的意義，因此更具有學術史和思想史的重要性。

　　值得注意的是，正是在這段時間裏，"科玄論戰"正如火如荼。梁啟超一面在討論人生觀中的"愛"和"美"，一面在與高夢旦討論顏李學派知行合一的"實踐"意義；而胡適也在一面大談科學與人生觀，提出要宣傳我們信仰的"新人生觀"，一面又在表彰古史辨運動通過考證文獻呈現歷史演變的"科學方法"。這兩個現代中國最重要的學者，恰恰又正在中國哲學史領域中較長論短彼此競爭。因此，兩個人同時提出對於戴震的新研究和新解釋，在現代學術史上倒是一個很有趣的案例，也許很值得大家深入研究和討論。

51　參見何冠彪：《黃宗羲、顧炎武、王夫之合稱清初三大儒考》，收入其《明清人物與著述》，香港教育圖書公司，1996 年，第 49－63 頁；又可以參考段志強《顧祠會祭研究（1843－1922）》（復旦大學博士學位論文，2014 年）。

【參考論著】

1. 王國維：《國朝漢學派戴阮二家之哲學説》，載《靜庵文集》，《王國維全集》第一卷，浙江教育出版社、廣東教育出版社，2009 年。

2. 劉師培：《東原學案序》《戴震傳》，載《劉申叔遺書》下冊，江蘇古籍出版社影印本，1997 年。

3. 章太炎：《釋戴》，原載《太炎文錄》，收入《章太炎全集》第四冊，上海人民出版社。

4. 梁啟超：《戴東原先生傳》，載《飲冰室合集》第三冊《文集》之四十，中華書局重印本。

5. 胡適：《戴東原的哲學》，載《胡適文集》第七冊，北京大學出版社，1998 年。

6. 錢穆：《中國近三百年學術史》第八章《戴東原》，中華書局重印本，1984 年。

7. 余英時：《論戴震與章學誠》，生活・讀書・新知三聯書店，2000 年。

8. 丘為君：《戴震學的形成》，（台北）聯經出版事業公司，2004 年。

9. 路新生：《理解戴震》，載其《經學的蜕變與史學的轉軌》，上海古籍出版社，2006 年。

【閱讀文獻】

1.《與是仲明論學書》【張岱年主編：《戴震全書》第六冊《東原文集》卷九，黃山書社，1995 年，第 370－372 頁。按：整理者將此信標注為"癸酉"即乾隆十八年（1753），但錢穆曾認為此信寫於己巳或庚午，即乾隆十四年（1749）或十五年（1750）】

僕自少時家貧，不獲親師，聞聖人之中有孔子者，定六經示後之人，求其一經，啟而讀之，茫茫然無覺。尋思之久，計於心曰：“經之至者道也，所以明道者其詞也，所以成詞者字也。由字以通其詞，由詞以通其道，必有漸……”

……

僕聞事於經學，蓋有三難：淹博難，識斷難，精審難。三者，僕誠不足與於其間，其私自持，暨為書之大概，端在乎是。前人之博聞強識，如鄭漁仲、楊用修諸君子，著書滿家，淹博有之，精審未也。別有略是而謂大道可以徑至者，如宋之陸，明之陳、王，廢講習討論之學，假所謂“尊德性”以美其名，然捨夫“道問學”則惡可命之“尊德性”乎？未得為中正可知……

2.《與段茂堂等十一札》之“第九札”【張岱年主編：《戴震全書》第六冊，黃山書社，1995 年，第 540–542 頁。按：據年譜，此札作於丁酉即乾隆四十二年（1777）正月十四日，在戴震五月去世之前不到半年】

僕自十七歲時，有志聞道，謂非求之六經、孔孟不得，非從事於字義、制度、名物，無由以通其語言。宋儒譏訓詁之學，輕語言文字，是欲渡江而棄舟楫，欲登高而無階梯也。為之卅餘年，灼然知古今治亂之源在是。

……

好貨，好色，慾也。“與百姓同之”，即理也。後儒以理、慾相對，實雜老氏無慾之說，其視理、慾也，僅僅為邪、正之別。其言存理也，又僅僅為敬、肆之別。不知必敬、必正，而理猶未得。其言人慾所蔽，僅僅以為無慾則無蔽，不知慾也者，相生養之道也。

現代學術史部分閱讀篇目

1. 梁啟超（1873－1929）：現代中國歷史敘事的興起

【閱讀】

- 梁啟超《中國史敘論》第一節《史之界說》、第二節《中國史之範圍》、第三節《中國史之命名》（1901）（中華書局影印本：《飲冰室合集》第一冊"飲冰室文集之六"，1989年），第1－3頁。

【參考】

- 梁啟超《新史學》第一部分《中國之舊史》（中華書局影印本：《飲冰室合集》第一冊"飲冰室文集之九"）；
- 梁啟超《中國歷史研究法》及《續編》（河北教育出版社，2000年）。

2. 夏曾佑（1863－1924）：重編新型歷史教科書

【閱讀】

- 夏曾佑《最新中學中國歷史教科書》（1904）（1933年，商務印書館重版，改稱《中國古代史》，河北教育出版社重印本，2000年）第一編《序例》。

【參考】

- 梁啟超《亡友夏穗卿先生》，載《飲冰室合集》第三冊（《飲冰室文集》之四十四，上，中華書局，1989年），第19－23頁。
- 錢穆《評夏曾佑〈中國古代史〉》，原載《圖書季刊》第一卷第二期，1934年（原署名"公沙"），收入《錢賓四先生全集》（聯經出版事業公司，1998年）第23冊《中國學術思想史論叢（九）》，第279－292頁。

3. 胡適（1891－1962）：來自現代的歷史敍事典範

【閱讀】

* 蔡元培《胡適〈中國古代哲學史〉序》，《胡適文集》（北京大學出版社，1998 年）第六冊，第 155－156 頁。

* 胡適《中國古代哲學史》第一篇《導言》（《胡適文集》第六冊），第 163－184 頁。

【參考】

* 馮友蘭《中國哲學史》上冊序言（中華書局重印本）。

* 陳寅恪《馮友蘭中國哲學史上冊審查報告》《馮友蘭中國哲學史下冊審查報告》，載陳寅恪《金明館叢稿二編》（《陳寅恪文集》，生活・讀書・新知三聯書店，2001 年），第 279－283 頁。

4. 王國維（1877－1927）：新史料與新歷史

【閱讀】

* 王國維《最近二三十年中中國發見之新學問》，原載《學衡》第二卷 45 期（1925），見《靜安文集・續集》第 65－69 頁；見《王國維遺書》（商務印書館，1940 年，上海古籍出版社重印本，1983 年）第五冊。

【參考】

* 王國維《庫書樓記》（1922），載《觀堂集林》卷二十三，《王國維遺書》（上海古籍書店影印商務印書館 1940 年本，1983 年），第三十四頁。

* 抗父《最近二十年間中國舊學之進步》，《東方雜誌》第 19 卷 3 號，1922 年 2 月。

* 陳寅恪《王靜安先生遺書序》，《金明館叢稿二編》（《陳寅恪文集》，生活・讀書・新知三聯書店，2001 年），第 247－248 頁。

- 胡適《近年來所發現有關中國歷史的新資料》（*Recently Discovered Material for Chinese History*），鄭群中譯文，見《中國歷史學評論》（上海古籍出版社，2014 年）第四輯，第 50—54 頁。

5. 顧頡剛（1893—1980）：追求客觀性的現代歷史書寫

【閱讀】

- 顧頡剛《答劉、胡兩先生書》(1923)，載《古史辨自序》，河北教育出版社，2000 年重印本，第 14—17 頁。

【參考】

- 顧頡剛《古史辨自序》，《古史辨》第一冊，上海古籍出版社，1981 年重印本；英文本，*The Autobiography of a Chinese Historian*，恒慕義（Arthur W. Hemmel）譯，Brill，1931。
- 又，參看恒慕義的介紹：*What Chinese Historains are doing in their Own History?* 載 *American Historical Review*, 34-4 (1929), 715-724。

6. 傅斯年（1896—1950）：史學就是史料學

【閱讀】

- 傅斯年《歷史語言研究所工作旨趣》(1928)，《傅斯年全集》第三卷，湖南教育出版社，2006 年，第 3—8 頁。

【參考】

- 傅斯年《史學方法導論》第四講《史料略論》開頭部分論述"史學就是史

料學”，《傅斯年全集》第二卷，第 308-309 頁。

- 傅斯年《中西史學觀點之變遷》（原為未刊稿）特別是第 154-156 頁，《傅斯年全集》第三卷，第 308-309 頁。

- 傅斯年《東北史綱》卷首《引語》，《傅斯年全集》第二卷，第 374-375 頁。

7. 陳寅恪（1890-1969）：預流的學問

【閱讀】

- 陳寅恪《大乘稻芉經隨聽疏跋》，《寒柳堂集》（《陳寅恪文集》，生活・讀書・新知三聯書店，2001 年），第 169-174 頁。

【參考】

- 陳寅恪《朱延豐突厥通考序》，《寒柳堂集》（《陳寅恪文集》），第 162-163 頁。
- 陳寅恪《陳垣敦煌劫餘錄序》，《金明館叢稿二編》（《陳寅恪文集》），第 266-267 頁。
- 陳寅恪《吾國學術之現狀及清華之職責》，《金明館叢稿二編》（《陳寅恪文集》），第 361-363 頁。
- 葛兆光《預流的學問 —— 重返學術史看陳寅恪的意義》，載《文史哲》2015 年第 5 期，第 5-17 頁。

8. 錢穆（1895-1990）：民族危機下的國史書寫

【閱讀】

- 錢穆《國史大綱》（上）卷首“凡讀本書請先具下列諸信念”及《引論》第

一、第二小節（1940），載《錢賓四先生全集》第 27 冊，聯經出版事業公司，1998 年，第 19－25 頁。

【參考】

- 余英時《錢穆與中國文化》（上海遠東出版社，1994 年）。
- 余英時《〈國史大綱〉發微 —— 從內在結構到外在影響》（《古今論衡》第 29 期，2016 年），第 4－16 頁。

後記

　　這是我近二十年來給碩士研究生開"中國學術史專題"課程的講稿，這門課在清華大學講過，也在復旦大學講過，原意是想給剛剛進入研究之門的碩士生們一點兒有關學術史的常識，從學術史裏學到做學問的方法。我一直覺得，從學習常識的大學生，變成創造新知的碩士生，是一個大轉折，之所以叫"研究生"，就是說要開始自己獨特的研究，而要有自己獨特的研究，就得對自己從事的這個領域裏前人的研究狀況，多少有一點兒了解，而前人的研究狀況，也就是我們通常所說的"學術史"。

　　不過，"學術"的內容太廣，"學術史"的範圍太大，我知識有限，只是講了很小的部分，也只是在我熟悉的思想史領域。所以嚴格地說，這本書的書名應當叫"古代中國知識、思想與信仰研究的學術史"。但是，作為出版物，書名不宜太冗長太纏繞，所以不避疑義，乾脆就叫"學術史講義"，為了說得明白，又在下面加了一個副標題叫"給碩士生的七堂課"。

　　這又是錢鍾書先生諷刺過的"拿講義當著作"了。這份講義從 2001 年起，先是打草稿，後是一面講一面改，手寫的和打印的文稿從少到多，就成了現在這個樣子。我本來也沒想出版，但聽過這門課的學生，特別是同在文史研究院任教的張佳博士卻很鼓勵我出版。為甚麼？他說"這門課很有用"。"有用"這個詞在如今大學人文學科裏，多少有一些不合時宜。現在的大學人文學科，有人常常標榜"無用之為大用"。有時候説得興起，甚至把坐在虛空雲端裏講的一些不着邊際的話頭，以及類似"安慰劑"一樣的心靈雞湯，也當作人文學科祛除自卑、傲視眾生的本領。所以，他們不免對工具性的"有用"嗤之以鼻，以至於害得有些研究生也走上"游談無根"和"放言高論"的路向。

曾經讀到宋人引用米芾（1051－1107 年）論書法的一段話，這個大書法家説，前人講書法，常常是"徵引迂遠，比況奇巧，如龍跳天門，虎臥鳳閣，是何等語？或遣詞求工，去法愈遠。"他覺得，這對學習書法的人毫無意義。他倒是要講實在的方法，"故吾所論，要在入人，不為溢辭。"這裏的"入人"二字，相當有深意，就是你講的道理和方法，要讓人能真的進入書法之門。我很讚同這個説法，當老師的，不能不多講一些"有用"的課，讓碩士研究生從一開始，就學一些基本知識和有用方法，免得將來成為徒有屠龍技卻無所施展的空頭學者。

那麼，甚麼是有用的？我曾經説過，人文學科應該"給大學生常識，給碩士生方法，給博士生視野。"這門課是給碩士生開設的，我曾經強調這是給碩士一年級學生開設的，所以，格外注重入門的"途徑"和"方法"。正如我在《開場白》裏所説的，從大的來説，就是通過學術史了解你從事的這個領域或者這個主題，"現代學術"是怎樣從"傳統學術"中轉型而來的，了解這一領域的"學術轉型"之背景是甚麼，這一領域的當下學術研究的趨向、理論和方法如何，未來學術發展的可能方向是甚麼；從小的來説，就是通過學術史，看看各領域裏前人做了甚麼，他們怎麼做的，誰做得好誰做得不好，誰的研究是典範，還有甚麼地方甚麼課題可以做。

　　古代中國有一個人所皆知的故事，就是點石成金。當老師的，是給研究生現成的金子讓他花，還是給他一個可以點石成金的指頭？我覺得後者更重要。古人曾說："鴛鴦繡出從教看，莫把金針度與人。"可現代學術和現代教育，卻偏偏強調要"金針度人"。老話說："授人以魚，何如授人以漁"，我想，我這門課不敢說是"金針度人"，但至少我有"授人以漁"的願望。

葛兆光

2020 年 4 月

最終修訂於東京不忍池